Es geht nicht um schön

Es geht nicht um schön

15 Restaurierungsgeschichten aus dem Wien Museum

erzählt von Barbara Beer,
mit fachspezifischen Erläuterungen
von Alexandra Czarnecki

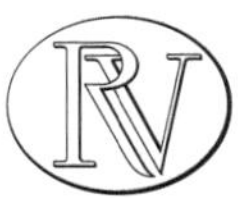

Wien Museum

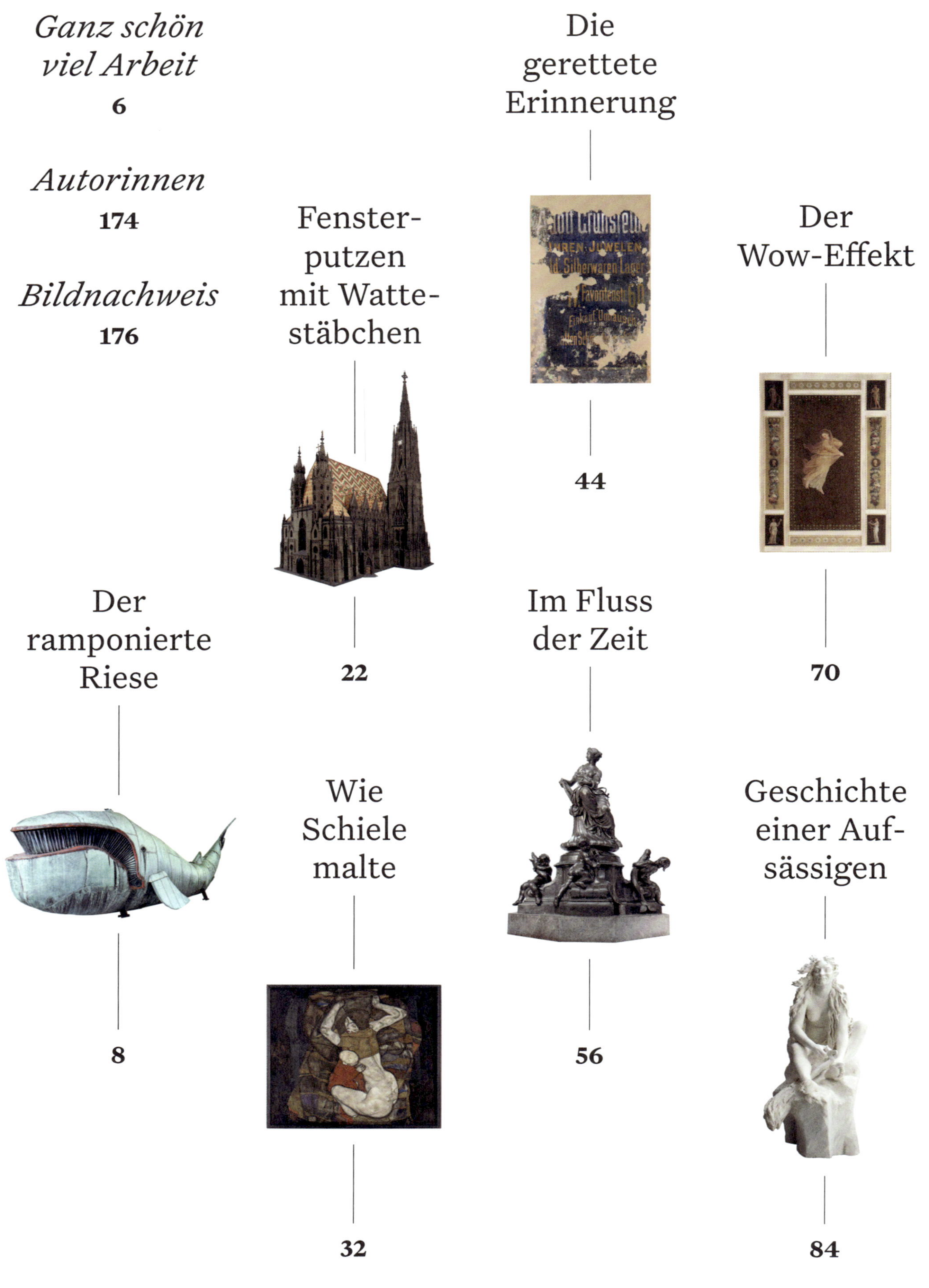

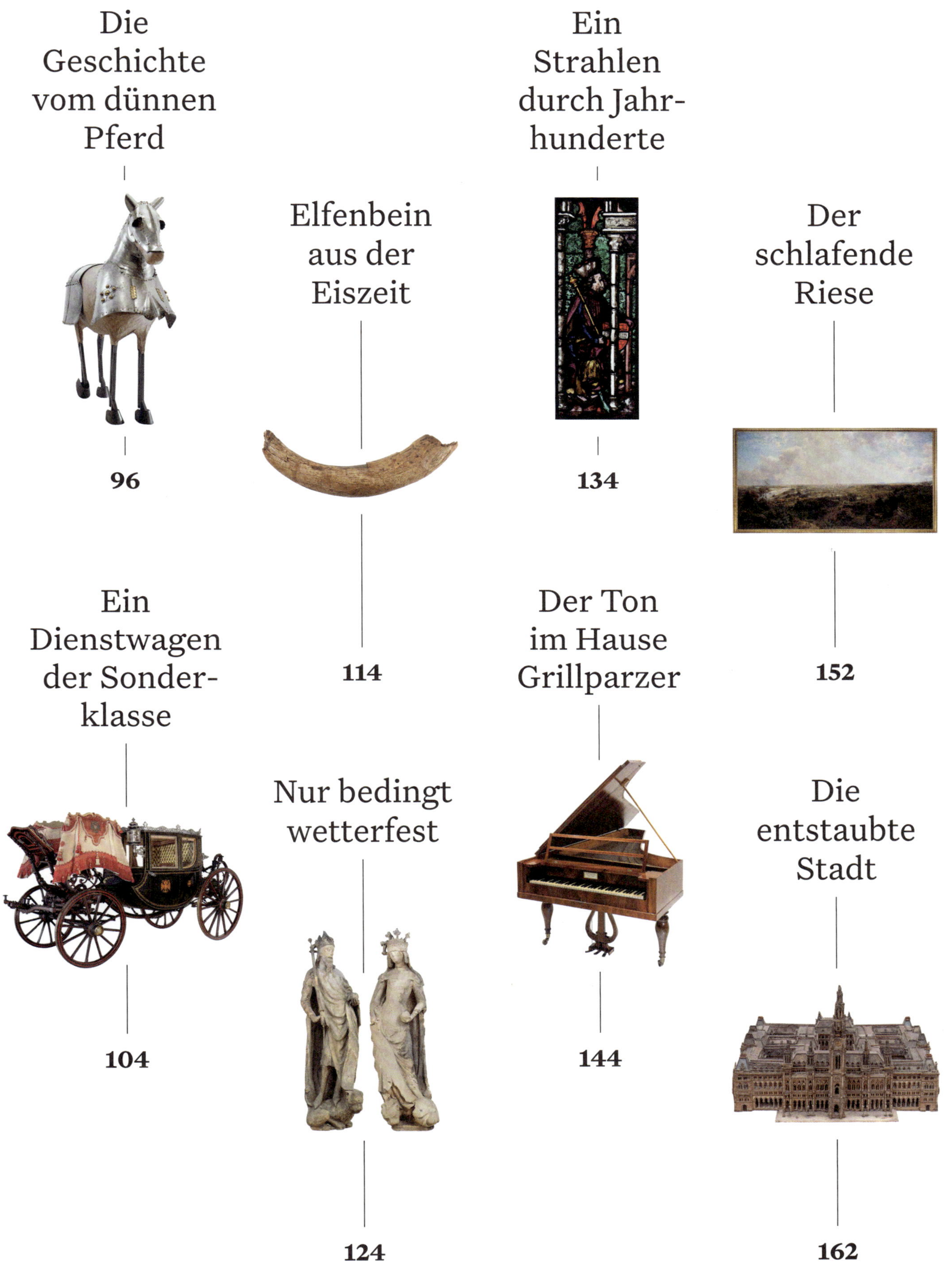

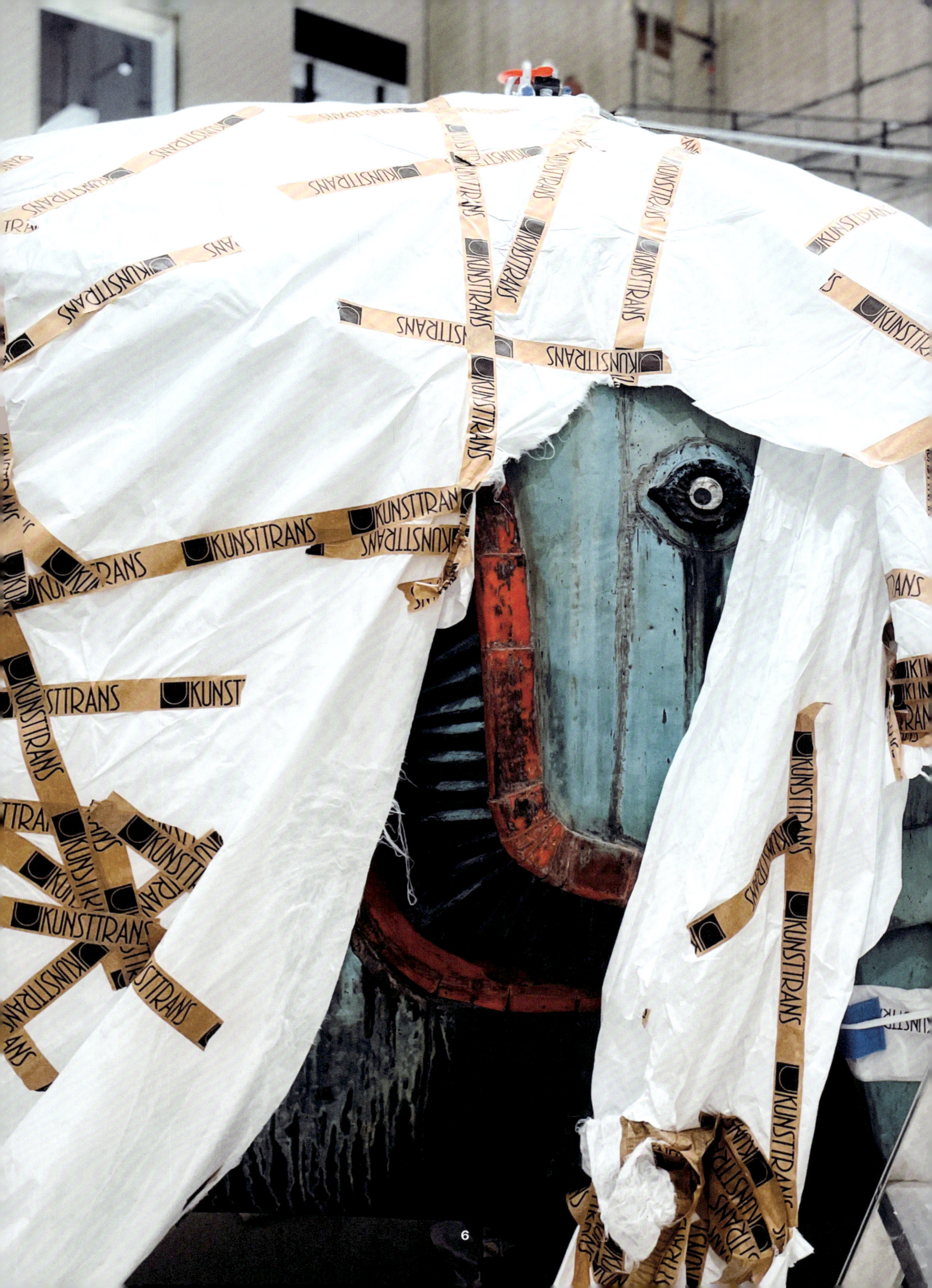
KUNSTTRANS

Ganz schön viel Arbeit

Die Leute lieben das Thema Restaurierung! Vielleicht, weil es sich um ein Berufsfeld handelt, das Handwerk mit Hightech verbindet, Wissenschaft mit Leidenschaft für Kunst und Geschichte. Konzentriertes Arbeiten am Original: Wer spürt da nicht die Tiefe der Zeit, den Wert der Dinge?

Doch „restaurieren" wird oft missverstanden. Denn es geht dabei nicht um schön. Das Klischee, Restauratorinnen und Restauratoren würden Objekte wieder auffrischen, ihnen Glanz verleihen oder sie in einen unversehrten Originalzustand zurückversetzen, hält sich hartnäckig. Dabei ist Restaurierung vor allem hochkomplexe, wissenschaftlich fundierte Konservierung, bei der die Geschichte des Objekts erhalten bleiben soll.

Davon erzählen die 15 Fallbeispiele in dieser Publikation. Anhand von spektakulären Objekten für die Dauerausstellung des neuen Wien Museums werden restauratorische Maßnahmen und Methoden beschrieben, erläutert und bebildert. Ganz schön viel Arbeit – aber ganz ohne schön.

Der ramponierte Riese

Wie der „Praterwal“ seine Patina behielt und innerlich gefestigt wurde

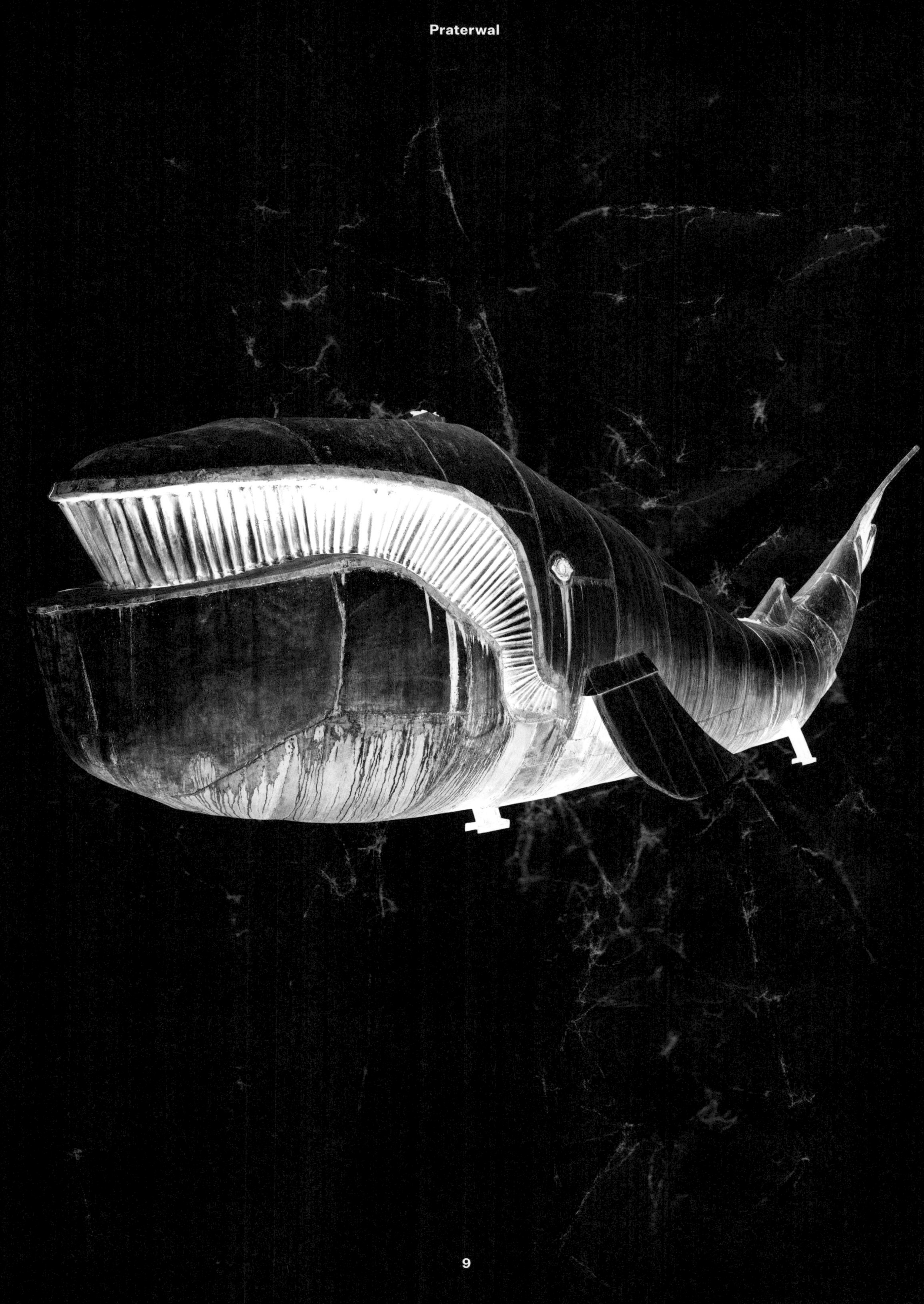

Es hat eine lange, wechselvolle Reise hinter sich, dieses geheimnisvolle Riesenwesen, dessen Augen nachts so traurig funkelten. Hat Höhen und Tiefen in Sachen Popularität erlebt. War ganz oben und ganz unten.

Man kennt das ja: Da wird einer zunächst hochgejubelt, lebt jahrzehntelang in Gasthausnähe, schlussendlich folgt der Absturz. Keiner will mehr etwas von ihm wissen. Eine Rettung in letzter Minute und eine aufwendige Restaurierung bringen ihn zu guter Letzt in die *Hall of Fame*. In unserem Fall: ins Wien Museum. In das er, zehn Meter lang, drei Meter breit, 1,7 Tonnen schwer, als Erstes einziehen durfte. Per Kran wurde er noch bei laufendem Baustellenbetrieb über das Gebäude gehoben, um ihn ins Museum zu bekommen, bevor die Türen eingebaut werden.

Die Rede ist vom Praterwal. Eine Attraktion, die irgendwann keiner mehr wollte. Gerettet vom Bauunternehmer Güner Ayaz, dessen Firma den Auftrag hatte, die markante Blechskulptur in Richtung Schrottplatz zu bringen, nachdem das bekannte Gasthaus „Zum Walfisch", dessen Maskottchen das Tier gewesen war, geschlossen wurde. Güner Ayaz rettete damit ein Stück Lokalhistorie. Der Wal wurde später dem Wien Museum übergeben und ins Museumsdepot nach Himberg gebracht.

Ein trauriger Anblick. Verblasst das Lippenrouge, die Hautfarbe eher ungesund: Das Kupferblech hatte im Lauf der Jahre, nun ja, eine gewisse Schmutzschicht angelegt.

Und da stand es nun, das sonderbare Riesenwesen mit den rot bemalten Lippen und den Augen aus Glühbirnen, die doch früher so schön im Dunkeln funkelten. Ein trauriger Anblick. Verblasst das Lippenrouge, das einst eine Hommage an eine „Praterprinzessin" gewesen sein soll; unter den Augen ein schwarzes Trauerrändchen, als sei ihm die Wimperntusche davongeflossen. Die Hautfarbe eher ungesund, das Kupferblech hatte im Lauf der Jahre, nun ja, eine gewisse Schmutzschicht angelegt.

Für Mitleid war jetzt allerdings keine Zeit. Regula Künzli musste sich an die Arbeit machen. Einmal abgesehen von seiner alten Seele, sah die Restauratorin in dem Blechriesen mehr als 60 miteinander verlötete Einzelteile rund um eine massive tragende Holzkonstruktion im Inneren, für die rasch Erste Hilfe geleistet werden musste. Denn neben dem verblassten Ruhm hatten die vielen Jahre der freien Bewitterung dem Wal schwer zugesetzt. Seine kupferne Außenhaut war zum Teil stark beschädigt. Offene Fugen sowie fehlende und deformierte Bleche hatten Feuchtigkeit eindringen lassen, die die Holzsubstanz angegriffen und seine morschen Leisten gelockert und teilweise gebrochen hatten, Faserplatten im Inneren hatten sich zersetzt.

Kalk-, Korrosions- und Schmutzablagerungen wurden vorsichtig abgetragen, um aus dem Wal wieder ein gepflegtes Tier zu machen.

Ein Restaurierungsteam mit Spezialisierung auf Metall und Holz stabilisierte zunächst das Innenleben des ramponierten Riesen. Anschließend montierte man rund um die Holzinnenkonstruktion sowie die Metall- und Holzverbindungen die originalen und die ergänzten Bleche der Außenhaut und behob Deformationen. In einem nächsten Schritt wurden Sinterschichten an der Außenhaut entfernt, fehlende Barten am Oberkiefer ersetzt und mithilfe eines Spenglers die Schwanzflosse, die sich abgesenkt hatte, wieder angehoben. Und wie bei der Hautpflege üblich, musste man bei der Reinigung und dem Erhalt der gewachsenen Patina besonders sorgfältig sein. Kalk-, Korrosions- und Schmutzablagerungen wurden vorsichtig abgetragen, um aus dem Wal wieder ein gepflegtes Tier zu machen. Besondere Herausforderung dabei war, nicht sein gelebtes Leben auszuradieren. Auf seiner Oberfläche sollte man auch weiterhin seine Geschichte ablesen können.

Schon im Jahr 1782 gab es im Wiener Prater einen „Wallfisch"-Wirt.

Doch wie kam der Wal überhaupt zu seiner Prominenz? Im Prater gab es bereits 1782 einen „Wallfisch"-Wirt. Ab 1868 profitierte ein gewisser Wenzel Pilz vom mittlerweile etablierten Wiener Wal-Interesse. Den Gastgarten seines Lokals betrat man bald durch einen Torbogen, der von einer Rippe und dem Unterkieferknochen eines 1895 im Beringmeer gefangenen Wals gebildet wurde. 1898 eröffnete die Familie Pilz mit der angeschlossenen Walfischgrottenbahn die erste elektrische Grottenbahn. In den 1930er Jahren verfügte das Gasthaus „Zum Walfisch" über rund 2.000 Sitzplätze. Die Walwirtschaft war ein Riesenerfolg. 1945 war es damit vorbei, der große Praterbrand hatte alles in Schutt und Asche gelegt, der Betrieb wurde fast restlos zerstört. Einzig ein Stückchen Walkiefer blieb erhalten, es befindet sich heute in der Pratersammlung des Wien Museums.

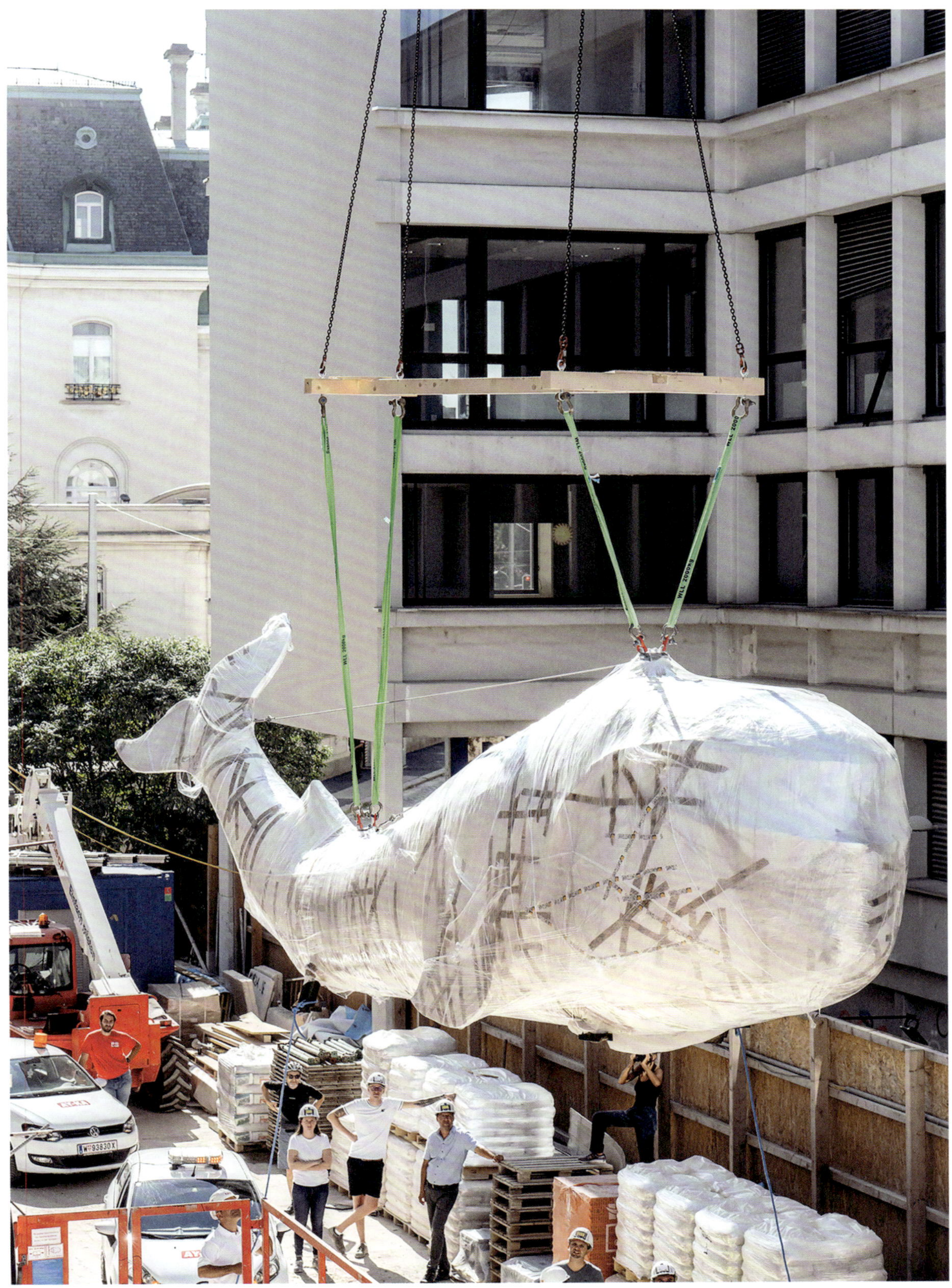

Der Walfisch vor seiner Einbringung ins Wien Museum am 19. Juli 2022. An zwei Hängepunkten wurde die Tierplastik mit einem Kran über das Gebäude gehoben, um dann via Foyer in die große Halle des Museums zu gelangen.

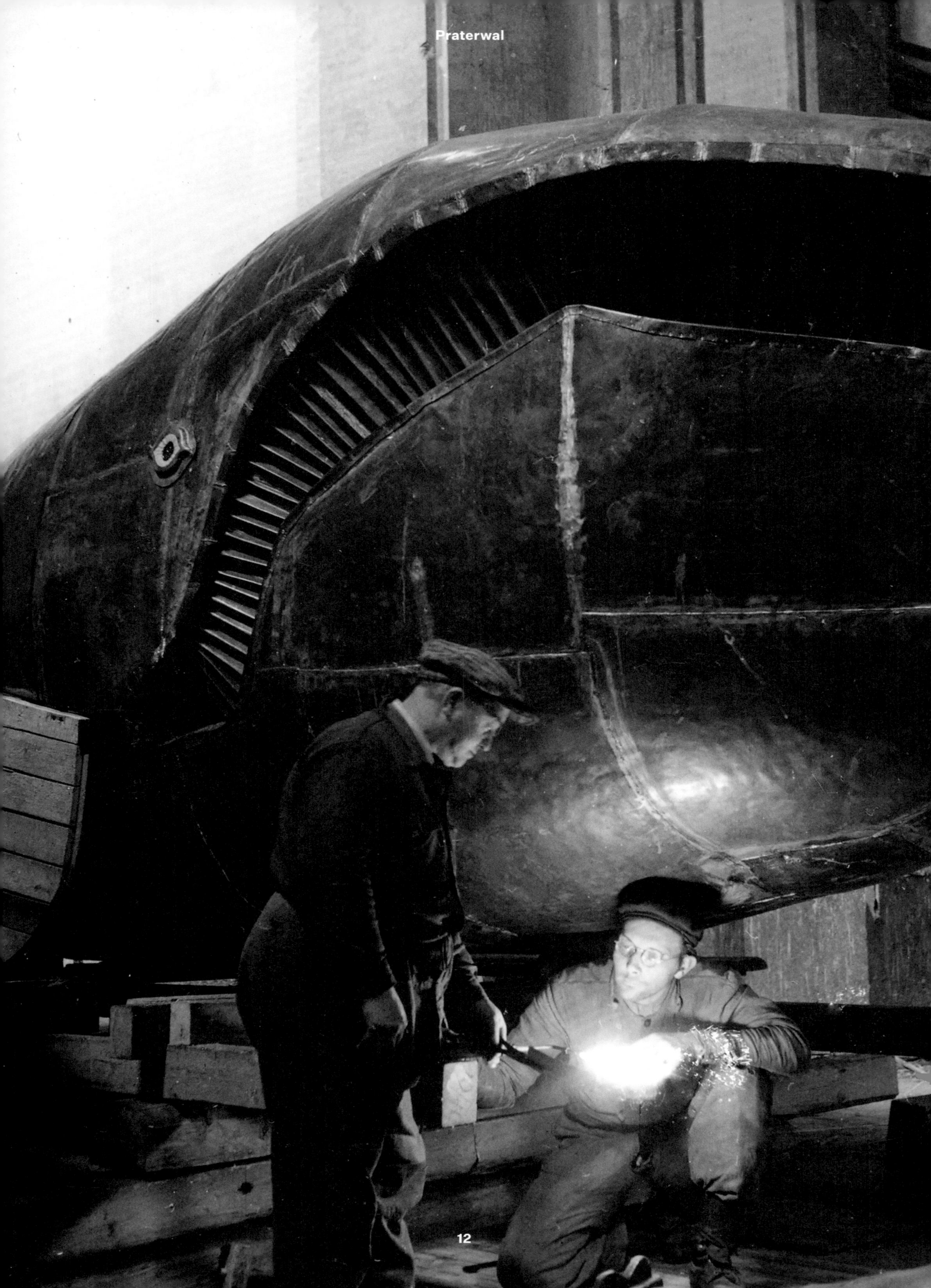

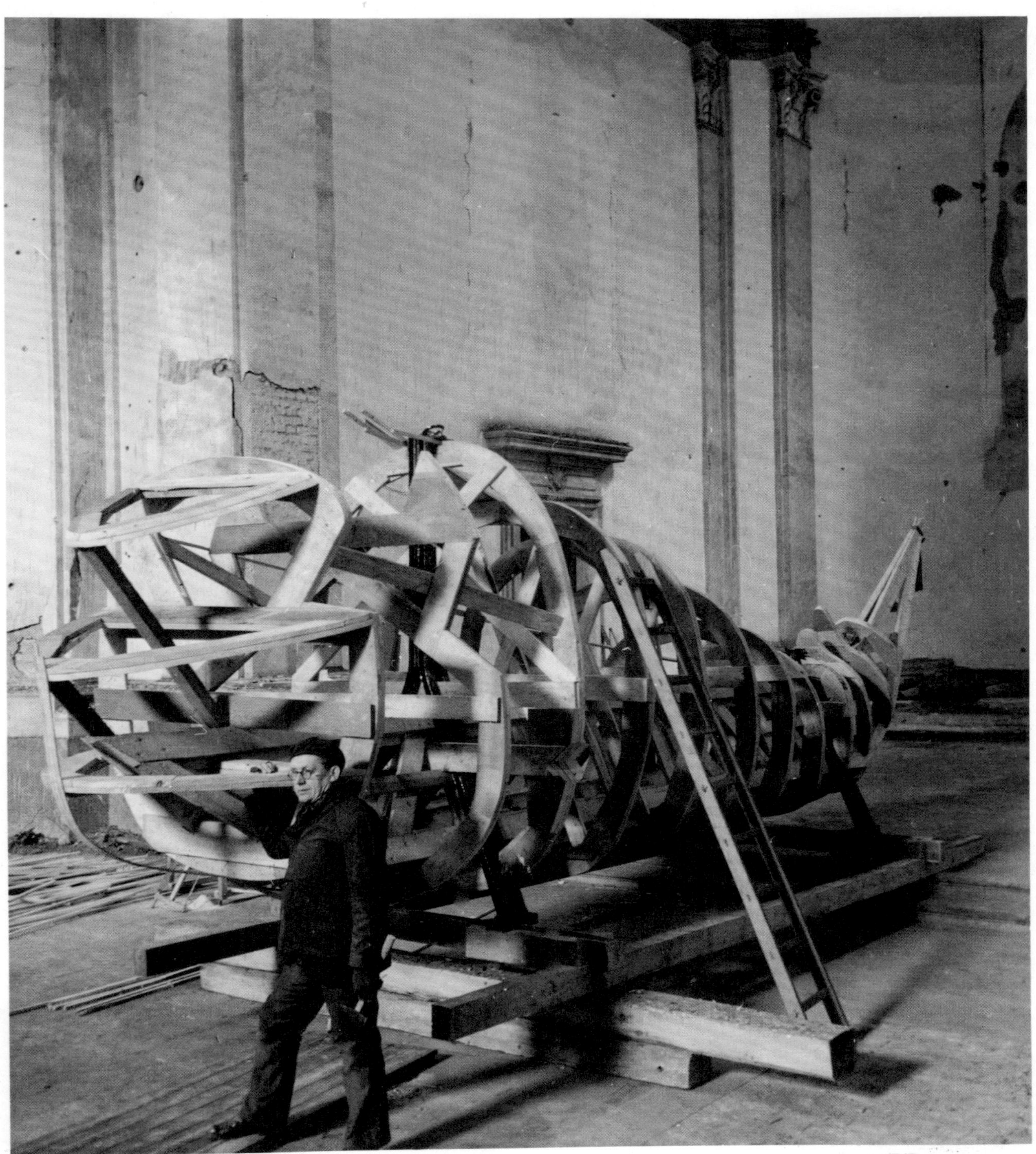

Das hölzerne Innengerüst des Walfischs
vor dem Aufbringen der Kupferblechhaut

←

Der Walfisch im Werden: Alois und Robert Mucnjak
beim Zusammenschweißen von Blechteilen in der
ausgebombten Schwarzspanierkirche, 1951

→ Der Walfisch wurde für den Transport vom Depot ins Museum verpackt, seine Komplettverhüllung erhielt museumsintern die Bezeichnung „Wal-Pyjama“ – hier sind davon zumindest schon die Shorts zu sehen.

↓ Objektrestauratorin Regula Künzli inspiziert das Innenleben des Walfischs, 2021.

↘ Sommer 2022: Der Walfisch über dem Pavillon des Wien Museums schwebend. Er wurde noch während des laufenden Baustellenbetriebs eingebracht – denn er hätte nicht durch die Türen gepasst.

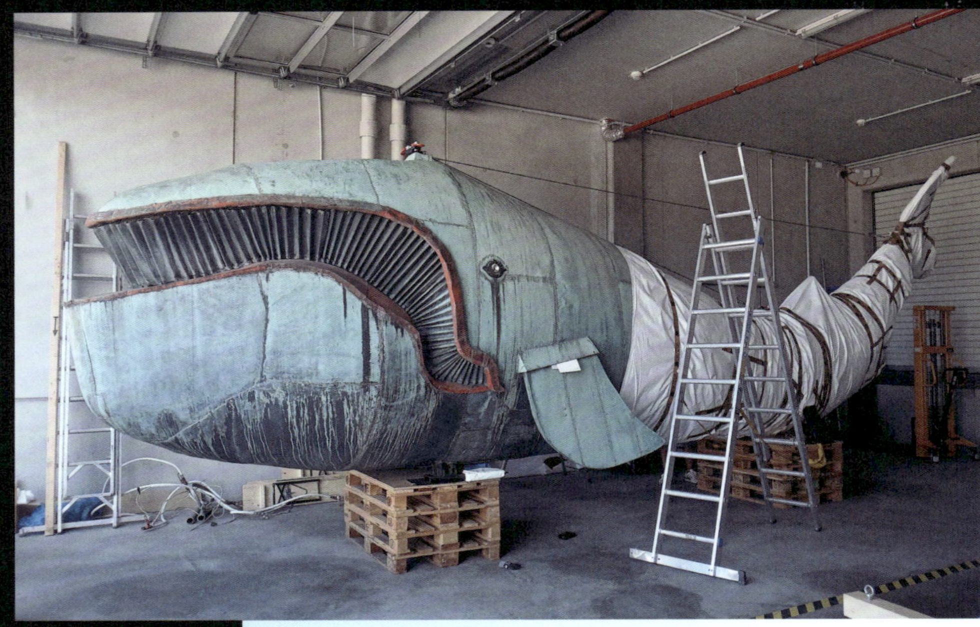

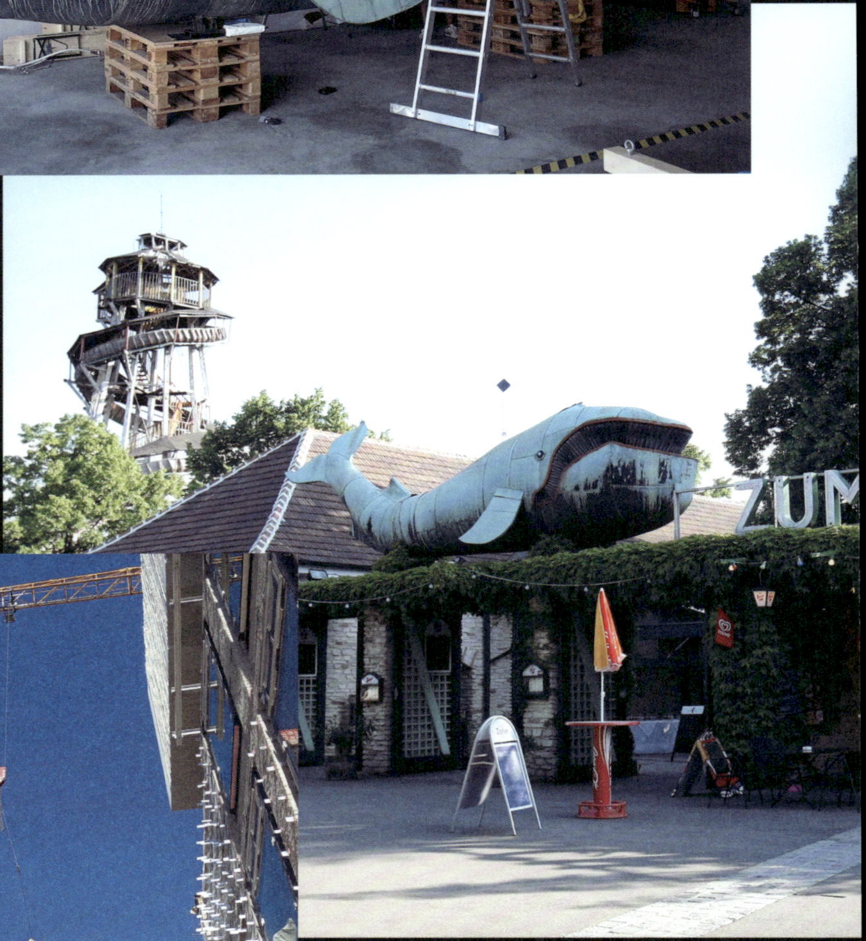

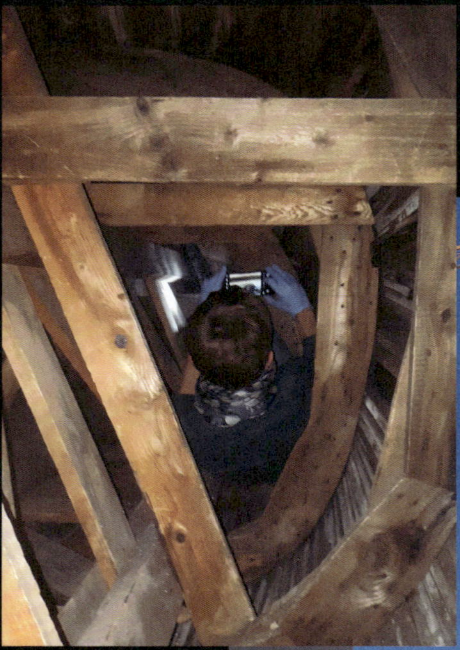

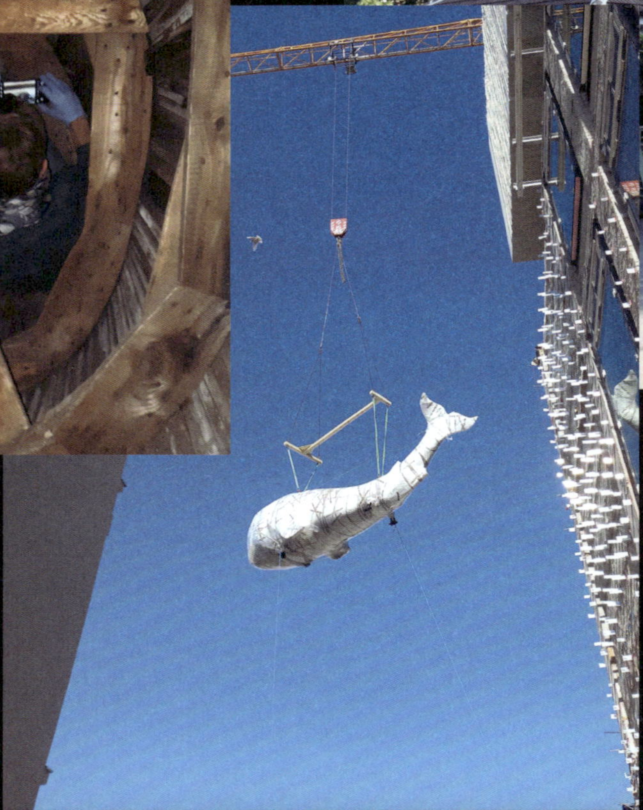

↓ S. 16–17
Als das Gasthaus „Zum Walfisch“ 2013 abgerissen wurde, rettete der Bauunternehmer Güner Ayaz den Wal, indem er ihn auf das Gelände seiner Firma AY-KA Bau brachte und dort lagerte.

↓ Von 1951 bis 2013 war die Blechplastik über dem Eingang in den Gastgarten des Wirtshauses „Zum Walfisch" im Prater angebracht.

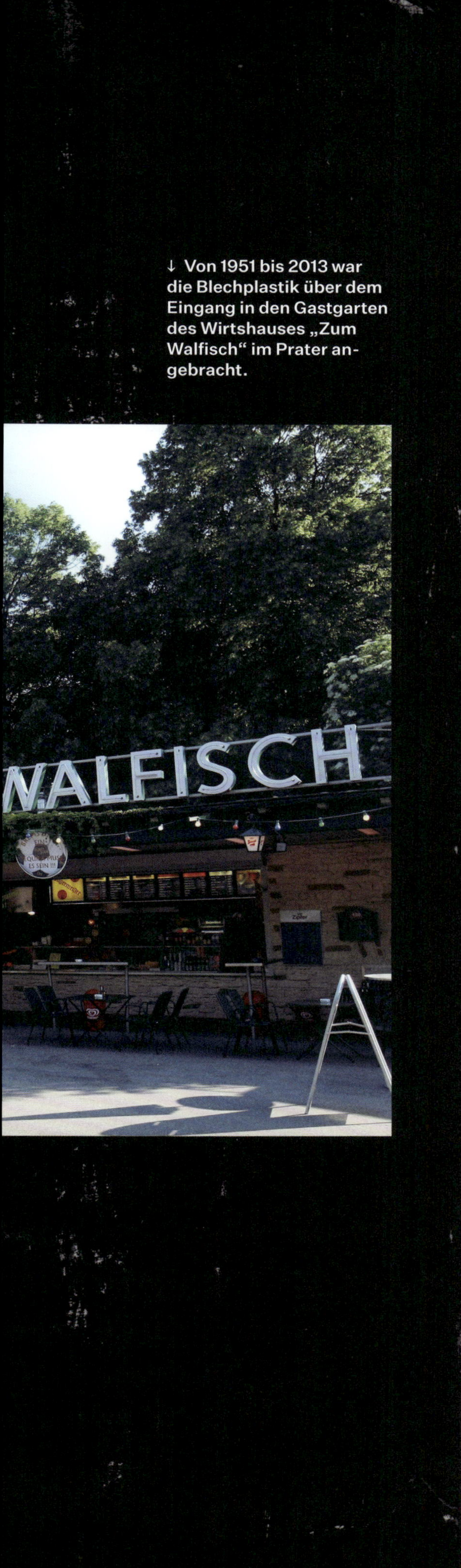

Für die Neueröffnung des Gasthauses „Zum Walfisch" im April 1951 musste ein neues Wahrzeichen her. Das Wiener Architekturbüro Waage-Kroupa wurde mit der Neugestaltung des Gasthauses beauftragt. Im Rahmen des Gesamtkonzepts war klar, dass künftig ein Wal über dem Eingang thronen sollte. Den gestaltete die junge Architektin Maria Benke, Absolventin der damaligen Akademie für angewandte Kunst. Ihr Lohn im Architekturbüro soll „mickrig" gewesen sein, schreibt der Journalist Wolfgang Böhm über seine Mutter. Der damals 25-Jährigen sei sicher nicht klar gewesen, dass sie ein von den Wienerinnen und Wienern vielgeliebtes Wahrzeichen Wiens und des Wurstelpraters schaffen würde, das später einmal in ein Museum einziehen sollte.

Den Wal gestaltete die junge Architektin Maria Benke, Absolventin der damaligen Akademie für angewandte Kunst. Ihr Lohn im Architekturbüro soll „mickrig" gewesen sein.

Wie sie bei dieser ungewöhnlichen Aufgabe vorging, erzählte Maria Benke später dem damaligen Studenten Stefan Plischke, der in den 1990er Jahren eine Diplomarbeit über das Architekturbüro verfasste. Zur Vorbereitung der Planung studierte Maria Benke Bilder von Pottwalen, Orcas, Blauwalen und weiteren Gattungen. Der letztlich realisierte Entwurf ähnelt wohl am ehesten einem Grönlandwal. Auch das Skelett aus Holz wurde von ihr geplant und exakt ausgearbeitet. Nach den von ihr vorgegebenen Maßen wurde es von dem Brüderpaar Alois und Robert Mucnjak aus Holz und Blech zusammengebaut. Die Kunstfertigkeit der Handwerker muss groß gewesen sein, sagt Restauratorin Regula Künzli.

Der Wal besaß auch zwei legendäre technische Finessen. Den unwiderstehlichen Look gaben dem Tier die Augen, die durch zwei Glühlampen in der Dunkelheit blau leuchteten; eine weitere Attraktion war die Fontäne, die er einmal in der Stunde aus seinem Blasloch am Hinterkopf in die Luft sprühen konnte – ein beliebtes Fotomotiv fürs Publikum.

Gebaut wurde der Wal aus Kupfer und Holz in der leeren, von Bombenangriffen beschädigten Schwarzspanierkirche in Wien-Alsergrund. Der Weg von dort in den Prater, rechtzeitig zur Wiedereröffnung des Restaurants „Zum Walfisch" 1951, wurde per Tieflader bewältigt. Zwei Lkw zogen das Fahrzeug und seine schwere Last vorbei am Messepalast über den Karlsplatz in den Prater.

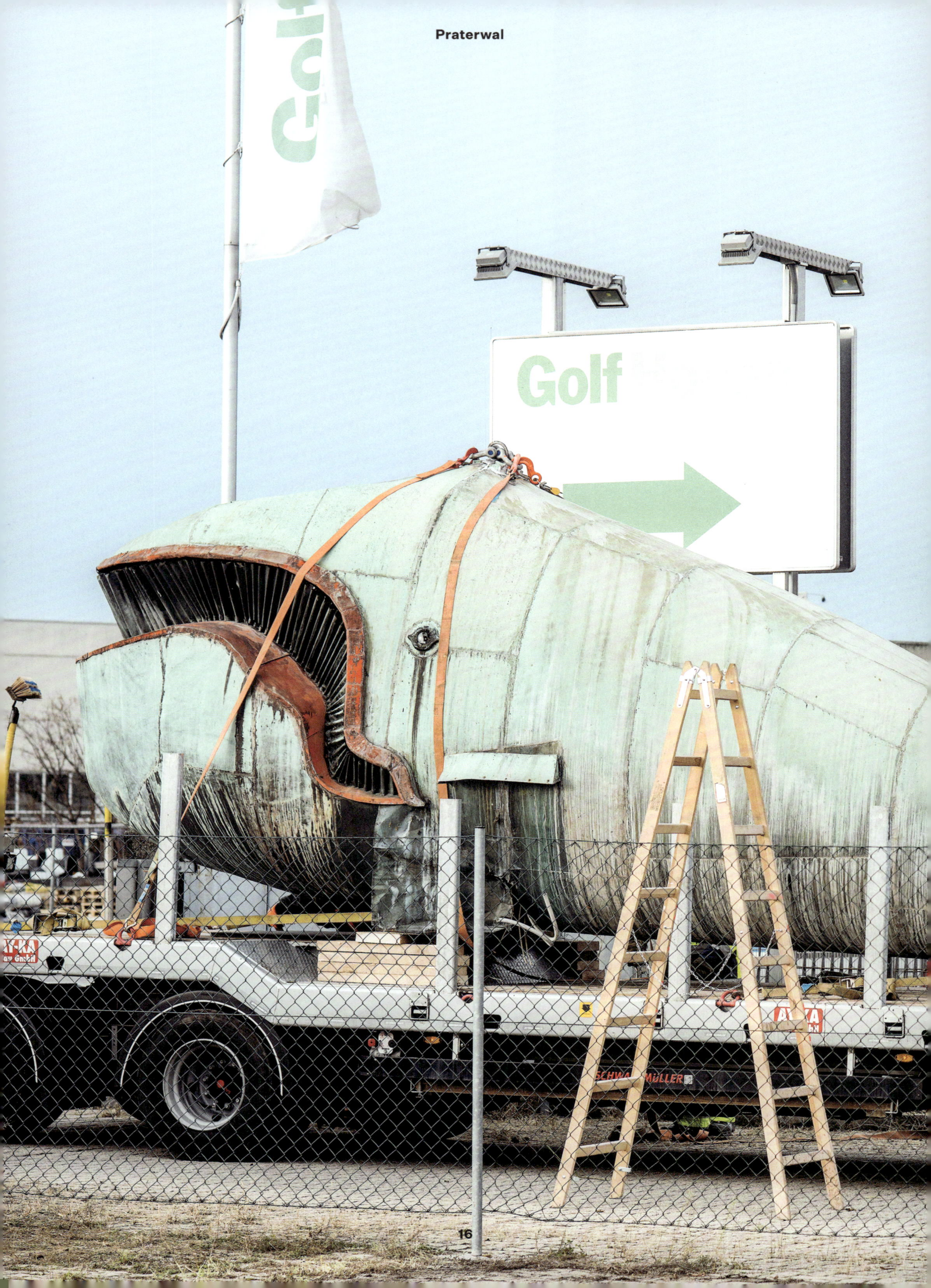
Golf
Golf

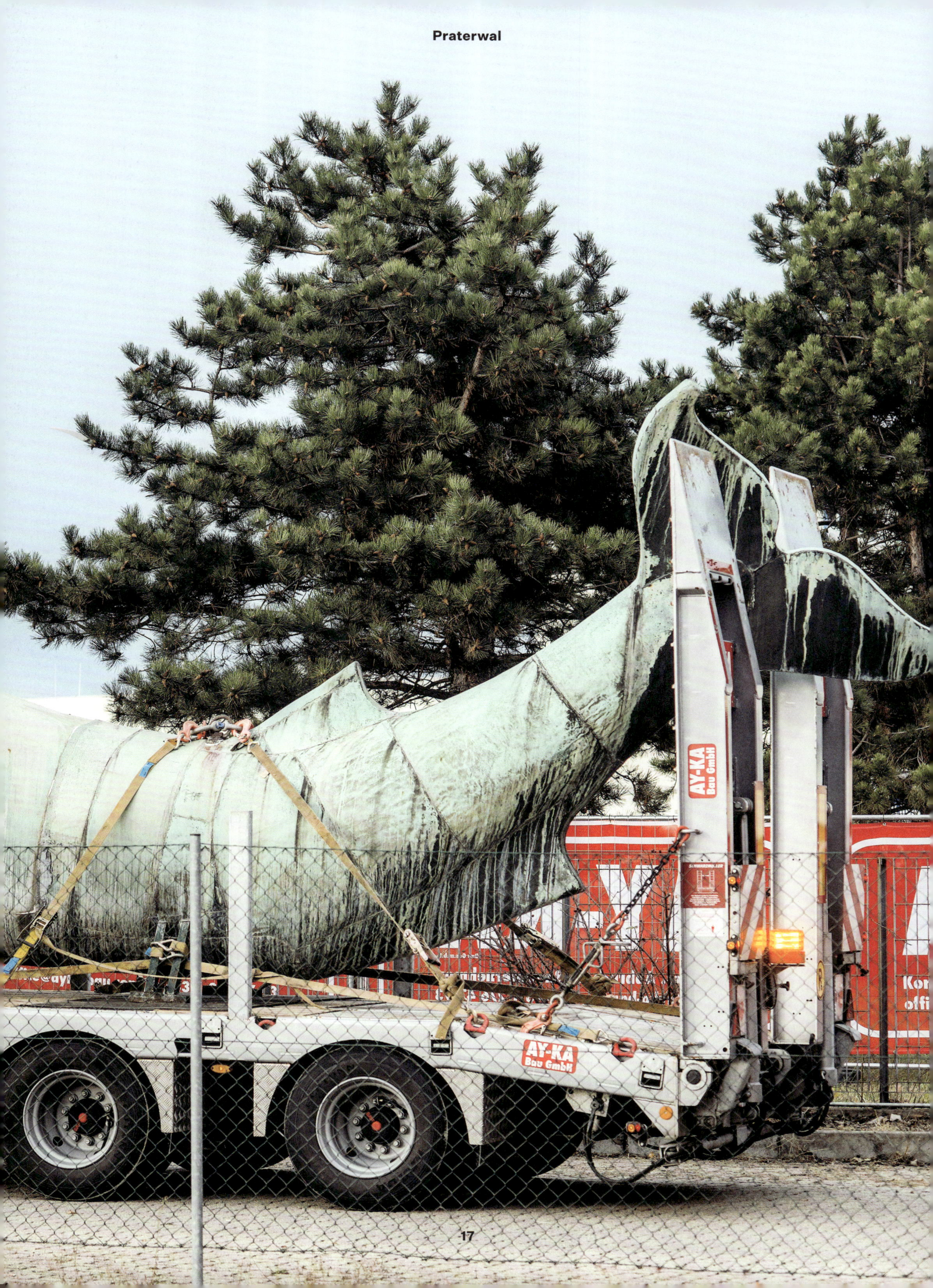
AY-KA
Bau GmbH
AY-KA
Bau GmbH

Die spektakulärere Reise, an der hunderte Wienerinnen und Wiener teilnahmen, wurde in einem Werbefilm der Brauerei Gösser, die der Bierlieferant des Gasthauses war, festgehalten.

Das Tier mit der Wasserfontäne wurde zum Treffpunkt und zum Markenzeichen des Praters.

Es folgten Jahrzehnte des Ruhms für die markante Blechskulptur. Das Tier mit der Wasserfontäne wurde zum Treffpunkt und zum Markenzeichen des Praters. Das Ende des Gasthauses „Zum Walfisch" besiegelte auch fast das Ende des Blechsäugers. Güner Ayaz' beherztes Einschreiten verhinderte das Schlimmste. Er ist der erste Retter des Wals.

Die zweite Retterin ist Regula Künzli. Sie hat dem Wal in der Werkstatt des Wien Museums im Depot in Himberg gemeinsam mit ihrem Team in liebevoller Kleinarbeit zu einem würdevollen Äußeren verholfen. Am Anfang stand die Frage: Wo bringt man ein Objekt in dieser Dimension unter? Man entschied, das Eineinhalb-Tonnen-Ding in der Lkw-Halle zu versorgen. Obwohl ursprünglich für draußen gebaut, würde ihm noch mehr frische Luft im jetzigen Zustand nicht guttun. Schließlich verfolgen Restauratorinnen und Restauratoren das Ziel, Museumsobjekte für die Nachwelt zu bewahren. Nach monatelanger Restaurierung war die nächste Herausforderung der künftige Aufenthaltsort des Wals. Als Herzstück der Dauerausstellung sollte er schließlich in der Halle des Wien Museums zu sehen sein – und zwar hängend!

Um den bisher auf vier Stehern ruhenden Wal in hängender Position präsentieren zu können, waren weitgehende Sicherungsmaßnahmen notwendig.

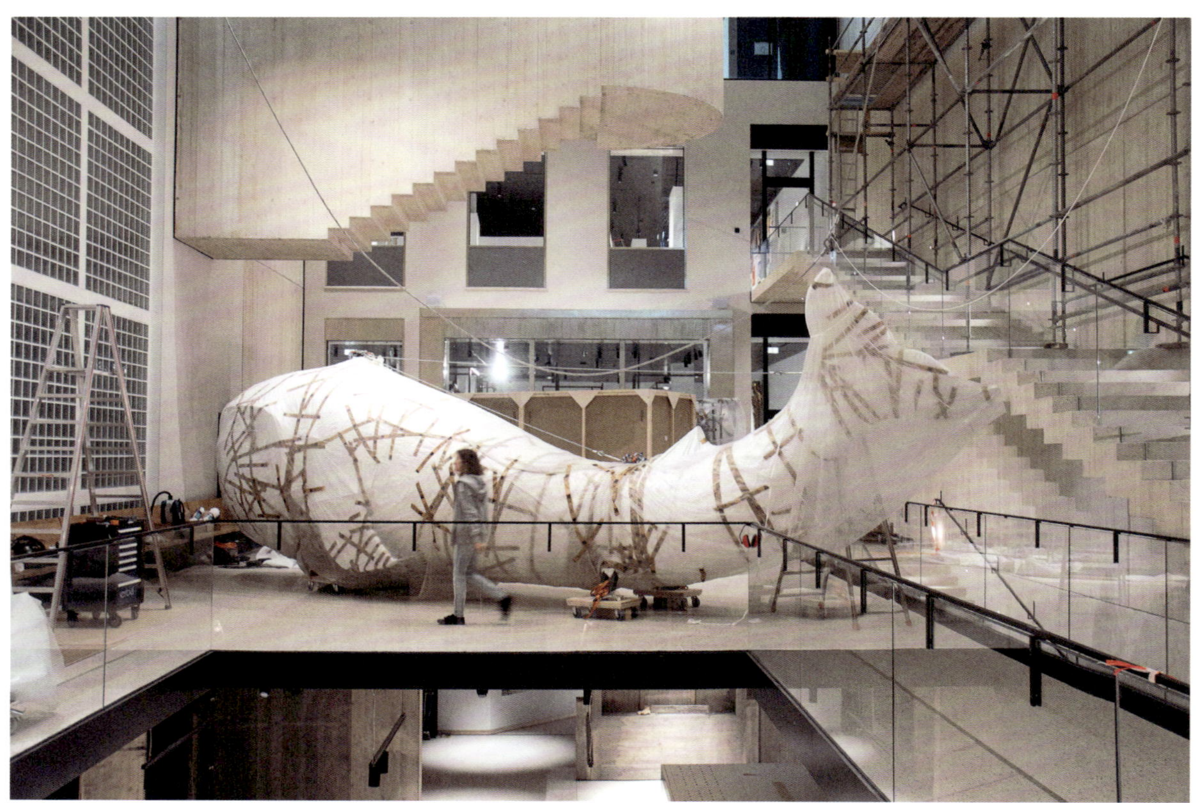

Der Wal hing ein Jahr lang in seinem „Pyjama" in der Halle des Museums. Erst als die Bauarbeiten beendet waren, ließ man ihn herunter, befreite ihn von seiner Hülle und hievte ihn abermals in die Höhe.

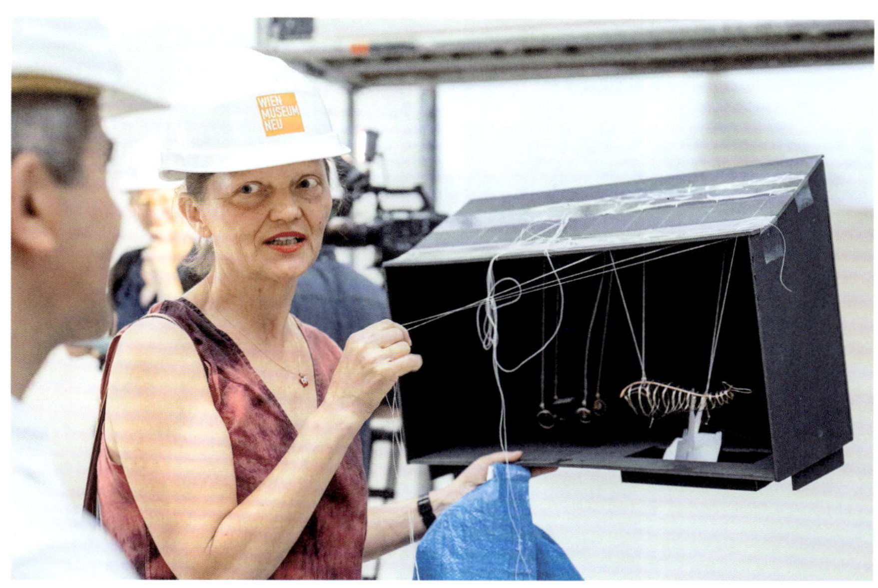

Architektin Monika Trimmel präsentiert an einem Modell das Hängeprinzip für den Walfisch in der neuen Halle des Wien Museums.

Wo und wie man einen tonnenschweren Wal hängen kann, das war eine lange, schwierige Aufgabe, für die die Architektin Monika Trimmel schließlich eine Lösung fand. Klar war: Um den bisher auf vier Stehern ruhenden Wal in hängender Position präsentieren zu können, waren weitgehende Sicherungsmaßnahmen notwendig. Und zwar ohne das bisherige Kräftespiel der gealterten Materialien zu verändern oder unter Spannung zu setzen. Den statischen Erfordernissen entsprechend erhielt der Wal eine stabilisierende Verstärkung aus Holzbalken und Eisenteilen, Außenhaut und Flossen wurden zusätzlich gesichert. An insgesamt vier Seilen wurde der Wal letztendlich hochgezogen.

Die Reise des ungewöhnlichen Riesenobjekts per Sondertransport sorgte – wie schon 1951 – für Aufmerksamkeit. Dass Güner Ayaz auch diesmal dabei war, macht den Mann stolz. Er hat zuvor nichts von der historischen Bedeutung des Tiers gewusst. Er hat einfach gespürt, dass etwas unwiederbringlich verloren gegangen wäre, wenn er es nicht gerettet hätte – dieses eigenartige Riesengeschöpf, dessen Augen im Dunkeln einst so geheimnisvoll gefunkelt haben.

Maria Benke (Entwurf)
Alois und Robert Mucnjak (Ausführung)

Walfisch vom Gasthaus „Zum Walfisch“ im Prater

↑

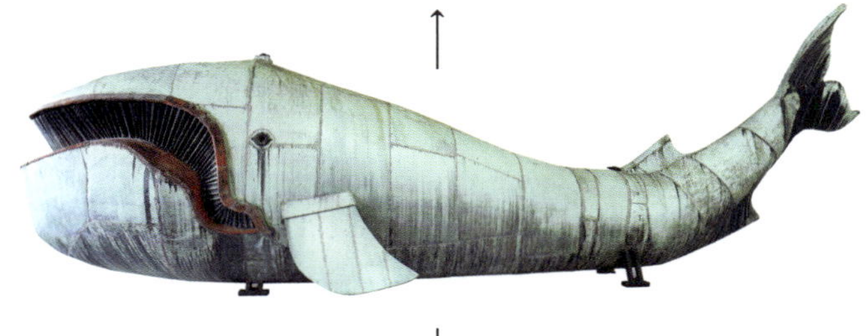

↓

1951
Holz, Kupferblech
315 × 992 × 210 cm
ca. 1.700 kg

Im Fokus

Korrosion

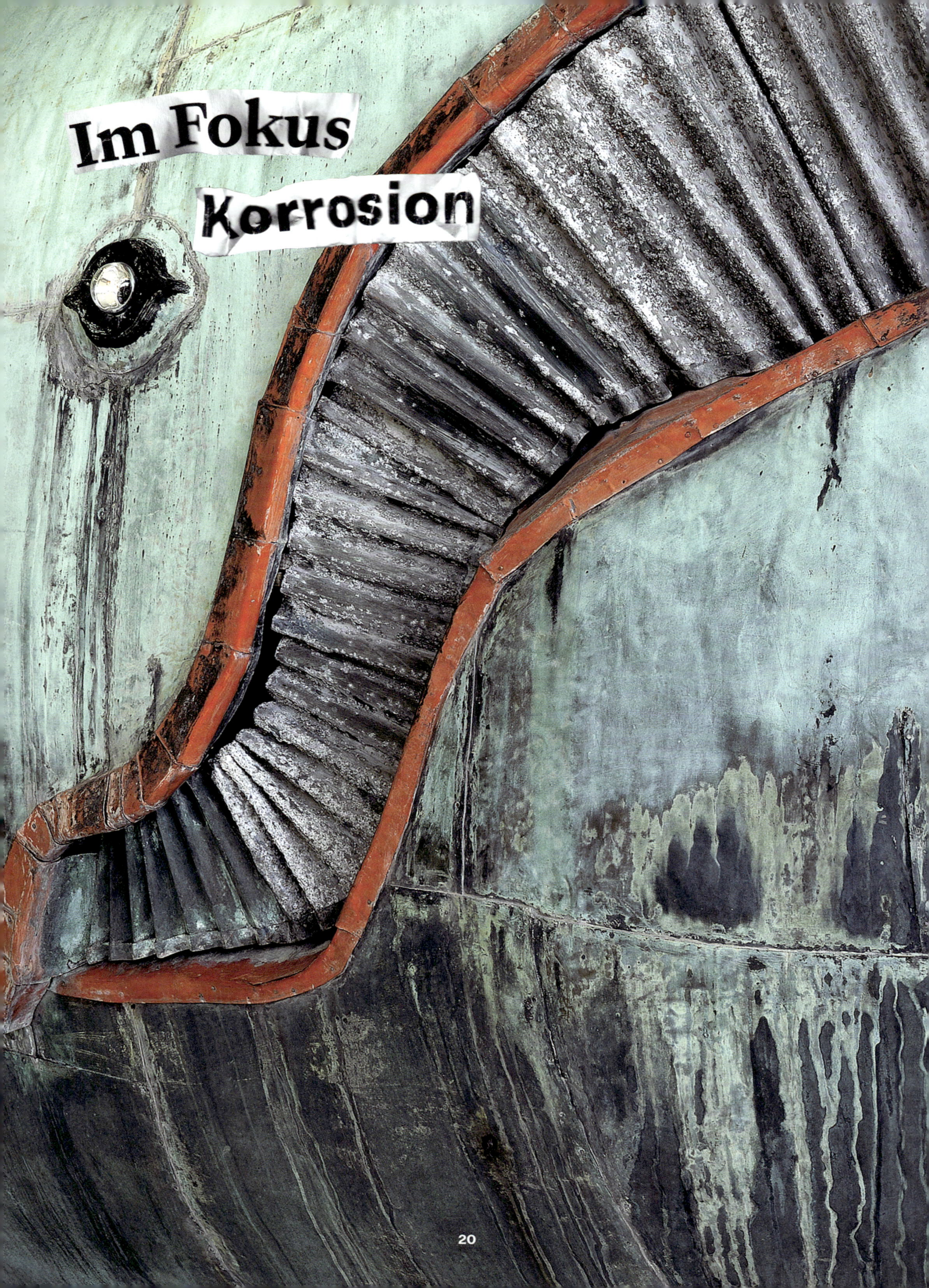

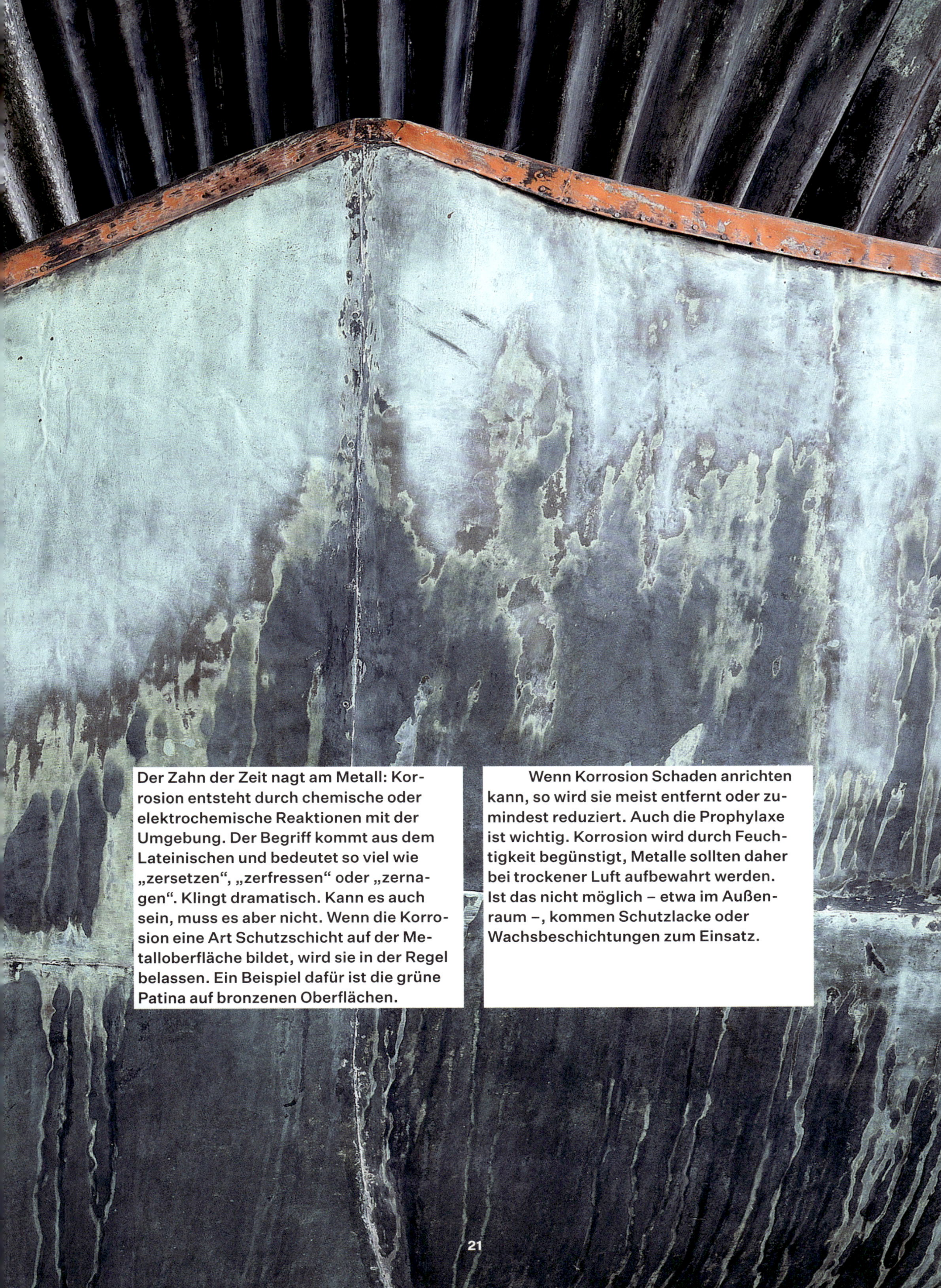

Der Zahn der Zeit nagt am Metall: Korrosion entsteht durch chemische oder elektrochemische Reaktionen mit der Umgebung. Der Begriff kommt aus dem Lateinischen und bedeutet so viel wie „zersetzen“, „zerfressen“ oder „zernagen“. Klingt dramatisch. Kann es auch sein, muss es aber nicht. Wenn die Korrosion eine Art Schutzschicht auf der Metalloberfläche bildet, wird sie in der Regel belassen. Ein Beispiel dafür ist die grüne Patina auf bronzenen Oberflächen.

Wenn Korrosion Schaden anrichten kann, so wird sie meist entfernt oder zumindest reduziert. Auch die Prophylaxe ist wichtig. Korrosion wird durch Feuchtigkeit begünstigt, Metalle sollten daher bei trockener Luft aufbewahrt werden. Ist das nicht möglich – etwa im Außenraum –, kommen Schutzlacke oder Wachsbeschichtungen zum Einsatz.

Fensterputzen mit Wattestäbchen

Zur Reinigung und Restaurierung des großen Modells von St. Stephan

Da war der Wurm drin. Und zwar nicht nur einer. Verstaubt und verschmutzt, von Holzwürmern und Schimmel befallen, stellenweise beschädigt: In diesem Zustand war das Modell von St. Stephan seines 137 Meter hohen Vorbilds nicht würdig. Und seines neuen Standorts, der Dauerausstellung des neuen Wien Museums, schon gar nicht.

Das historische Stephansdom-Modell: ein Monumentalmodell und zugleich ein herausragendes Beispiel für die architektonische Modellierkunst des 19. Jahrhunderts. Fünfeinhalb Meter hoch, konnte es früher über eine Öffnung von innen besichtigt werden. 1974 wurde es an die Dompfarre St. Stephan abgetreten. Über Jahrzehnte war es auf dem Dachboden des Doms aufgestellt und dort im Rahmen von Führungen gelegentlich zu besichtigen. Ein Dom im Dom sozusagen. Mit dem Umbau des Wien Museums am Karlsplatz wurde das bemerkenswerte Modell nun wieder in die Sammlung der Stadt aufgenommen. Doch bevor man es nun dem Publikum zugänglich machte, bedurfte es einer umfassenden Restaurierung.

Zwei Restauratorinnen und ein Restaurator – Sophie Rabitsch, Anaïs Berenger und Andreas Gruber – legten Hand an das Großobjekt. Eine neue, durchaus herausfordernde Erfahrung für sie. Denn normalerweise arbeitet man in der Papierrestaurierung hauptsächlich mit zweidimensionalen, eher kleinformatigen Objekten. Im Museumsjargon werden sie auch „Flachware“ genannt: Dazu zählen etwa Urkunden, Grafiken, Zeichnungen, Ansichtskarten, Fotos …

Man sagt, Papier sei geduldig. Doch das Gegenteil ist der Fall. Papier ist höchst ungeduldig. Es ist empfindlich und fragil. Insbesondere, wenn es durch unsachgemäße Handhabung Gefahren ausgesetzt ist. Feuchtigkeit, zu starkes und lang anhaltendes Licht, Tintenfraß, Pilz- und Insektenbefall können leicht Schäden verursachen. Papierrestauratorinnen und -restauratoren versuchen deshalb ständig, ihr Wissen über zeitgemäße Konservierungs- und Restaurierungsmöglichkeiten zu erweitern.

Man sagt, Papier sei geduldig. Doch das Gegenteil ist der Fall. Papier ist höchst ungeduldig. Es ist empfindlich und fragil.

Im Fall des Stephansdom-Modells waren es vor allem die Staubbelastung und die Klimaschwankungen auf dem Dachboden sowie das mehrmalige Zerlegen und Zusammensetzen, die im Lauf der Zeit Spuren am Objekt hinterlassen hatten. Eine besondere Herausforderung beim Restaurieren war das beträchtliche Volumen des Modells, vor allem aber das Material, aus dem es gebaut ist, denn der Modellbauer hatte einst nach „geheimer Rezeptur“ gearbeitet. Carl Schropp war besonders stolz auf seine Modelliermasse, die in ihrer genauen Zusammensetzung immer noch Rätsel aufgibt. Hauptbestandteil war Papiermaschee mit Zusätzen von natürlichen Harzen. Im Übrigen haben auch andere Modellbauer seiner Zeit ein Geheimnis um die materialtechnische Zusammensetzung ihrer Werke gemacht.

Eine besondere Herausforderung beim Restaurieren war das beträchtliche Volumen des Modells, vor allem aber das Material, aus dem es gebaut ist, denn der Modellbauer hatte einst nach „geheimer Rezeptur“ gearbeitet.

Schropps Modelle verblüffen durch ihren Detailreichtum und ihre Genauigkeit selbst in kleinsten Maßstäben. Die formbare Masse hat auch entscheidend zur Detailfülle des Stephansdom-Modells beigetragen, denn das alles zu schnitzen, wäre äußerst zeitaufwendig gewesen. Schropps schrumpfungsfreie und nicht zuletzt bemalbare Masse machte ihn zu seiner Zeit landesweit bekannt; sie diente als Ersatzmaterial für hochwertige und kostspielige Edelmetalle, Holz oder teure Steine.

Monatelang hat das restauratorische Team des Wien Museums an dem rund 160 Jahre alten Meisterwerk gearbeitet. Die Miniaturversion des Stephansdoms wurde zur Mammutaufgabe. Und man ist dabei so manchem Rätsel auf die Spur gekommen. Zunächst galt es, eine Grundreinigung des Modells vorzunehmen. Denn der Staub von Jahrzehnten auf dem Dachboden des Doms hatte sich auf und in dem Modell angesammelt (inklusive etlicher toter Spinnen). Allein schon durch die Größe seiner Oberfläche dauerte die Reinigung lange. Vor allem aber durch seine Komplexität. Denn die vielen gotischen Bauteile und Hinterschneidungen bedurften einer Sonderbehandlung.

Zu Beginn stand erst einmal die fotografische Dokumentation des Objekts. So geht man immer vor, bevor man sich an die eigentliche Arbeit macht. Danach kam die Reinigung. Zunächst mit einem Staubsauger zum Umhängen, mit dem man auch auf eine Leiter steigen kann, um die Teile von oben abzusaugen. Danach ging es mit Pinseln, Wattestäbchen und Spezialschwämmchen weiter. Und dann das Fensterputzen. Ist ja immer mühsam. Erst recht aber, wenn man dafür nur Wattestäbchen zur Verfügung hat. Dann dauert es seine Zeit.

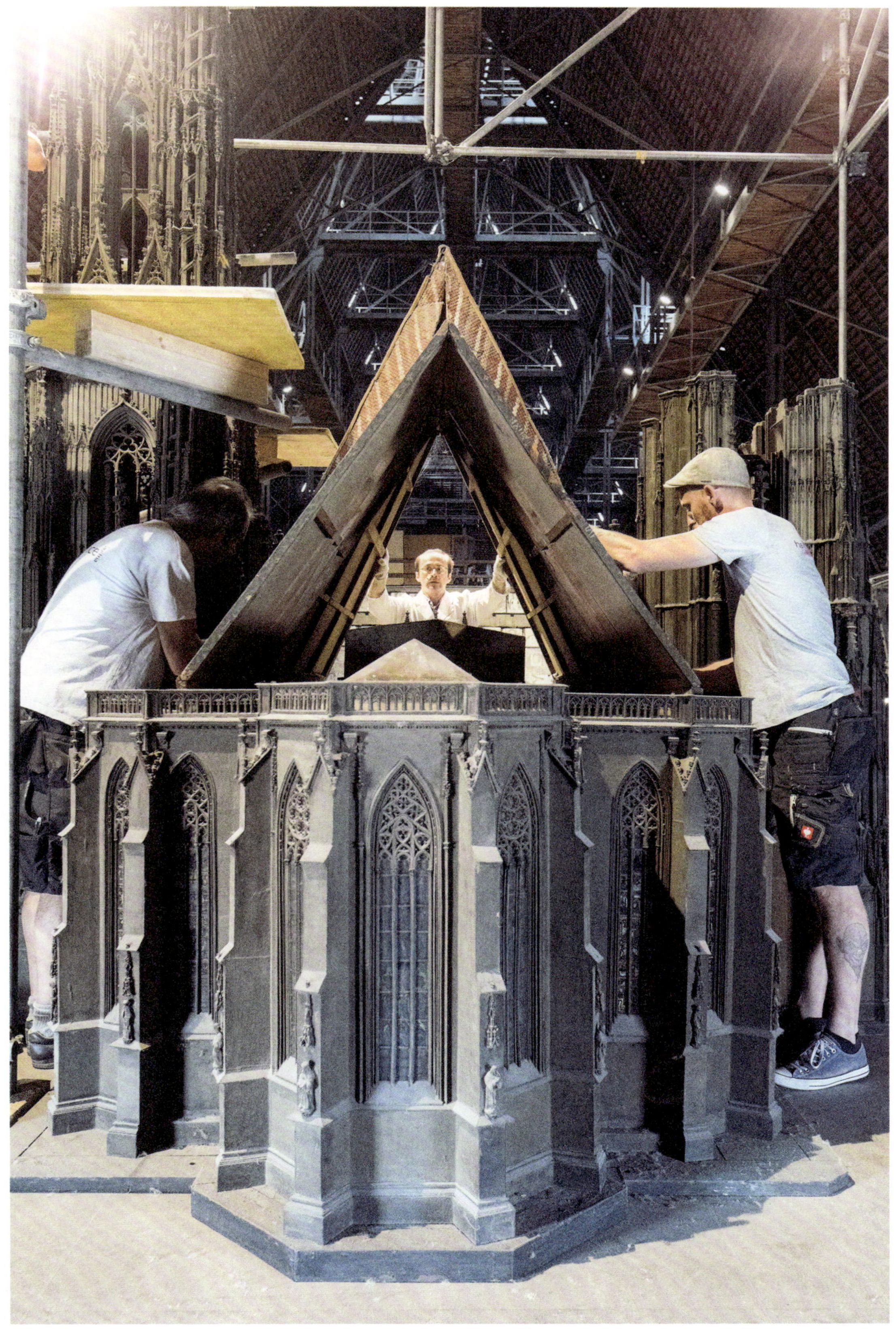

Restaurator Andreas Gruber mit Kollegen beim Abbau des Modells auf dem Dachboden des Stephansdoms

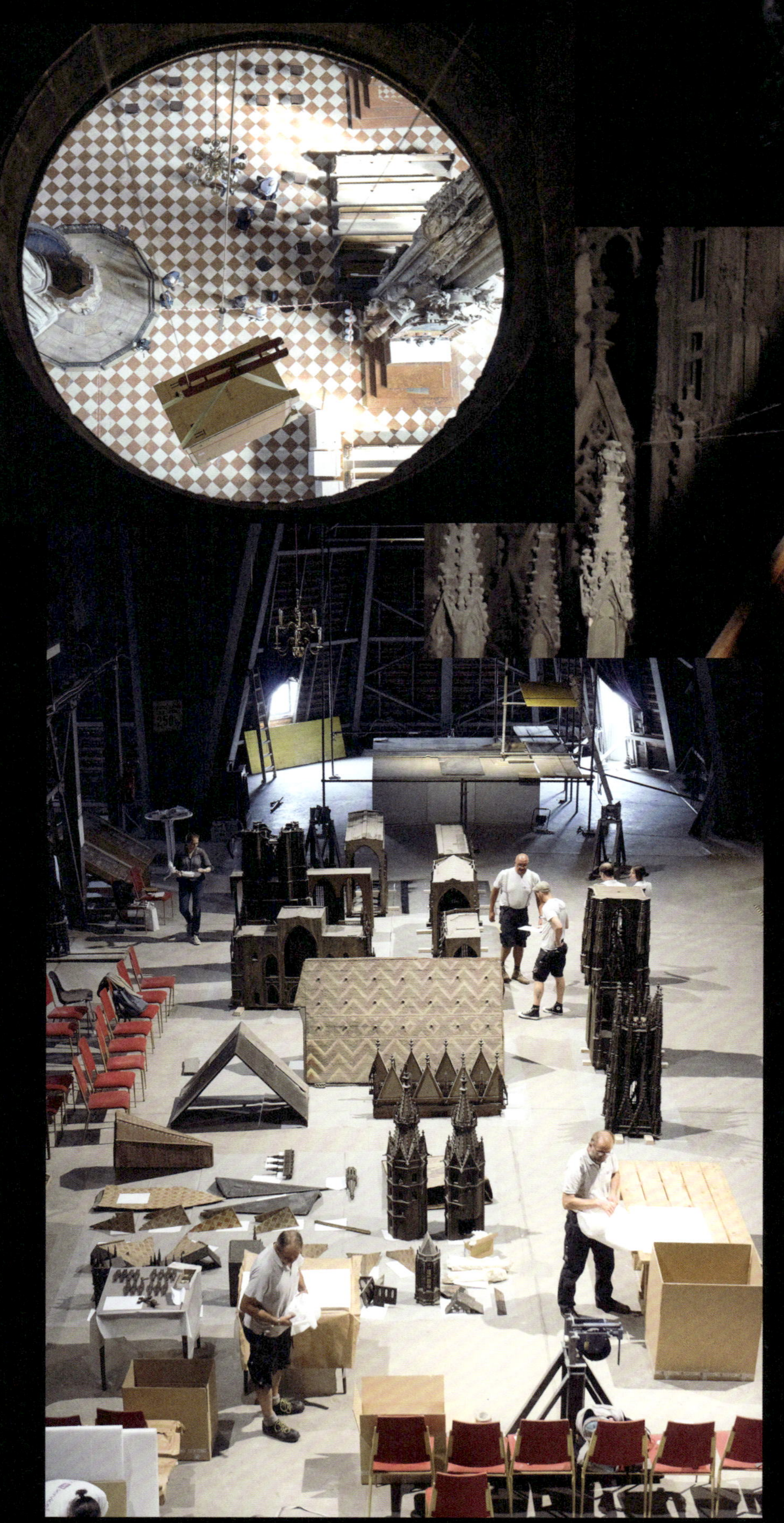

↖ Durch eine Deckenluke im Dom werden die Teile des Modells nach unten transportiert.

↑ Nicht nur das Dach des Modells war mit Spinnweben und einer dicken Staubschicht überzogen.

← Abbau und Zerlegung des Modells in seine Einzelteile auf dem Dachboden des Stephansdoms

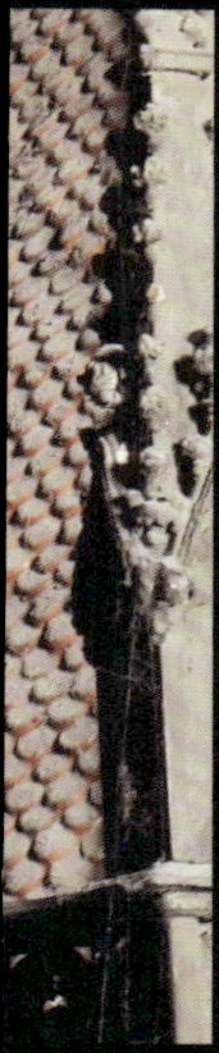

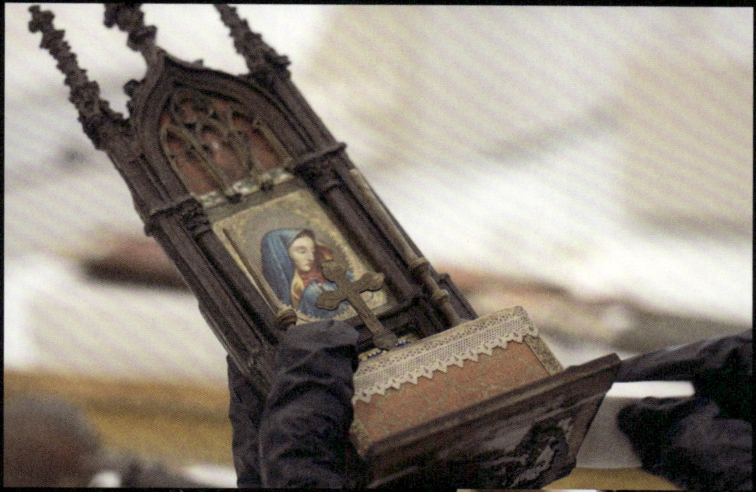

← Altar aus dem Inneren des Modells während der Restaurierung

↓ Detail der handbemalten Glasfenster des Modells

↙ Restauratorin Sophie Rabitsch bei der Reinigung eines der „Heidentürme" von der Westfassade des Doms

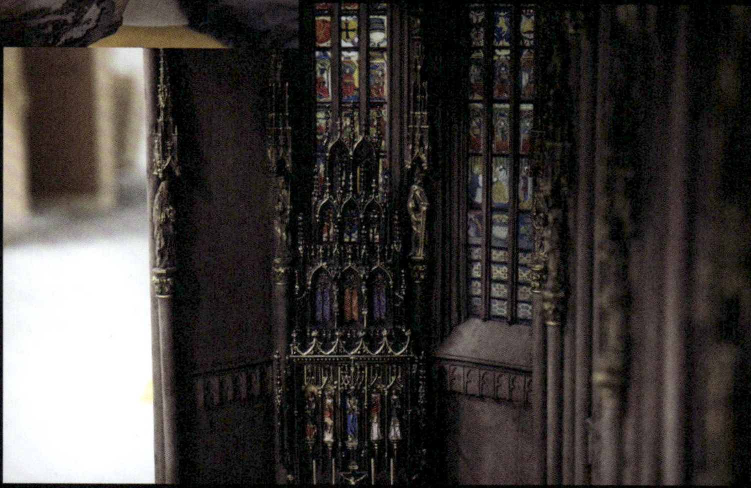

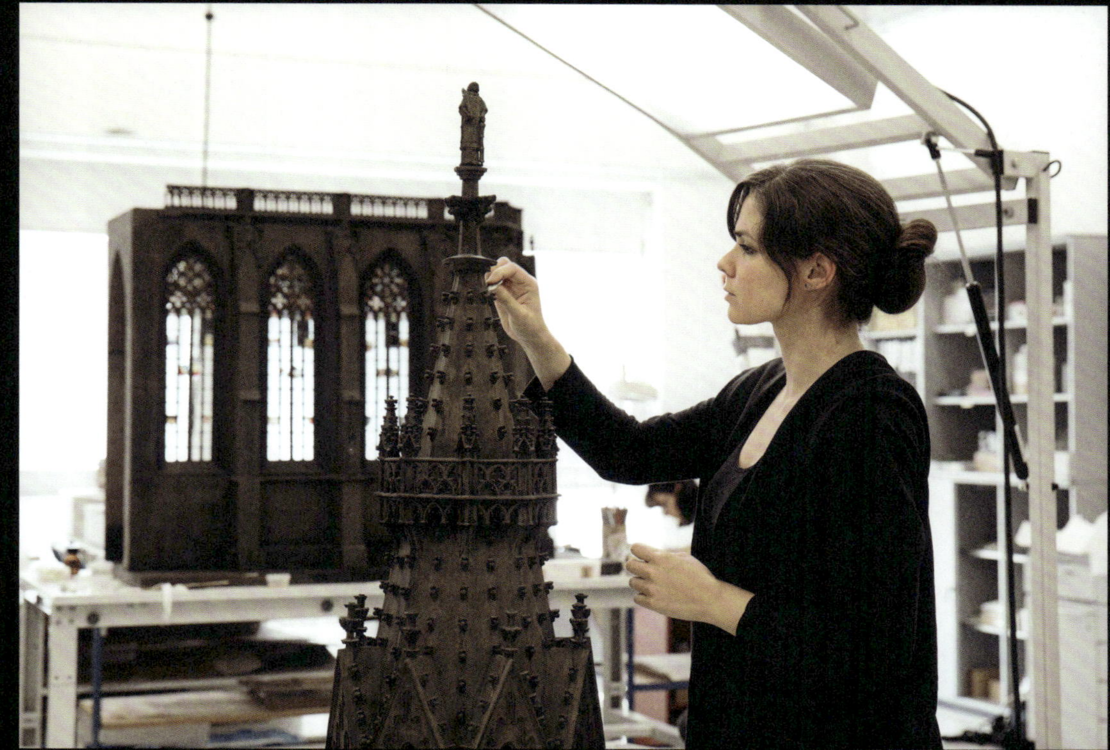

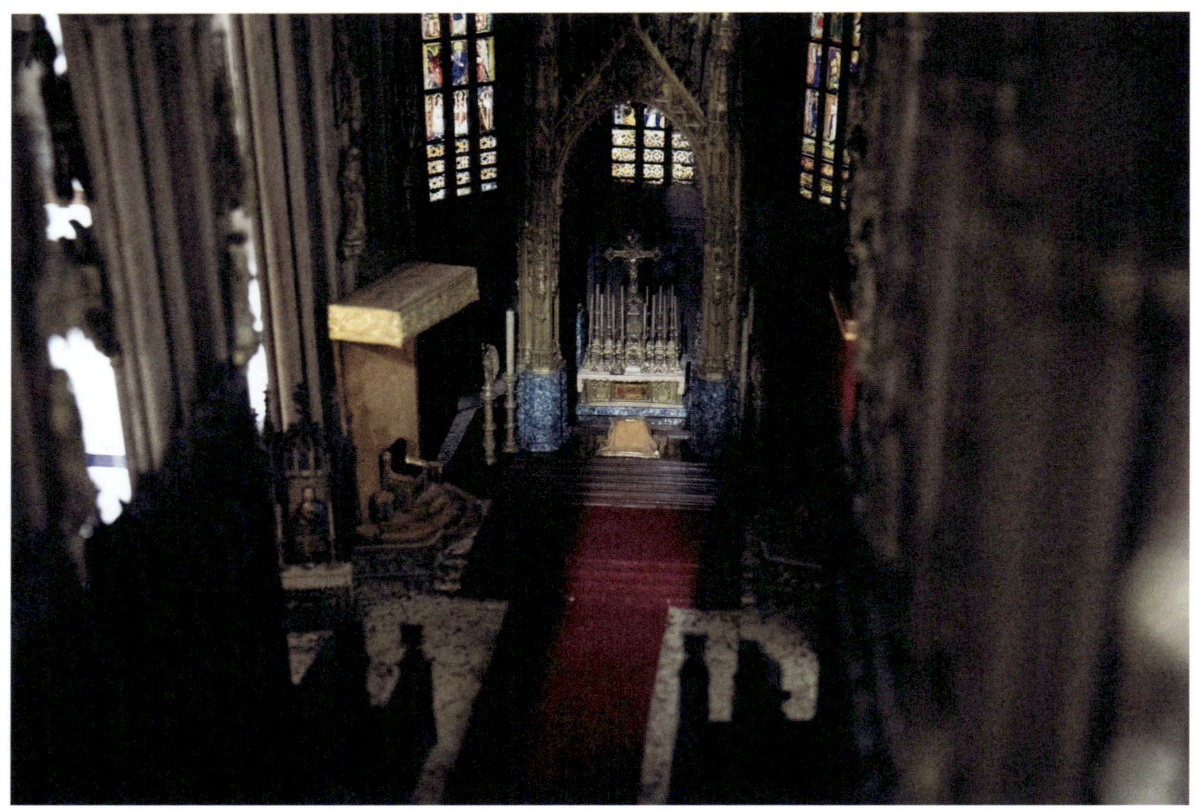

Blick ins Innere das Modells zum
„regotisierten“ Hauptaltar und Chorgestühl

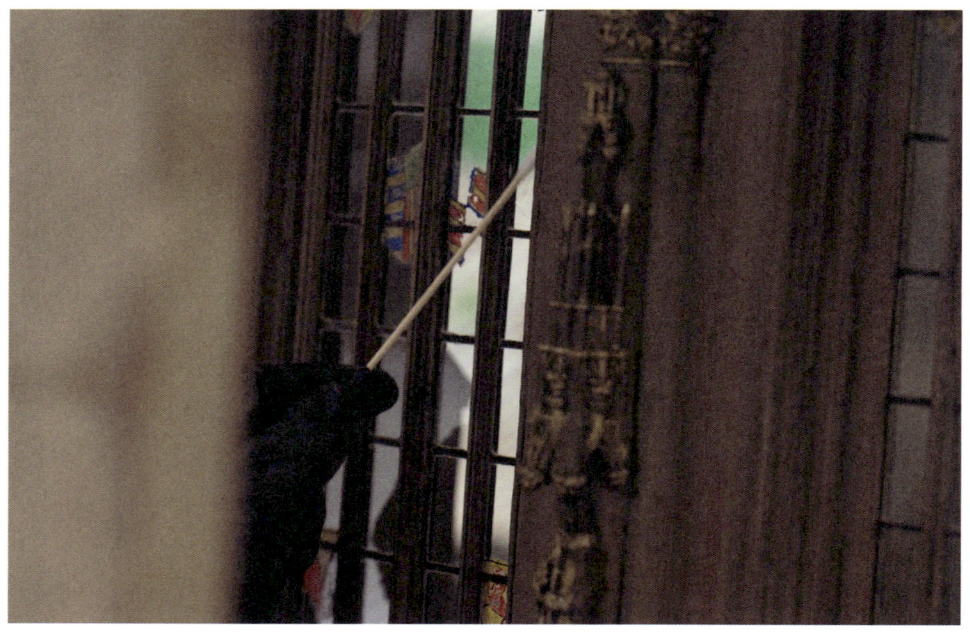

Reinigung eines Glasfensters mit
destilliertem Wasser und einem Ethanolgemisch

Doch es galt nicht nur Wände, Fenster oder Verzierungen zu säubern. Abgeschlagene Teile mussten ersetzt und beschädigte Stellen befestigt und bemalt werden. Waren die filigranen Teile des Modells abgebrochen, offenbarte sich dadurch auch so manches Geheimnis des Modellbaumeisters. Etwa, als sich bei einem Fries am Nordturm ein Teil abgelöst hatte. Bei näherer Betrachtung des Stücks zeigte sich, dass Erbauer Schropp den Fries wohl aus Obstkernen gefertigt haben muss. Und ein Gutachten legt nahe, dass er bei anderen Teilen wiederum Dolomitkalk mit tierischem Leim gemischt hat: kleine Puzzlesteine zur Lüftung seines Rezeptgeheimnisses ...

> Und dann das Fensterputzen. Ist ja immer mühsam. Erst recht aber, wenn man dafür nur Wattestäbchen zur Verfügung hat.

Im 19. Jahrhundert wurden viele derartige Modelle gebaut, aus privatem Interesse, aber auch, um sie gegen Eintritt einem Publikum zu zeigen. Warum der Bayer Carl Schropp ein großes Modell des Stephansdoms gebaut hat, weiß man nicht. So viel aber ist gewiss: Er hat es oft zur Schau gestellt. Und das, obwohl das Zusammenbauen und das Zerlegen des Modells sehr aufwendig sind.

Schropps Miniatur-Stephansdom ist mehr als der Versuch, eine exakte Kopie des Originals hervorzubringen. Es ist zugleich Abbild und Wunschbild und als Kunstwerk auch ein Zeitdokument, sagt Sándor Békési, Kurator im Wien Museum. „Einerseits zeugt es von der romantischen Mittelalter-Begeisterung des 19. Jahrhunderts, aber gewissermaßen auch von der zeitgenössischen Unterhaltungskultur und steht im Kontext der Etablierung eines modernen touristischen Blicks auf internationale Sehenswürdigkeiten.“

Von außen hält das Modell den Zustand des Doms zur Mitte des 19. Jahrhunderts weitgehend originalgetreu fest – auch wenn man die stilreine gotische Architektur des Stephansdoms von allen späteren (damals als störend empfundenen) Elementen bereinigt hat. „Im Inneren des Gebäudes hingegen weicht das Modell von der barock geprägten Realität ab und präsentiert eine neue, herbeigewünschte (neo)gotische Inneneinrichtung. Auf diese Weise macht das Modell anschaulich, was mit dem Kirchenraum geschehen wäre, hätten sich die Neugotiker mit ihrem Anliegen nach Stilreinheit in Wien durchgesetzt“, erklärt Békési. „Damit folgte Schropp nicht zuletzt der zeitgenössischen Diskussion um die Neu- oder Umgestaltung des Stephansdoms und schuf insgesamt eine Spannung zwischen erstaunlicher Detailgenauigkeit und fantasievoller Abweichung vom Original.“

Entstanden ist das Modell von 1859/60 bis 1869. Doch erst 1904 kam es nach Wien: Damals kaufte es der Architekt, Baumeister und Gemeinderat Ludwig Zatzka und schenkte es anlässlich des 60. Geburtstags von Bürgermeister Karl Lueger der Stadt. Leider ist der Aufbauplan des Modells nicht überliefert. Daher stellten allein schon das Abbauen und das Zerlegen aus konservatorischer Sicht eine große Herausforderung dar. Das letzte Mal wurde der Miniatur-Dom 1997 auseinandergenommen und im Wien Museum teilweise wiederaufgebaut. Die damals Beteiligten sind allerdings kaum mehr greifbar. So konnte man sich beim nunmehrigen Abbau nur auf Fotos stützen, die zu dieser Zeit gemacht worden waren. 1997 wurde das Modell übrigens nicht als Ganzes ausgestellt: Die geringe Raumhöhe des „alten“ Wien Museums ließ das nicht zu – der Südturm wäre zu hoch gewesen. Im baulich erweiterten neuen Wien Museum erhält Schropps Dommodell endlich seinen wohlverdienten Platz in der zentralen Halle. Und weil es so groß ist, kann man es dort nun auf zwei Etagen bewundern.

Carl Schropp
Modell der Domkirche St. Stephan

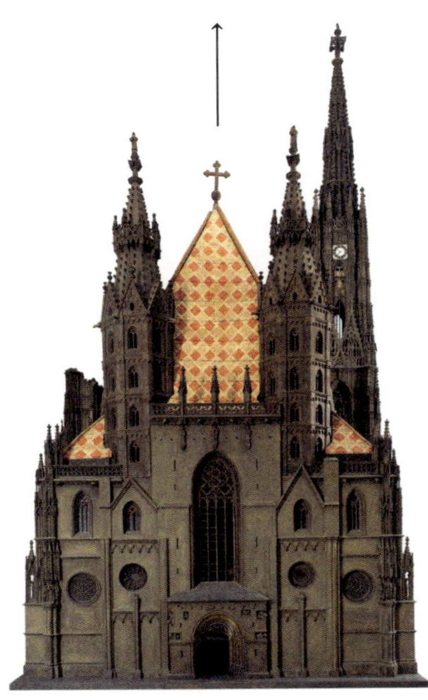

1859/60–1869
Holz, Karton, Glas, Formmasse
547 × 310 × 441 cm
ca. 600 kg

Im Fokus Reinigung

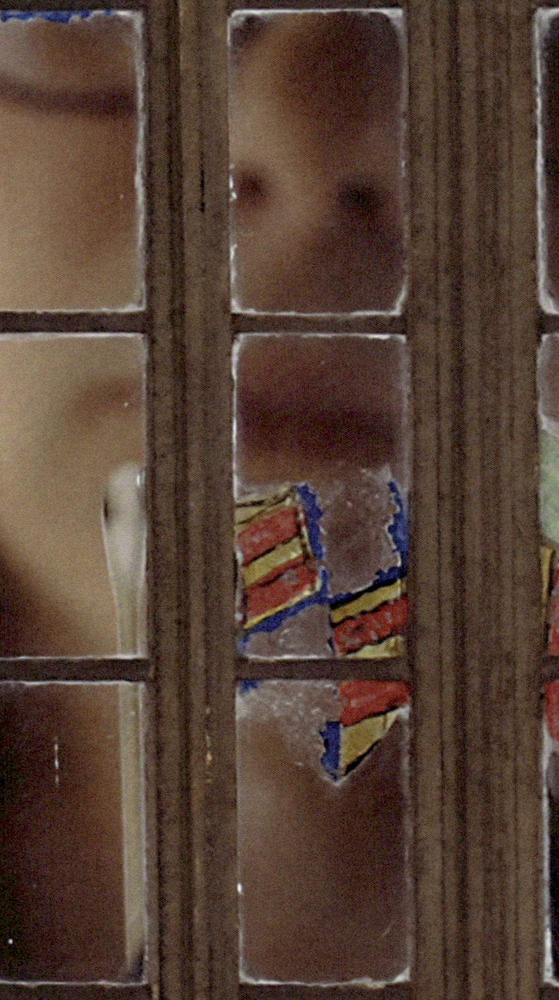

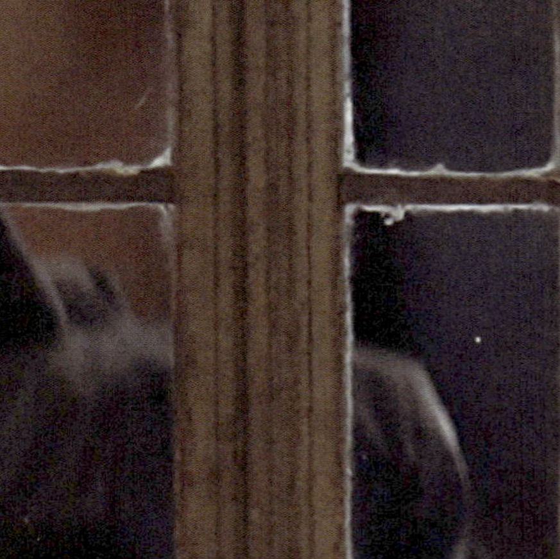

Objekte müssen regelmäßig gereinigt werden. Mit dem Putzen im Haushalt hat das allerdings nichts zu tun: Es geht weder um Glanz und Hygiene, noch kommen Scheuermittel und Schrubbbürsten zum Einsatz. Im Gegenteil. Restauratoren und Restauratorinnen reinigen mit feinen Pinseln, gefilterten Museumsstaubsaugern, speziellen Schwämmchen oder Tüchern. Sie nutzen Lösungsmittel und Chemikalien, die die Oberflächen nicht angreifen. Sie verwenden Gele, Pasten und Kompressen, Spatel und Skalpelle, Laser und Plasmatechnologie.

Dafür ist spezielles Fachwissen notwendig. Nicht umsonst ist der naturwissenschaftliche und materialkundliche Anteil beim Restaurierungsstudium enorm. Doch warum ist das Reinigen so wichtig? Einerseits geht es natürlich darum, Objekte von optischen Beeinträchtigungen zu befreien – und sie damit wieder besser „lesbar“ zu machen. Andererseits kann Verschmutzung zu gröberen Schäden führen: Reinigung ist also auch Prophylaxe.

Wie Schiele malte

Die Restaurierung des Gemäldes *Junge Mutter* gibt Einblicke *in* den Schaffensprozess des Künstlers

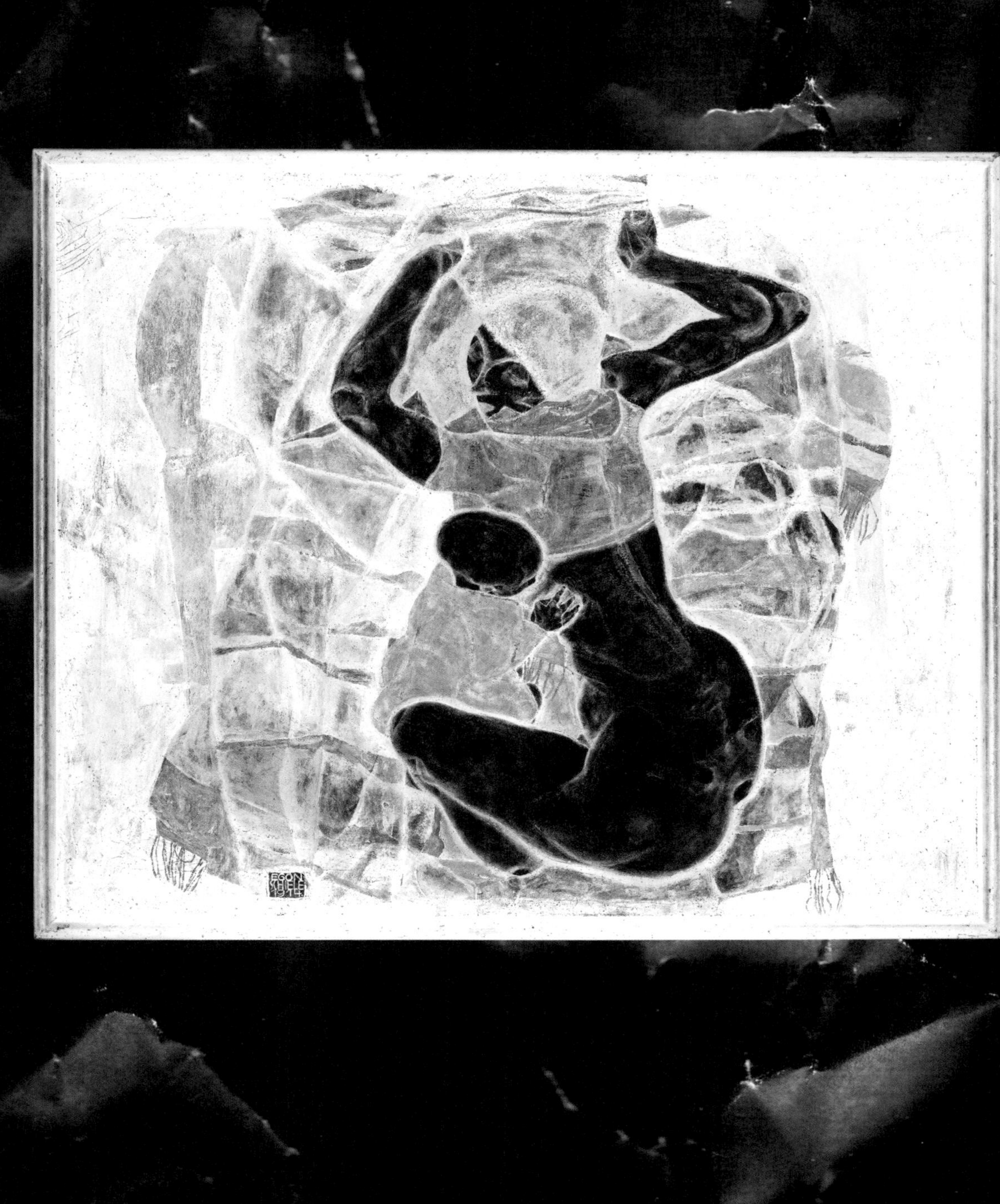
EGON
SCHIELE
1914

Fragil und zerbrechlich. Schutzlos. So wirkte das Gemälde im wahrsten Sinne des Wortes. „Ich wollte dieses Bild für die Präsentation in der alten Dauerausstellung schon verglasen, weil es ungefirnisst ist und eine besonders kreidige, fragile Oberfläche hat." Karin Maierhofer ist Gemälderestauratorin, und wenn man ihr zuhört, wie sie von der Restaurierung von Egon Schieles Gemälde *Junge Mutter* erzählt, hat man den Eindruck, dass hier viel Herzblut fließt.

> Es ist eines der wenigen Bilder, deren Oberfläche nicht gefirnisst und daher nahezu unverfälscht erhalten ist.

Das Gemälde zählte bereits zu den absoluten Highlights der früheren Dauerausstellung des Wien Museums. Seit 1985 war es im Wien Museum am Karlsplatz ausgestellt. Es ist eines der wenigen Bilder von Egon Schiele (1890–1918), deren Oberfläche nahezu unverfälscht erhalten ist. „Ein Firnis – meist aus Harz – wird oft als letzte Schicht auf die Malerei aufgetragen. Der transparente Überzug erzeugt Glanz und Farbintensität, schützt die Oberfläche und wirkt festigend. Dieses Bild hat keinen Firnis, sondern eine freskohafte matte Oberfläche. Jede Erschütterung und selbst die Vibrationen während des Anbringens der Schutzverglasung wäre ein Risiko für das Bild gewesen. Dieses Bild musste also restauriert sein, bevor wir es für den Umzug transportierten."

Ein aufwendiges Forschungs- und Restaurierungsprojekt wurde ins Leben gerufen, das auch faszinierende Einblicke in die Maltechnik Egon Schieles offenlegte.

> Dieses Bild musste also restauriert sein, bevor es transportiert werden konnte.

Zart und porös wirkt diese fragile Arbeit auch heute noch. Genau das war auch die Intention des Künstlers. „Die magere Materialästhetik mit der freskohaft porösen Oberflächenwirkung wurde vom Künstler bewusst erzeugt und gibt die ursprüngliche Farbgebung und Oberfläche wieder. Dieses stilistische Merkmal macht das Bild auch so fragil."

Der Zauber des Bildes liegt gewiss in dieser bewussten Fragilität. Dass das Bild ein weiteres Geheimnis barg, wurde im Zuge der Restaurierung entdeckt. Aber der Reihe nach.

Egon Schiele malte die *Junge Mutter* 1914 und schenkte das Bild seiner Schwester Gertrude anlässlich ihrer Hochzeit mit Schieles Freund und Malerkollegen Anton Peschka (1885–1940). Kriegsbedingt musste „Gerti" allerdings drei Jahre warten, bis das Bild 1917 von einer Ausstellung in Brüssel zurückgebracht werden konnte. Ein heute noch erhaltenes Papierschild auf der Rückseite gibt Auskunft über diese erste Ausstellung des Bilds 1914 bei der Exposition Générale des Beaux-Arts im Palais du Cinquantenaire, Brüssel, 9. Mai bis 2. November 1914.

Nach Gertrudes Tod ging das Bild in den Besitz ihrer Söhne Egon und Anton über und hing ab 1985 als Dauerleihgabe im Wien Museum. 1997 vermachte Gertrudes Sohn Anton seine Hälfte des Bildes samt seinem ganzen Besitz der Stadt Wien. Später kaufte die Stadt Wien die zweite Hälfte des Bildes von den weiteren Nachkommen an.

> Egon Schiele malte die *Junge Mutter* 1914 und schenkte das Bild seiner Schwester Gertrude anlässlich ihrer Hochzeit.

Für wichtige Ausstellungen wurde das Bild verliehen, zuletzt mussten Leihanfragen allerdings abgelehnt werden, weil das Bild schon sehr instabil war und jede durch Transport hervorgerufene Erschütterung zu weiteren Schädigungen und Lockerungen im Malschichtgefüge beigetragen hätte.

Die Renovierung und bauliche Erweiterung des Wien Museums bot eine gute Gelegenheit, das Gemälde vor Ort zu restaurieren, bevor es für die Zwischenlagerung bis zur Eröffnung des neuen Museums ins Depot transportiert werden konnte.

Die Herausforderung war enorm. „Das Schadensbild reichte von Sprungbildern bis hin zu Schichtentrennungen und unzähligen winzigen Farbabplatzungen", erzählt Karin Maierhofer. Durch die einzigartige Ästhetik des Gemäldes war das gesamte Malschichtpaket aus konservatorischer Sicht als stark gefährdet einzustufen.

> Das Schadensbild reichte von Sprungbildern bis hin zu Schichtentrennungen und unzähligen winzigen Farbabplatzungen.

Warum das Bild in diesem Zustand war? „Die Gesamtbeschaffenheit des Bilds liegt vorwiegend an der Maltechnik des Künstlers. Schiele hat viel expe-

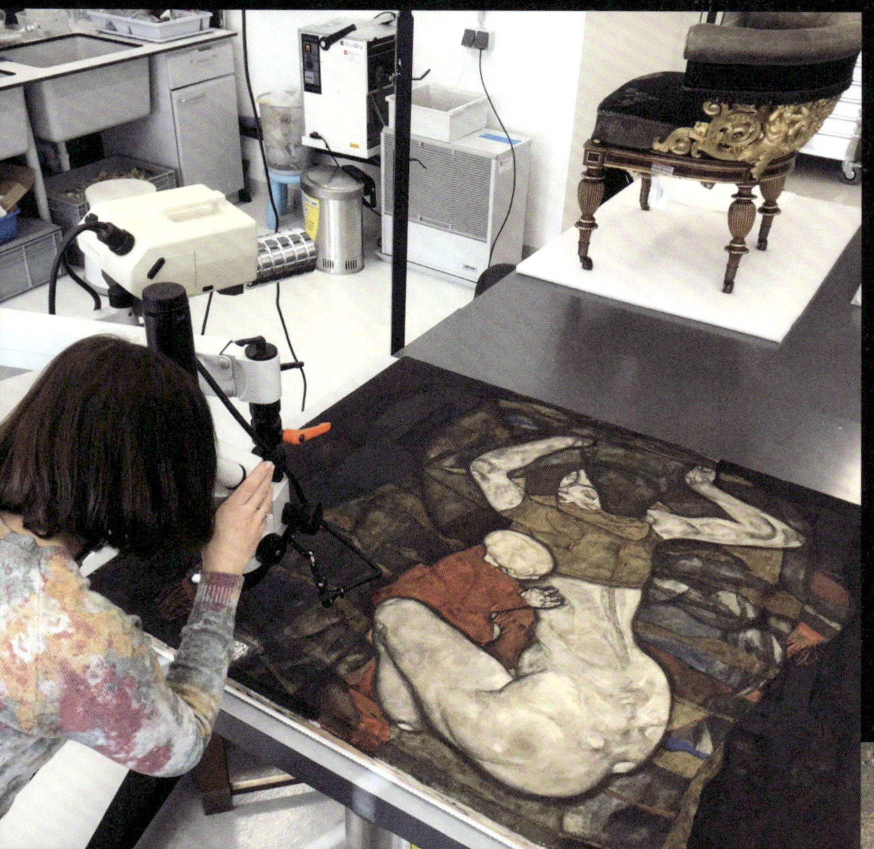

← Technologische Untersuchung von Egon Schieles Gemälde *Junge Mutter* mit dem Mikroskop

↓ Detail der fragilen Bildoberfläche: geplatzte Lufteinschlüsse und ausgebrochene Pigmentkörner aus dem porösen Kreidegrund

↓

1 Schichtentrennung und Malschichtausbrüche: Eine frühere Restaurierungsmaßnahme erzeugt Glanzflecken auf der matten Oberfläche.

2 Selbe Stelle mit Glanzflecken im UV-Licht: Die hellblaue Fluoreszenz deutet auf die Verwendung eines für die Festigung von matten Malschichten ungeeigneten Glutinleimes als Festigungsmedium hin.

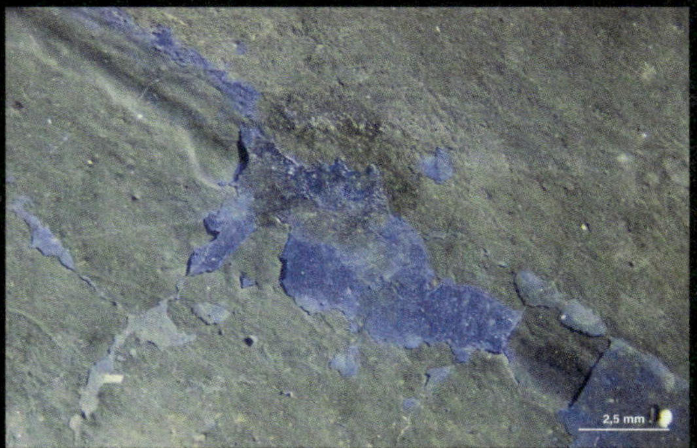

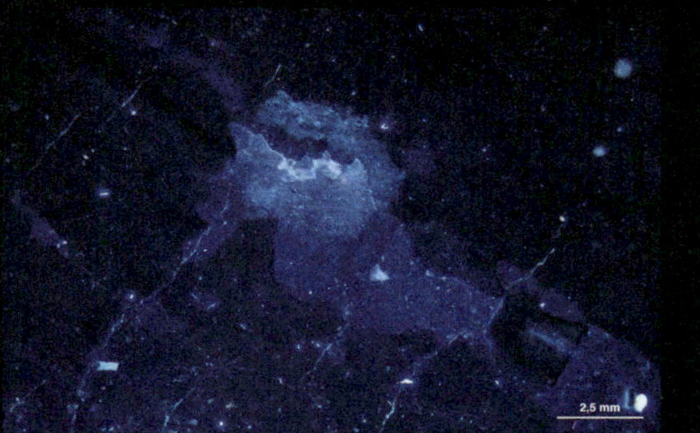

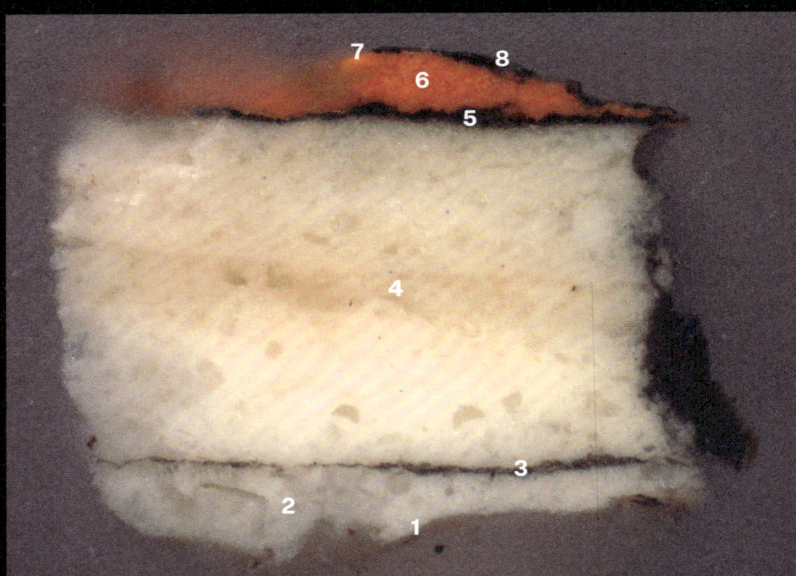

← Die Malschichtuntersuchung offenbart Schieles ungewöhnliche Malweise: Der Querschliff einer Malschichtprobe zeigt den Schichtaufbau:

1 Vorleimung
2 erste Grundierung
3 erster Farbauftrag
4 zweite Grundierungsphase mit zweischichtiger Grundierung
5 dunkle Farbschicht
6 rote Farbschicht
7 gelbe Farbinsel
8 schwarze Farblasur

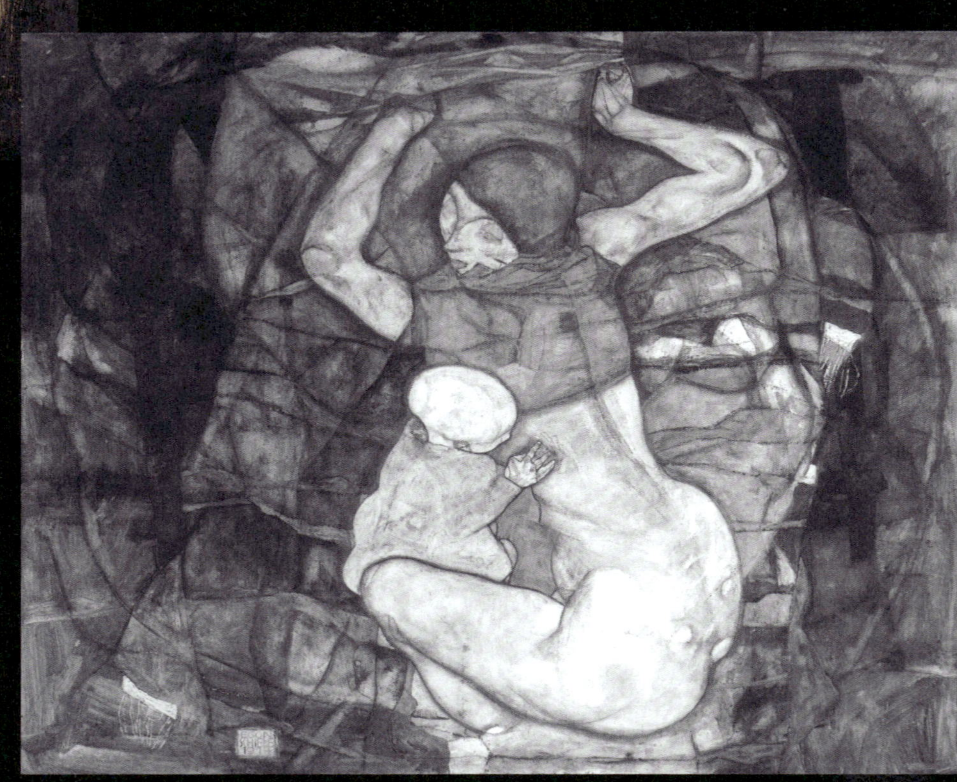

↑ Willkürlich im Bereich der Signatur gelandete Grundierungstropfen weisen auf einen zügigen, impulsiven und nicht sehr sorgfältigen Farbauftrag von Egon Schiele hin.

↗ Die Infrarotaufnahme macht Veränderungen im Bildprogramm sichtbar: Konstruktionslinien zeigen, dass die bunte Decke in der ursprünglichen Version raumgreifend und rund angelegt war.

↓ S. 38–39
Die Röntgenaufnahme des Gemäldes zeigt den Grundierungsauftrag und die ursprüngliche Komposition mit zwei Kindern.

rimentiert. Auch mit Techniken. Unter anderem mit trockenem, porösem Kreidegrund, der ein wesentlicher Bestandteil der Oberflächenstruktur dieses Bilds ist. Die Grundierung ist in ihrer Beschaffenheit grobkörnig und voller Blasen und geplatzter Lufteinschlüsse. Man kann davon ausgehen, dass Schiele die Kreideleimgrundierung selbst hergestellt und dabei die Kreide- und Pigmentkörner nur flüchtig und schnell mit dem stark verdünnten Leimwasser verrührt hat. Dass die groben Körner, Luftblasen und Krater optisch im Oberflächenerscheinungsbild mitwirken, hat Schiele dabei in Kauf genommen oder vermutlich sogar beabsichtigt", erzählt Maierhofer.

Dass die groben Körner, Luftblasen und Krater optisch im Oberflächenerscheinungsbild mitwirken, hat Schiele dabei in Kauf genommen oder vermutlich sogar beabsichtigt.

Schieles Förderer Heinrich Benesch (1862–1947) äußerte in seinen Erinnerungen an Schiele den Vorwurf einer „unsoliden Arbeit", in der er „im Eifer der Arbeit die Farbe sehr oberflächlich mit dem Malmittel mischte". Es seien „daher viele seiner Ölbilder heute schon Ruinen, die zu ihrer Erhaltung der sorgfältigsten Pflege bedürfen".

Selbst die Aufspannung der Leinwand auf den Keilrahmen mit kleinen Tapeziernägeln ist noch original.

Oberste Priorität der Restaurierung war, sich an der Intention Schieles zu orientieren und die matte Oberfläche durch das notwendige Einbringen eines Festigungsmediums nicht sichtbar zu verändern. Denn nicht selten haben frühere Restaurierungseingriffe die Optik eines Bildes beeinflusst, indem es etwa mit einem ungeeigneten Festigungsmedium getränkt oder nachträglich mit einem Harz gefirnisst wurde. Ein Beispiel dafür ist das ebenfalls von 1914 stammende und ursprünglich in seiner Materialität sehr ähnliche Werk *Blinde Mutter* von Schiele, das im Vergleich ein stark verändertes Oberflächenerscheinungsbild zeigt. Es wurde in der Vergangenheit mit einer neuen Trägerleinwand versehen und mit Harzfirnis überzogen. An der *Jungen Mutter* wurden während des langjährigen Verbleibs in Familienbesitz hingegen nur wenige und sehr zurückhaltende restauratorische Maßnahmen vorgenommen. Selbst die Aufspannung der Leinwand auf den Keilrahmen mit kleinen Tapeziernägeln ist noch original. Auch der Zierrahmen mit dem schwarzen Ölanstrich wurde mit sehr großer Wahrscheinlichkeit für das Bild angefertigt.

Materialtechnologische Untersuchungen gaben nicht nur wichtige Hinweise für den Einsatz geeigneter Konsolidierungsmedien für die Restaurierung, sondern auch weitere Einblicke in die Maltechnik Schieles. So konnte zum Beispiel an einer winzigen Farbprobe aus der ockerfarbigen Weste der Mutter neben den Pigmenten Cadmiumsulfid und Ocker auch Kreide nachgewiesen werden. Durch das Strecken der Farbe mit Kreide erhielt Schiele mehr Pastosität und erzielte zusätzlich eine matte Farbwirkung.

Röntgen- und Infrarotuntersuchungen offenbarten tiefer liegende Malschichten und machten Schieles unkonventionelle Malweise sichtbar.

Im äußerst sparsam und nur im Bereich von Malschichtausbrüchen entnommenen Probenmaterial konnte allerdings kein Hinweis auf Stärke oder ein wässrig gebundenes Farbsystem gefunden werden. Den matten Farbcharakter in dem Bild hat Schiele also einerseits durch das Einsinken der stark verdünnten Ölfarbe in den saugenden Malgrund und andererseits durch die partielle Beimengung von Kreide erreicht.

Röntgen- und Infrarotuntersuchungen offenbarten tiefer liegende Malschichten und machten auch Schieles Arbeitsprozess sichtbar.

Dabei kam zutage, dass Schiele seine Bildkomposition während des Malprozesses erheblich verändert und das Bild ursprünglich anders gedacht hatte – nämlich mit zwei Kindern. Eines der beiden hat er in der finalen Bildkomposition jedoch wieder übermalt. Diese Entdeckung war eine kleine Sensation. „Schiele hatte das Bild anders angelegt. Die hockende Mutter hatte ursprünglich auf der linken Seite das eine, auf der rechten Seite ein zweites Kind. In der Röntgenaufnahme sind die beiden Kinderköpfe gut sichtbar, da Schiele sie mit einer dick aufgetragenen Grundierungsmasse gestaltete." Mal- und Grundierungsschichten sind in diesem Gemälde nicht klar voneinander abzugrenzen. „Schiele überarbeitete bereits angelegte Flächen nicht nur mit Farbe, sondern auch mit dem Malgrund. Er ließ die eingesetzten Materialien und Bildschichten also nicht nur übereinander, sondern gleichwertig nebeneinander wirken. So entstanden an bestimmten Farbbereichen

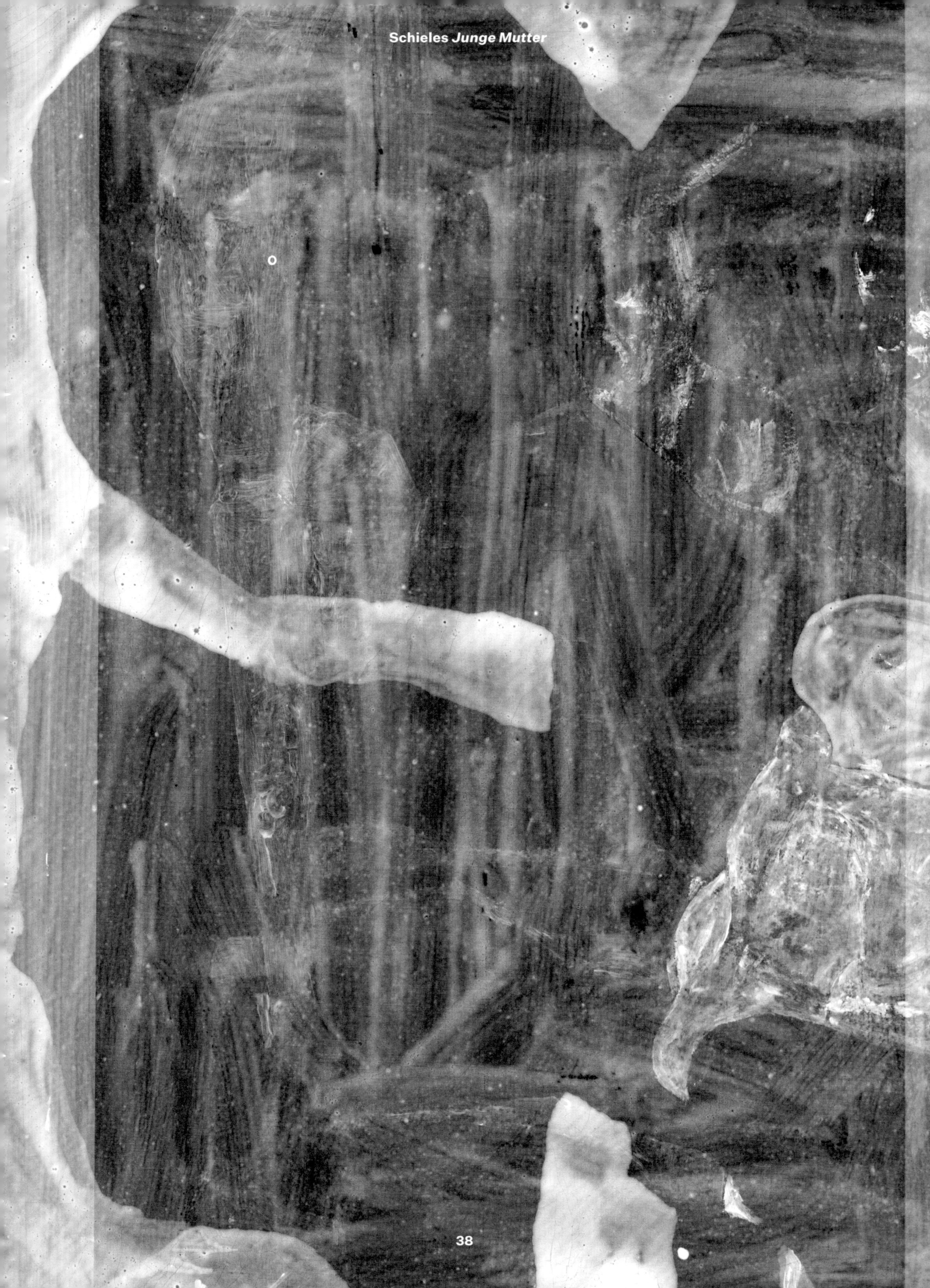

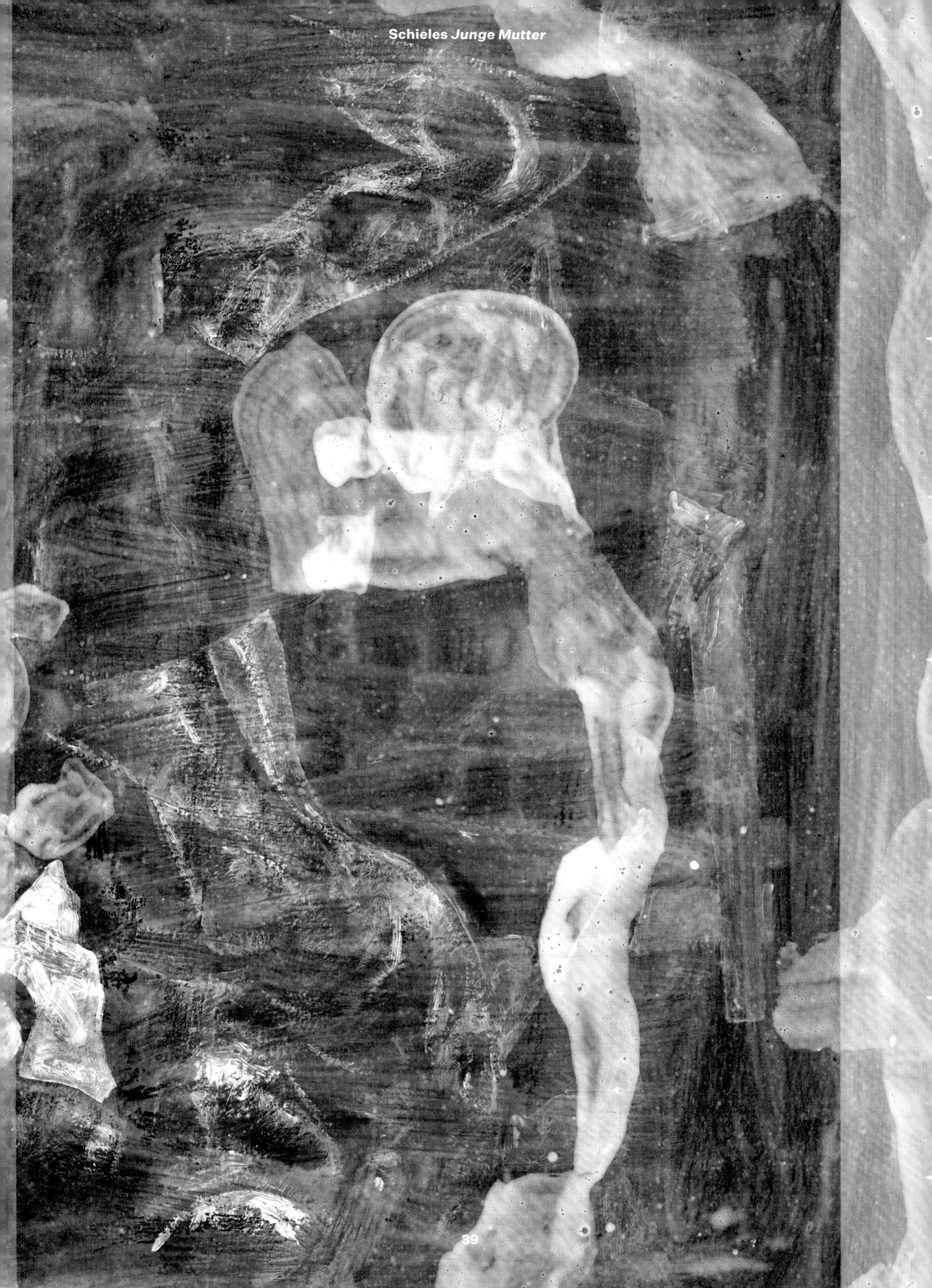

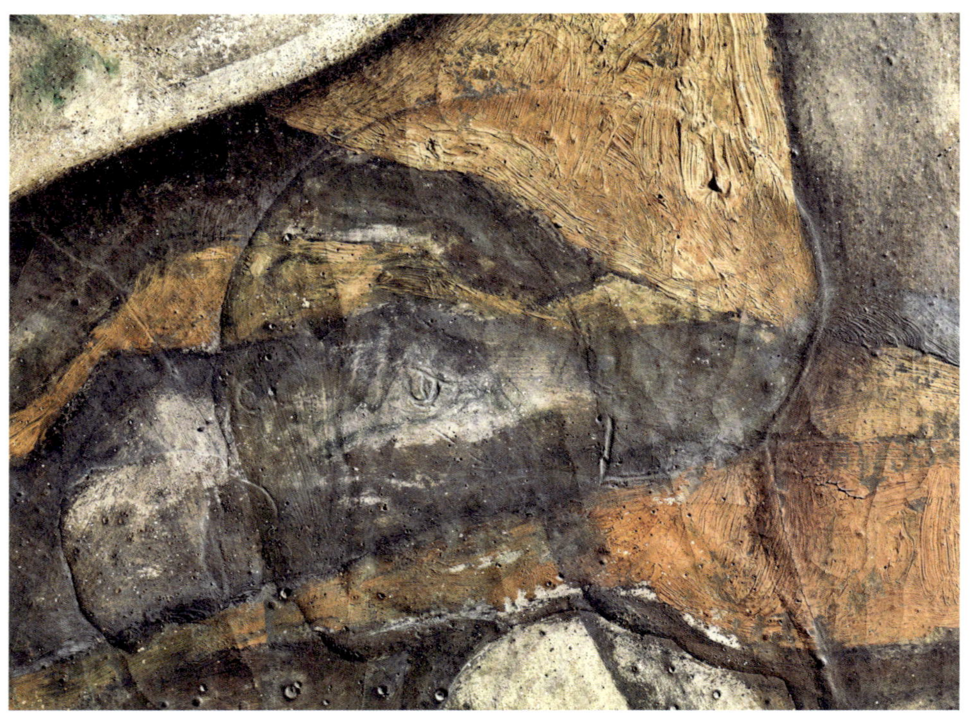

Ungefirnisste matte Oberfläche: Im Streiflicht zeigen sich die Konturen eines Kinderkopfs mit eingeritztem Auge.

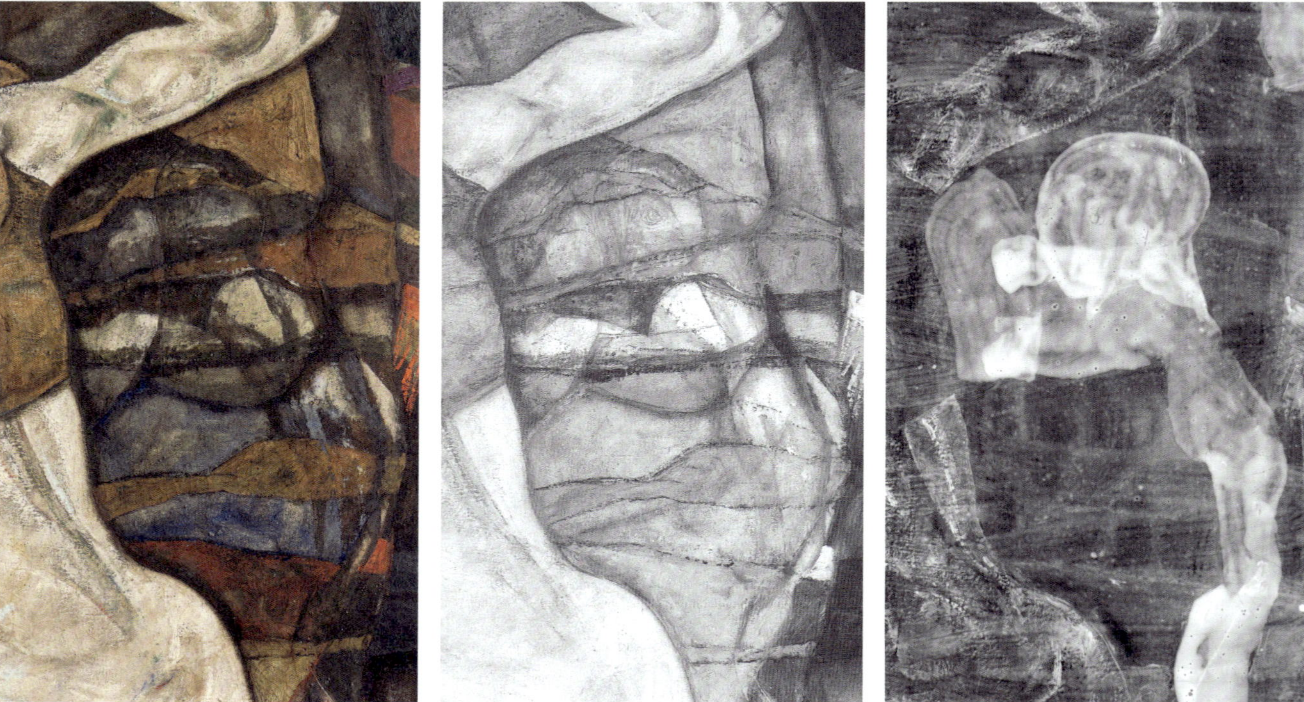

Ausschnitt des Gemäldes im Auflicht (1), Infrarot- (2) und Röntgenaufnahme (3) im Vergleich: Das von Schiele später verworfene Motiv eines zweiten Kindes wird sichtbar.

dicke, fast dreidimensionale Schichtpakete, während er in anderen Bereichen die erste, dünn aufgetragene Grundierungsschicht auf der Oberfläche beließ."

Die hockende Mutter hatte ursprünglich auf der linken Seite das eine, auf der rechten Seite ein zweites Kind.

Schiele übermalte das Kind letztendlich nicht vollständig, sondern bezog es rätselhaft in die darüber liegende Malerei mit ein. Die pastosen Konturen des verschwundenen Kinderkopfs können bei genauerer Betrachtung sogar mit freiem Auge entdeckt werden, im Streiflicht zeigt sich außerdem ein von Schiele eingeritztes überdimensionales Auge.

Die pastosen Konturen des verschwundenen Kinderkopfs können bei genauerer Betrachtung sogar mit freiem Auge entdeckt werden.

Deutlich sichtbar wurden die unterschiedlichen Maletappen auch in der Infrarotuntersuchung: „Anhand der ausgeprägten Konstruktionslinien sah man, dass die bunte Decke in der ursprünglichen Version raumgreifend und rund angelegt war. Das fast flächenfüllende Farbmuster der Decke wurde vom Künstler dann verschmälert, indem es mit der dunklen Farbe des Hintergrunds übermalt wurde. Die unscheinbar im Hintergrund dargestellte dunkelgrüne Wiege zeigt eine außergewöhnlich satt glänzende Oberfläche. Schiele hat die Wiege zum Schluss in die Bildkomposition integriert."

Doch zurück zur Konsolidierung der instabilen Farbschichten. Nach ausführlichen Testreihen und Vorversuchen fiel die Entscheidung auf zwei unterschiedliche Festigungssysteme. Stabilere Farbschichten wurden mit Gelatine in destilliertem Wasser gefestigt. Um unerwünschte Wasser- und Glanzränder zu verhindern, wurde die Malschicht davor mit Lösemittel abgesperrt. Eingebracht wurde das Klebemedium ganz gezielt mit einem Mikrodosiergerät. Schwach gebundene Farbbereiche wurden mit Aerosolen aus einer Mischung von Störleim und Funori, einem japanischen Klebstoff aus Rotalge, stabilisiert.

Fragil bleibt die Malschicht des Bilds auch nach der Restaurierung. Zum Schutz vor Vibrationen hat man zusätzlich eine spezielle Schwingschutzvorrichtung an der Rückseite angebracht. Und ja, auch eine Verglasung.

Was hätte Schiele dazu gesagt? Hat er beim Restaurieren über die Schultern der Restauratorinnen geschaut? Karin Maierhofer lacht: „Schiele hätte unseren akribischen Umgang mit seinen Werken vermutlich mit Humor gesehen. Gleichzeitig wäre er sicher erfreut über die ethischen Grundlagen in der Restaurierung, weil er sein Bild nach mehr als 100 Jahren fast genauso vorgefunden hätte, wie er es verlassen hat."

Fragil bleibt die Malschicht des Bilds auch nach der Restaurierung.

Die Untersuchung und Erforschung von historischen Malmaterialien und -techniken ist eine relativ junge Wissenschaft. Eine spannende und großartige, so Karin Maierhofer. „Zeugnisse, die im Verborgenen beziehungsweise im Untergrund liegen, entdecken: Das ist das Wunderbare an meiner Arbeit."

Egon Schiele
Junge Mutter

↑

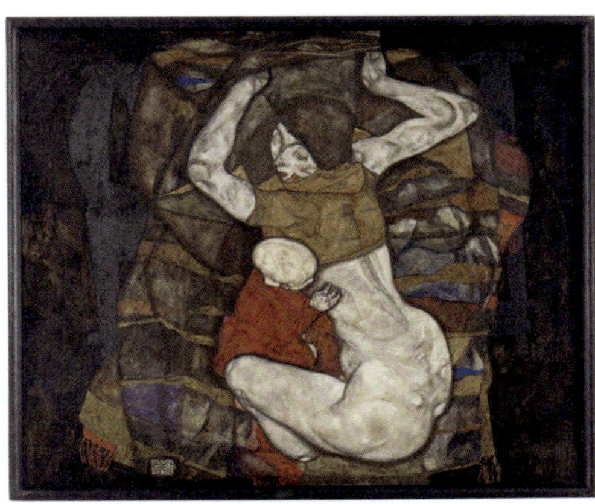

↓

1914
Öl auf Leinwand
100 × 120 cm

Im Fokus

Röntgen, UV und Infrarot

Das menschliche Auge nimmt bekanntlich nur einen winzigen Teil des gesamten Lichtspektrums wahr. Erst durch Röntgen-, UV- und Infrarotstrahlung können Phänomene sichtbar gemacht werden, die uns sonst verborgen bleiben. Deshalb kommen diese Technologien auch bei der Restaurierung zum Einsatz.

Schwere Elemente mit einer hohen Dichte erscheinen im Röntgenlicht weiß und leichte schwarz. Mit Bleiweiß ausgemischte Farbbereiche eines Gemäldes zeichnen sich daher hell ab. Wurde mit Zinkweiß retuschiert, erkennt man das im UV-Licht am grünen Fluoreszieren des Materials. Auch Bindemittel werden auf diese Art entdeckt.

Im Infrarotlicht kann unter die Malschicht eines Gemäldes geschaut werden. Mitunter findet man dabei Spuren von Untermalungen oder Vorzeichnungen, zum Beispiel Skizzen mit dem Graphitstift. Doch auch die Mikroskopie und andere Laborgeräte kommen bei der Materialanalyse zum Einsatz. Dafür ist meist die Entnahme winziger Materialproben notwendig.

2,5 mm

Die gerettete Erinnerung

Zur Bergung und Restaurierung einer historischen Werbemalerei

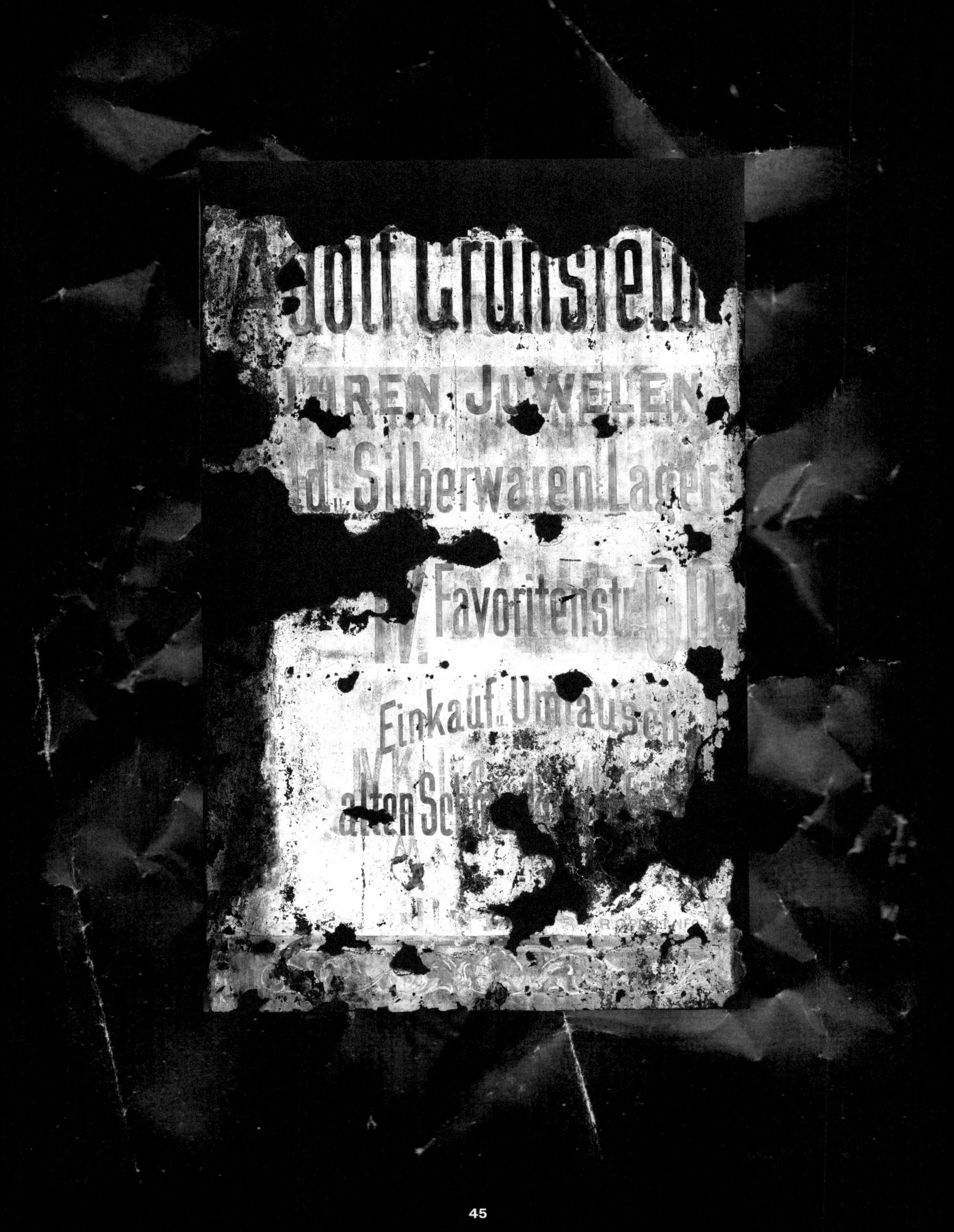
HREN JUWELEN
Silberwaren Lager
Favoritenstr.
Einkauf

Niemand dachte mehr an die Grünsfelds. Bis Gerhard Milchram und Anna Boomgaarden kamen und den Wienerinnen und Wienern die Erinnerung an den jüdischen Uhrmacher Adolf Grünsfeld und seine Familie zurückgaben. Ein Stück Zeitgeschichte. Es erzählt ein typisches jüdisches Schicksal vom Beginn des Jahrhunderts bis in die Nachkriegszeit.

Aber der Reihe nach.

Eine durchwachsene Gegend ist das hier: im Norden der wenig idyllische Verkehrsknotenpunkt Südtiroler Platz, im Süden das Nobelgymnasium Theresianum, weiter unten das belebte Freihausviertel. Die Favoritenstraße, benannt nach dem kaiserlichen Lustschloss Favorita (ebenjenes heutige Nobelgymnasium), ist seit jeher eine der wichtigsten Ausfallstraßen des vierten Wiener Gemeindebezirks – in Richtung Ungarn.

Der jüdische Händler Adolf Grünsfeld ist einst diesen Weg in umgekehrter Richtung gegangen, um sich in Wien niederzulassen. Um die Jahrhundertwende lebten etwa 200.000 Juden und Jüdinnen in Wien, sie machten rund zehn Prozent der Wiener Bevölkerung aus. Adolf Grünsfeld (1870–1930) stammte aus Lackenbach im damaligen Ungarn, heute eine Marktgemeinde im Burgenland. Grünsfeld kam mit seiner ein Jahr älteren Frau Serafine, die aus der Slowakei stammte, in die damalige Hauptstadt der Monarchie. Ihre beiden Söhne, Gustav und Hans, hatten Adolf und Serafine da wohl schon mit dabei.

Hier, an der Adresse Favoritenstraße Nummer 60, eröffnete der Uhrmacher sein Geschäft. Am 16. Oktober 1906 ließ er es unter dem Namen „Adolf Grünsfeld, Gold- Silberwaren- und Uhren Verschleiß" in das Handelsregister des k. k. Handelsgerichts Wien eintragen. Wohl bald darauf muss die riesige Werbemalerei angefertigt worden sein, das auf dem Gutteil einer Hausmauer Auskunft über Grünsfelds Geschäftstätigkeit gab. In schlanken weißen und gelben Lettern stand da auf strahlend blauem Hintergrund zu lesen: „Adolf Grünsfeld. Uhren, Juwelen und Silberwaren".

Grünsfeld kam mit seiner Frau Serafine, die aus der Slowakei stammte, in die damalige Hauptstadt der Monarchie.

Mit der Zeit blätterte die auf Putz gemalte Farbe ab. Und doch überlebte das Werbeschild das Unternehmen. Adolf Grünsfeld starb 1930. Sein einzig verbliebener Sohn Hans – dessen Bruder Gustav war im Ersten Weltkrieg gefallen – übernahm das Geschäft. Am 21. März 1938 wurde Hans Grünsfeld wegen angeblicher Beleidigung Adolf Hitlers von der Gestapo verhaftet und in das Konzentrationslager Dachau eingeliefert, im Juli allerdings wieder entlassen. Das Geschäft wurde liquidiert und sämtliche Vermögenswerte von den NS-Behörden eingezogen. Hans Grünsfeld gelang 1939 die Flucht, zuerst nach Frankreich und über Großbritannien weiter nach La Paz in Bolivien. Seine Mutter Serafine blieb in Wien und wurde am 10. Juli 1942 nach Theresienstadt deportiert und dort am 21. Februar 1943 ermordet. Hans Grünsfeld gelang es in Bolivien zwar, ein neues Geschäft aufzubauen, aber mit den Geistern der Vergangenheit kam er nicht zurecht. 1955 nahm er sich das Leben.

Die Werbemalerei war jahrzehntelang hinter einem Holzpaneel verborgen gewesen und stellenweise bereits zerstört: ein historischer Schatz, den man bergen musste.

An der Adresse Favoritenstraße schien die tragische Familien- und Unternehmensgeschichte indes keine Spuren hinterlassen zu haben. Bis im Zuge von Bauarbeiten die alte Beschriftung von Adolf Grünsfelds Geschäft entdeckt wurde. Die circa drei Meter hohe Werbemalerei war jahrzehntelang hinter einer Werbewand verborgen gewesen und stellenweise bereits zerstört. Im Wien Museum war schnell klar, dass man diesen historischen Schatz bergen musste. Das war im Jahr 2019.

Die Malerei abzunehmen, erwies sich als aufwendiges, heikles und durchaus ungewöhnliches Unterfangen. Denn es kommt selten vor, dass derartige Objekte abmontiert werden. Normalerweise wird versucht, sie in ihrem räumlichen und geschichtlichen Kontext zu lassen, was aber in diesem Fall keine Option war, erklärt Restauratorin Anna Boomgaarden, die mit einem fünfköpfigen Team an der Rettung der Geschäftsbeschriftung gearbeitet hat.

Die Malerei abzunehmen erwies sich als aufwendiges, heikles und durchaus ungewöhnliches Unterfangen. Denn es kommt selten vor, dass derartige Objekte abmontiert werden.

Bis zum Schluss war nicht abzusehen, ob es gelingen würde, die Beschriftung unbeschädigt zu bergen. Die Schwierigkeiten begannen schon damit, dass sich

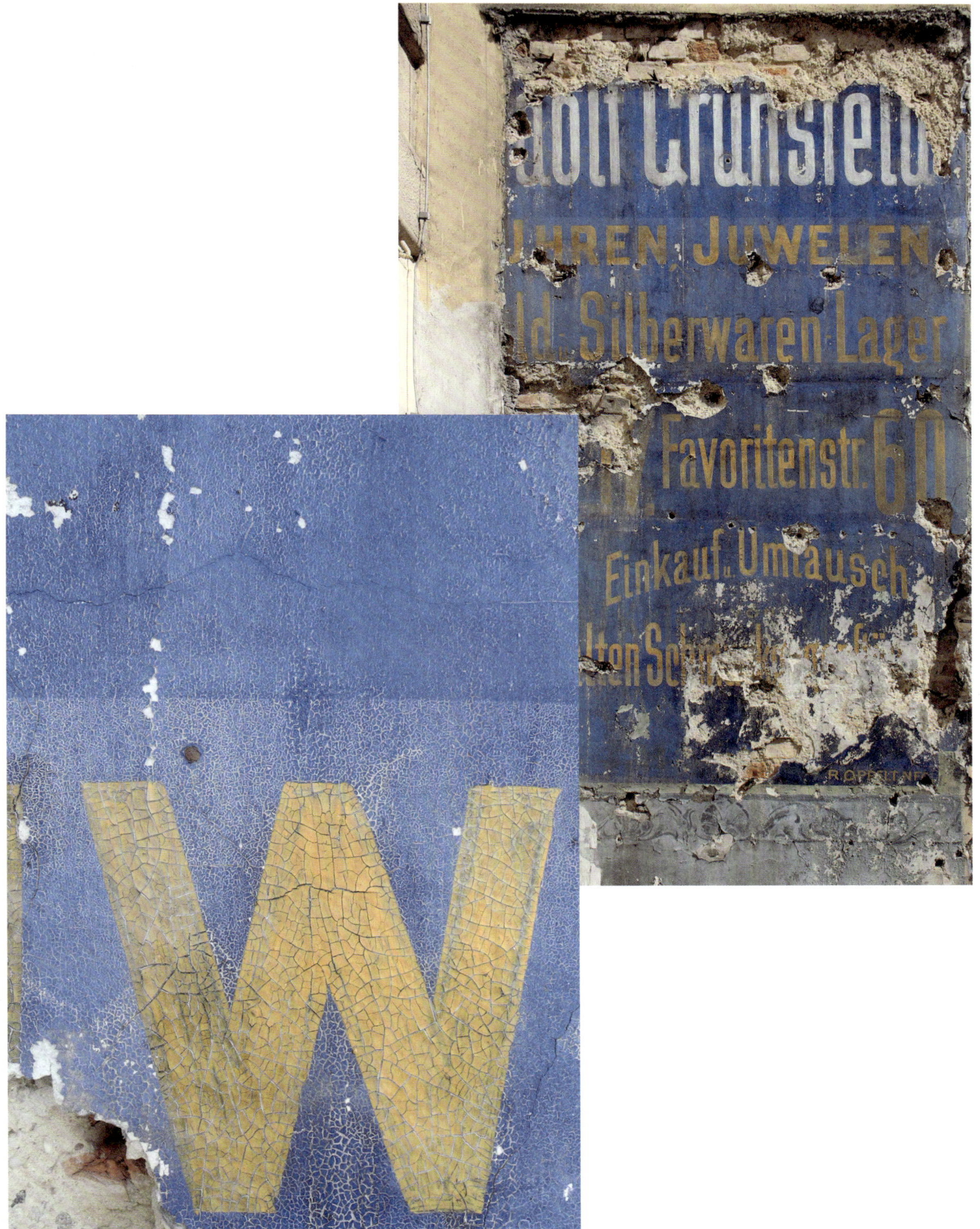

Die Werbemalerei in situ am Haus Favoritenstraße 60 vor der Abnahme im Sommer 2019. In der Detailaufnahme der Malschicht zeigt sich ein ausgeprägtes Craquelée.

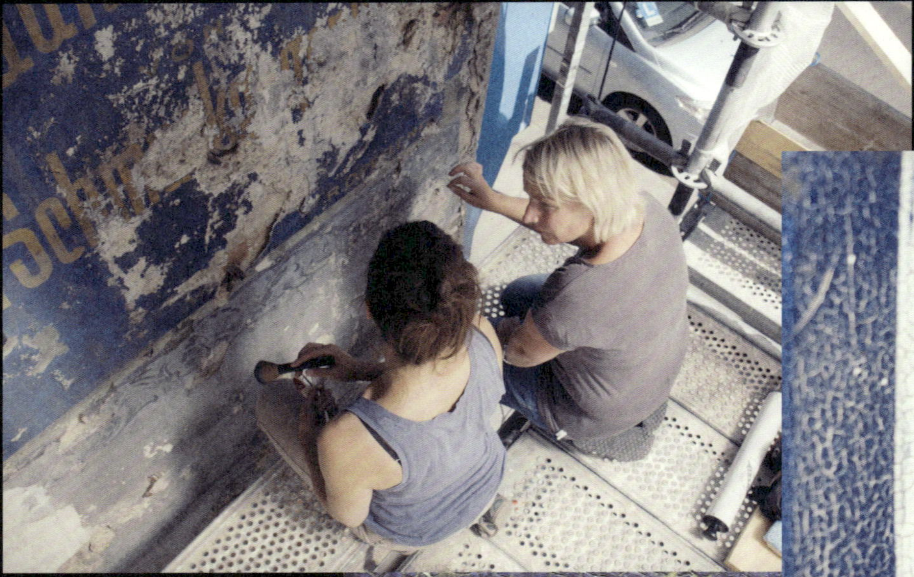

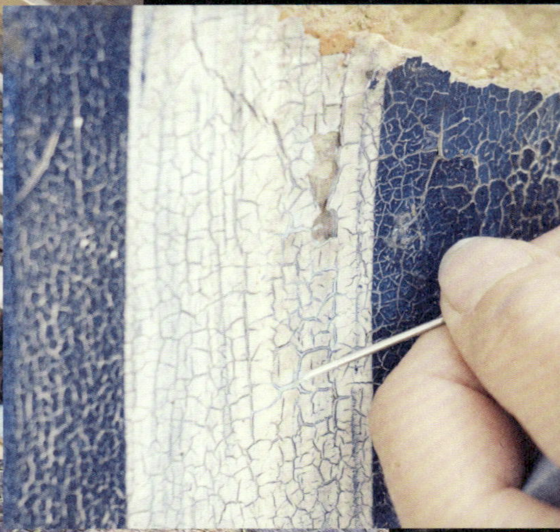

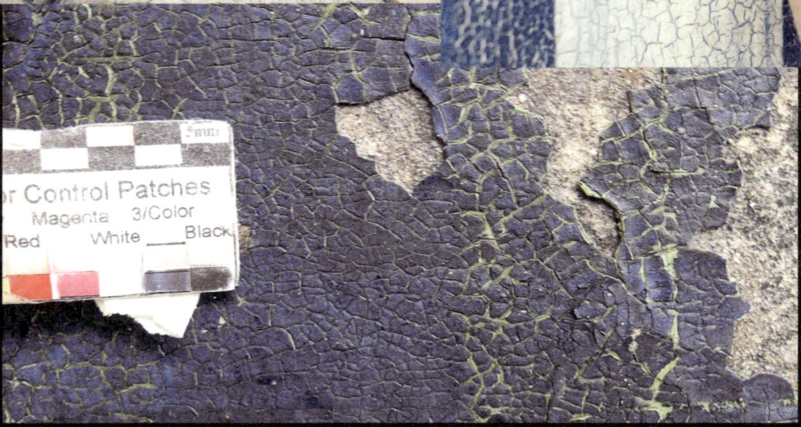

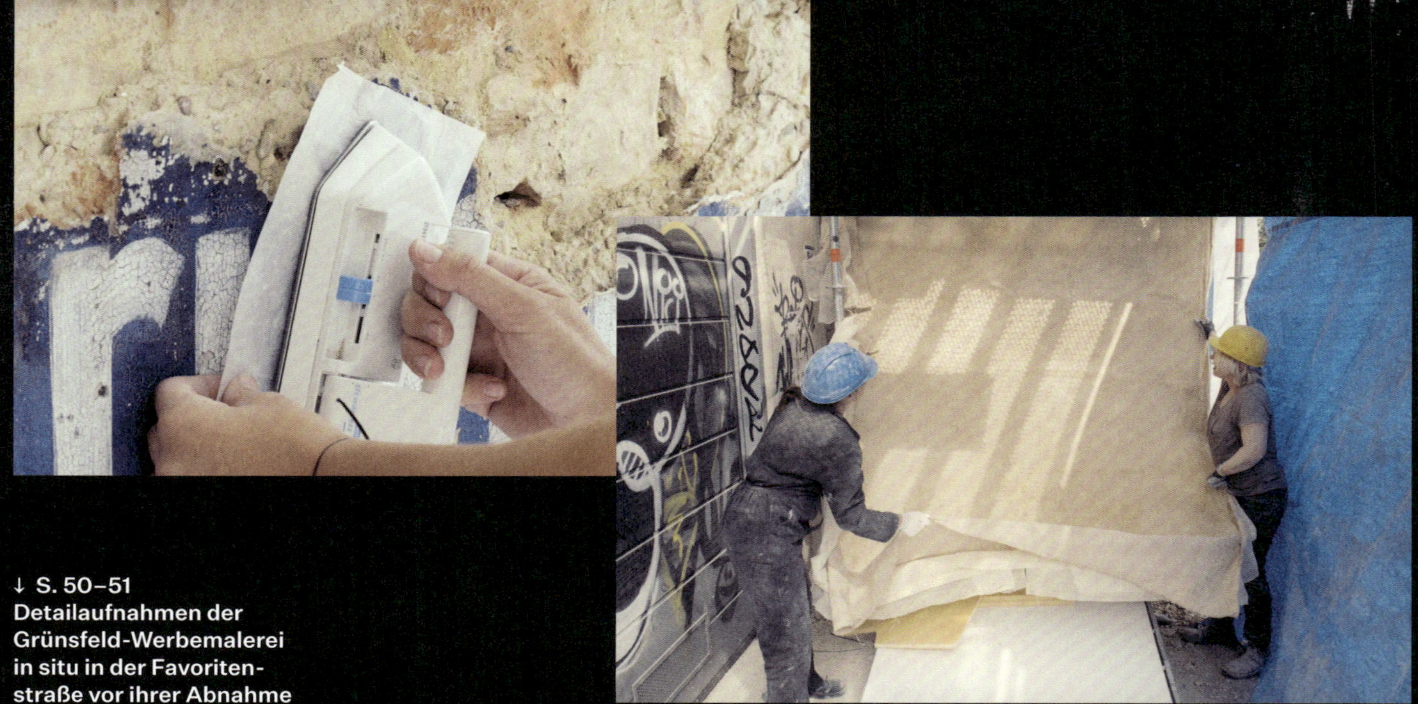

↓ S. 50–51
Detailaufnahmen der Grünsfeld-Werbemalerei in situ in der Favoritenstraße vor ihrer Abnahme

← Restauratorin Anna Boomgaarden mit ihrer Kollegin Lea Huck während der Sicherungsmaßnahmen an der Werbemalerei vor deren Abnahme

← Mit Spritzen und Kanülen wird ein flüssiges Klebemittel für die Sicherung gefährdeter Malschichtschollen eingebracht.

↙ Niedergelegte Malschichtschollen im Übergangsbereich zu Malschichtfehlstellen

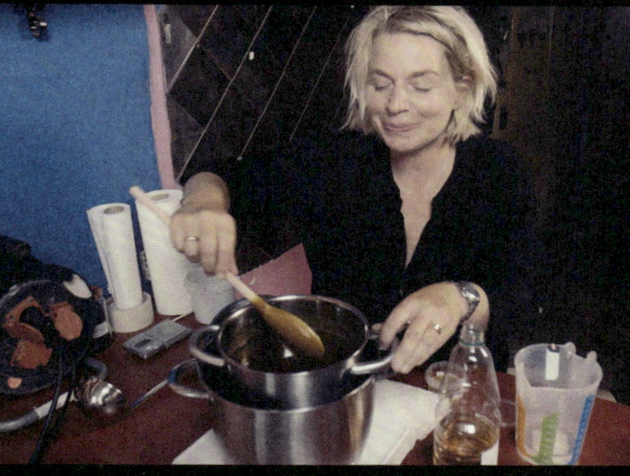

↑ Restauratorin Anna Boomgaarden beim Mischen und Aufkochen der „Coletta", eines speziellen Klebemittels zur Abnahme von Wandmalereien

← Gefährdete Malschichtschollen werden nach dem Einbringen des Klebemittels mit Wärme niedergelegt.

← Die Werbemalerei ist während der Abnahme an der Oberfläche mit einem stabilen und aus mehreren Lagen bestehenden „Facing" gesichert.

das Werbeschild mehrere Meter über dem Boden befand – ein Gerüst musste her. Das größte Problem aber war, dass ein Teil der bemalten Putzfläche schon lang ziemlich marode war. Malschichtschollen standen ab, und der Putz sandete stark ab. Wie also konnte die auf Putz gemalte Geschäftsbeschriftung überhaupt abgenommen werden? Ein bisschen war das Ganze eine Wandmalerei im Rückwärtsgang: Zuerst wurde die Beschriftung im Maßstab 1:1 von der Wand abgepaust, um sie im Fall von Beschädigungen rekonstruieren zu können. Nach der Bestandsaufnahme und der Entfernung lockerer Putzbereiche, die die Abnahme hätten gefährden können, wurde die Malschicht gefestigt, indem sie zunächst mit einem Festigungsmittel hinterspritzt und danach angebügelt wurde. Und es wurde aufgekocht – Knochenleim und Ochsengalle, dazu Essig und Konservierungsmittel, alles noch warm zu verwenden. Die Abnahme selbst erfolgte nach der sogenannten Strappo-Methode. Dabei beklebt man die Malerei mit unterschiedlichen Geweben, etwa Jute und Leinwand, und streicht warme „Coletta" darüber. Daraus entsteht ein Schutzmantel, eine sogenannte Kaschierung, die dafür sorgt, dass die abzunehmende Fläche mit der Kaschierung gut verbunden ist und abgenommen werden kann, was in diesem Fall gut funktioniert hat. Wie ein fester Karton ließ sich die steife Oberfläche vom darunterliegenden lockeren Putz abheben. Klopfen, Ziehen, Rütteln inklusive.

Ein bisschen war das Ganze eine Wandmalerei im Rückwärtsgang: Zuerst wurde die Beschriftung im Maßstab 1:1 von der Wand abgepaust, um sie im Fall von Beschädigungen rekonstruieren zu können.

Die Übung gelang, nichts ist verloren gegangen, die Malerei konnte als Ganzes abgenommen werden. Nun ging es darum, die extrem in Mitleidenschaft gezogene Wandmalerei so weit zu restaurieren, dass sie zu einem zentralen Objekt der Dauerausstellung des Wien Museums und somit zu einem Zeugnis des Schicksals der Wiener Juden und Jüdinnen in der Zeit des Nationalsozialismus werden konnte.

Die Übung gelang, nichts ist verloren gegangen, die Malerei konnte als Ganzes abgenommen werden.

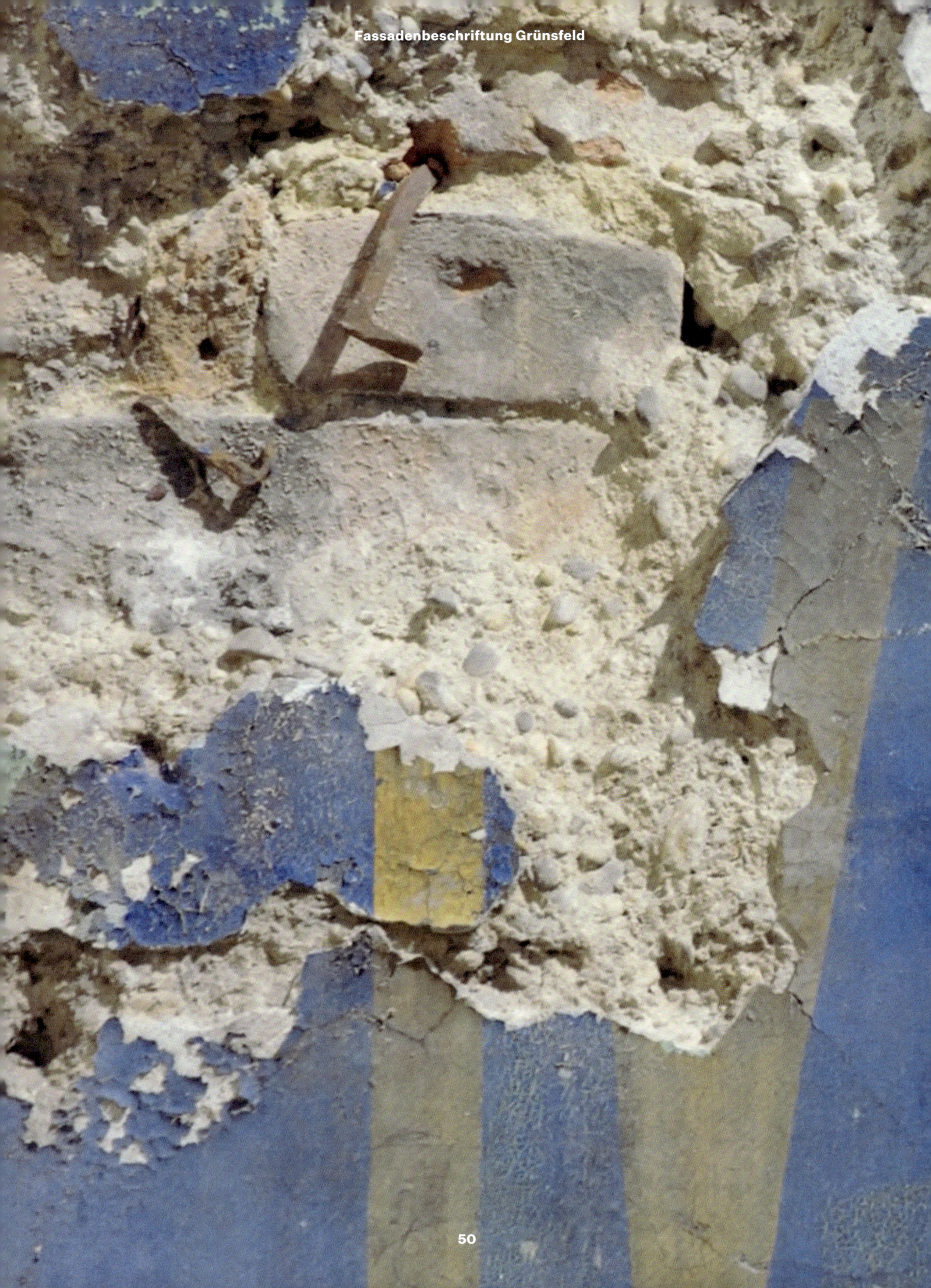

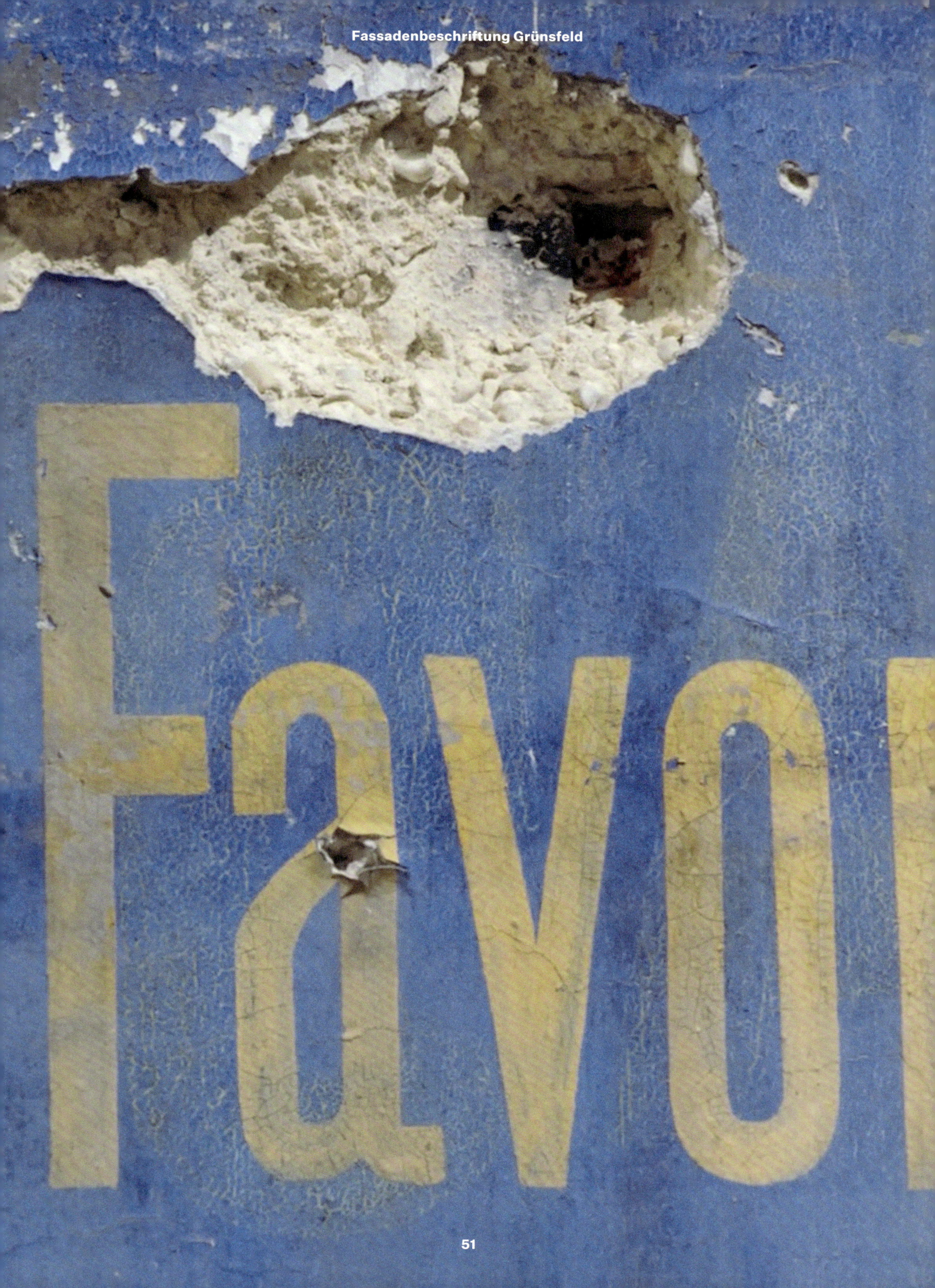
Favo

→ Fehlstellen auf der Vorderseite werden mit einem Mörtel geschlossen.

↓ Die Oberfläche während der Abnahme der Schutzkaschierung („Facing").

↘ Auf die Rückseite der Malerei wird eine neue Schicht Mörtel aufgebracht.

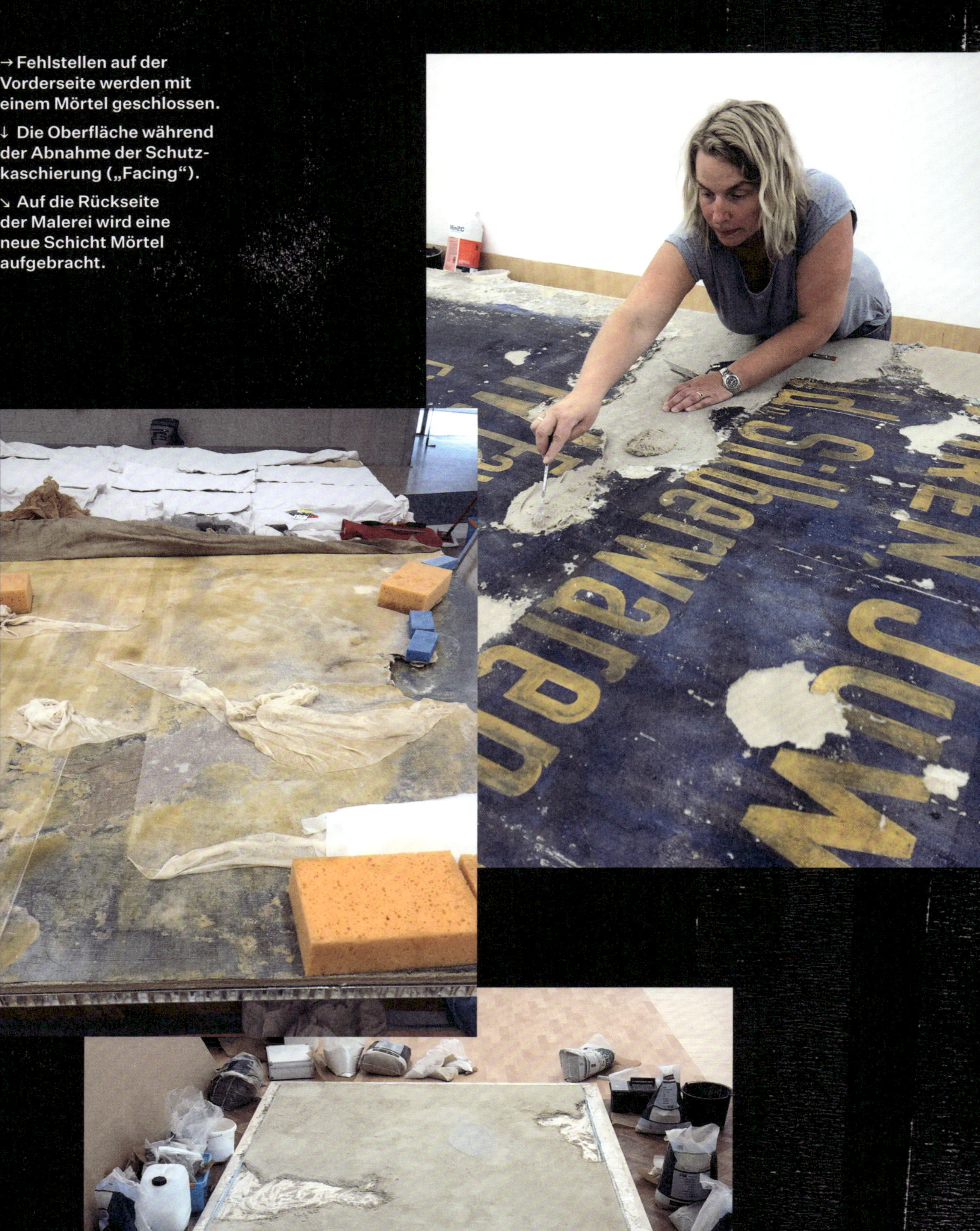

↓ S. 54–55
Restauratorin Christiane Maier während der Vorbereitung der Wandmalereiabnahme

Zunächst lag die Malerei noch mit dem kaschierten „Gesicht" nach unten. Auf der Rückseite wurden lose Putzbereiche entfernt, anschließend wurde der Putz gefestigt, Fehlstellen wurden temporär ausgefüllt. Als Nächstes brachte man eine ausgleichende Putzschicht rückseitig auf. Und dann kam Flugzeugtechnik zum Einsatz: Eine Aluminiumwabenverbundplatte wurde aufgeklebt – man kann sich das tatsächlich ähnlich wie Bienenwaben, aber aus Aluminium vorstellen. Wird in der Flugzeugtechnik verwendet, manchmal eben auch bei besonders heiklen Restaurierungen. Erst dann konnte man das Bild umdrehen und den Schutzmantel mit Heißdampf abnehmen. Die Malschicht wurde daraufhin gereinigt, Fehlstellen mit Putz wurden unter Niveau geschlossen. Der Umfang der Retusche wurde bewusst zurückhaltend ausgeführt – Ziel war es ja nicht, ein strahlendes Werbeplakat zu präsentieren, sondern im Gegenteil, den Erhaltungszustand des gemalten Werbeschilds zu konservieren und zu präsentieren, Altersspuren inklusive. Es geht ja um die Geschichte hinter dem Objekt. „Wir wollen anhand dieses Plakats die Geschichte der Familie Grünsfeld erzählen", schildert Restauratorin Boomgaarden.

> Der Umfang der Retusche wurde bewusst zurückhaltend ausgeführt – Ziel war es ja nicht, ein strahlendes Werbesujet zu präsentieren.

Für Kurator Gerhard Milchram gehört die Werbemalerei nunmehr zu den wichtigsten Objekten des Wien Museums, die von der NS-Zeit in Wien erzählen. Denn gleichzeitig mit der Restaurierung des Objekts betrieb Milchram auch Forschung zur Familie Grünsfeld, um ihr Schicksal exemplarisch für die Dauerausstellung aufzubereiten. Dabei fand er heraus, dass das Geschäft einen kommissarischen Verwalter erhalten hatte, der es in der Abwesenheit Grünsfelds führte. Die „Arisierungsstelle der Zunft der Uhrmacher und Juweliere und der Gilde des Uhren- und Juwelenhandels" hatte zu diesem Zeitpunkt schon die Liquidation des Geschäftes beschlossen, die Hans Grünsfeld dann tatsächlich auch noch im selben Monat anmeldete.

Während Grünsfeld 1939 die Flucht nach Paris und von da später weiter nach Bolivien gelang, wurden das „gesamte stehende und liegende Vermögen sowie alle Rechte und Ansprüche" von Hans Grünsfeld „aus Gründen der öffentlichen Sicherheit und Ordnung mit dem Ziele der späteren Einziehung zu Gunsten des Deutschen Reiches beschlagnahmt", ein Ausbürgerungsverfahren wurde eingeleitet und ihm am 14. Februar 1941 die Staatsbürgerschaft aberkannt. Am 14. März stellte das Finanzamt Währing in Beantwortung einer Anfrage der Gestapo fest, dass „der Jude Grünsfeld kein Vermögen mehr in Wien besitzt".

In Briefen, sagt Historiker Gerhard Milchram, hat Hans Grünsfeld immer wieder angedeutet, dass er nach 1945 gerne wieder nach Österreich zurückgekehrt wäre. Aber es schien ihm nicht möglich, in das Land zurückzukehren, das ihn beraubt und vertrieben hatte.

> In Briefen, sagt Historiker Gerhard Milchram, hat Hans Grünsfeld immer wieder angedeutet, dass er nach 1945 gerne wieder nach Österreich zurückgekehrt wäre.

Fassadenbeschriftung des Uhren-, Juwelen- und Silberwarengeschäfts von Adolf Grünsfeld

↑

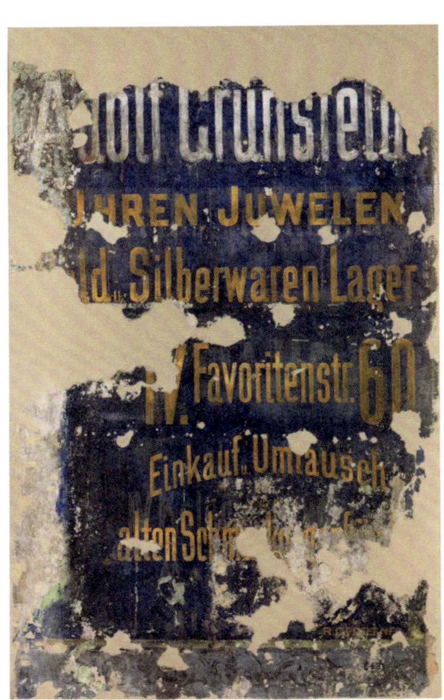

↓

um 1920
Wandmalerei
321,6 × 201,6 × 5,3 cm

Im Fokus Konservierung Restaurierung

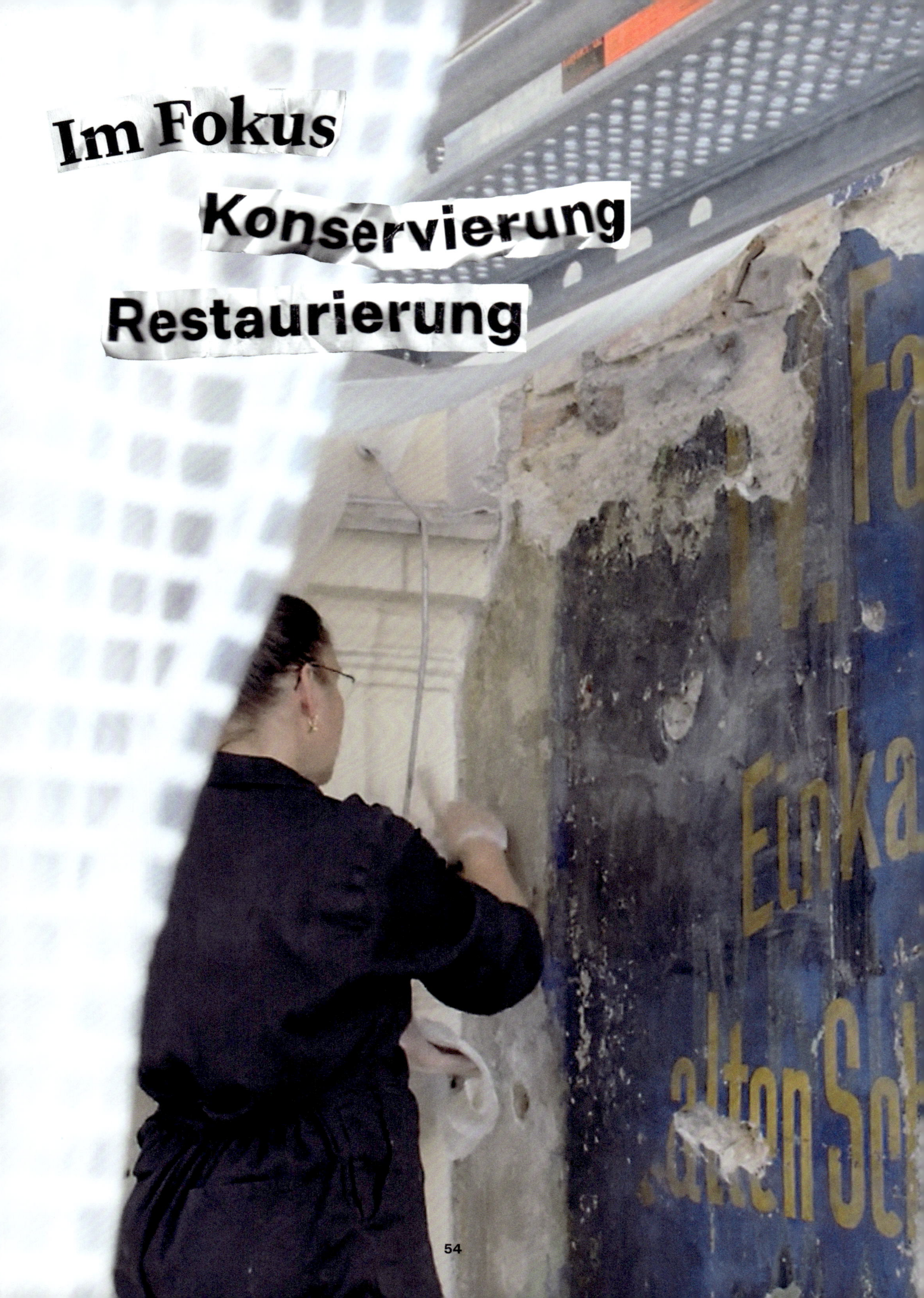

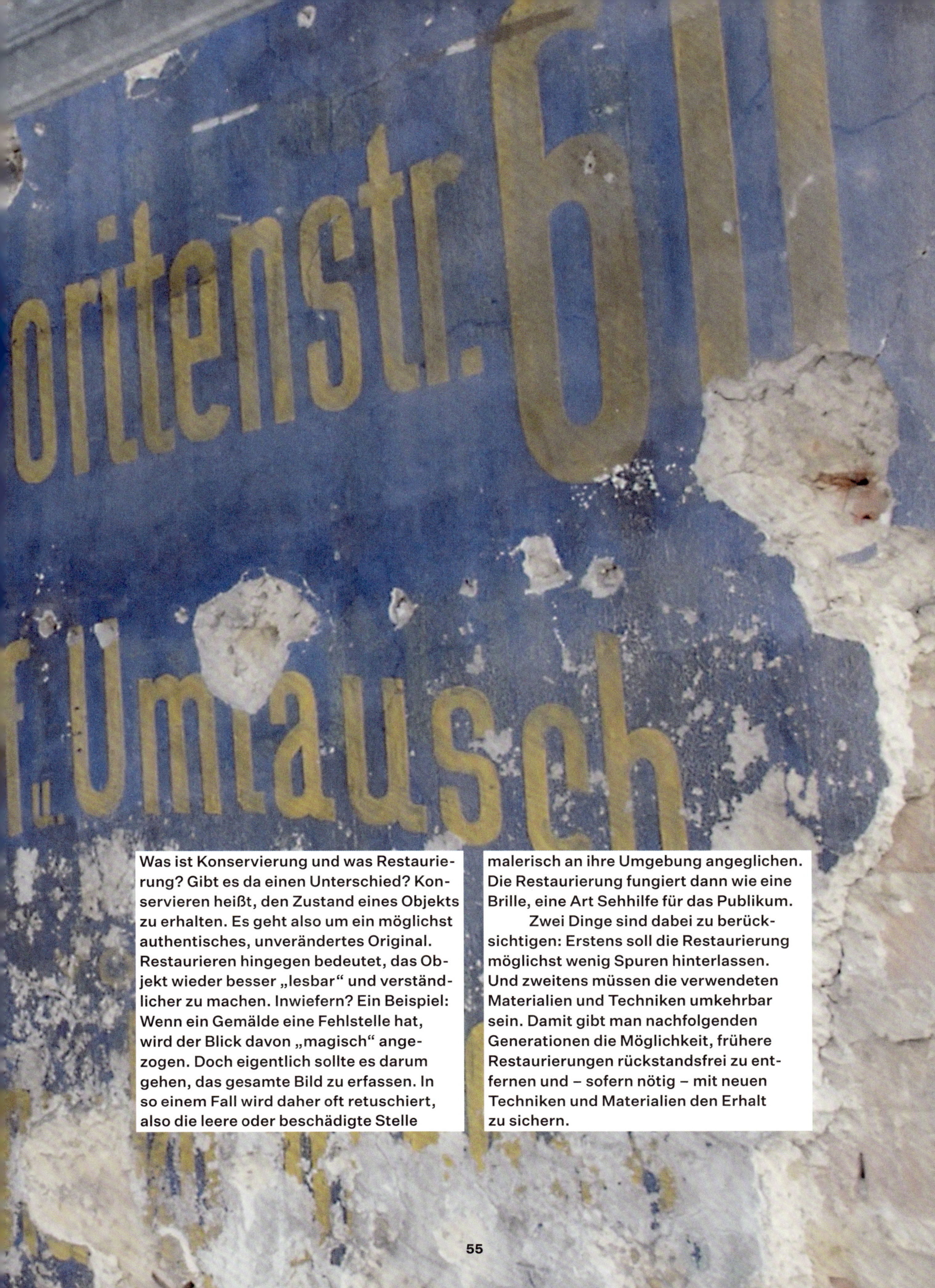

Was ist Konservierung und was Restaurierung? Gibt es da einen Unterschied? Konservieren heißt, den Zustand eines Objekts zu erhalten. Es geht also um ein möglichst authentisches, unverändertes Original. Restaurieren hingegen bedeutet, das Objekt wieder besser „lesbar" und verständlicher zu machen. Inwiefern? Ein Beispiel: Wenn ein Gemälde eine Fehlstelle hat, wird der Blick davon „magisch" angezogen. Doch eigentlich sollte es darum gehen, das gesamte Bild zu erfassen. In so einem Fall wird daher oft retuschiert, also die leere oder beschädigte Stelle malerisch an ihre Umgebung angeglichen. Die Restaurierung fungiert dann wie eine Brille, eine Art Sehhilfe für das Publikum.

Zwei Dinge sind dabei zu berücksichtigen: Erstens soll die Restaurierung möglichst wenig Spuren hinterlassen. Und zweitens müssen die verwendeten Materialien und Techniken umkehrbar sein. Damit gibt man nachfolgenden Generationen die Möglichkeit, frühere Restaurierungen rückstandsfrei zu entfernen und – sofern nötig – mit neuen Techniken und Materialien den Erhalt zu sichern.

Im Fluss der Zeit

Die Originalfiguren des Donnerbrunnens wirken massiv, sind aber fragile Meisterwerke

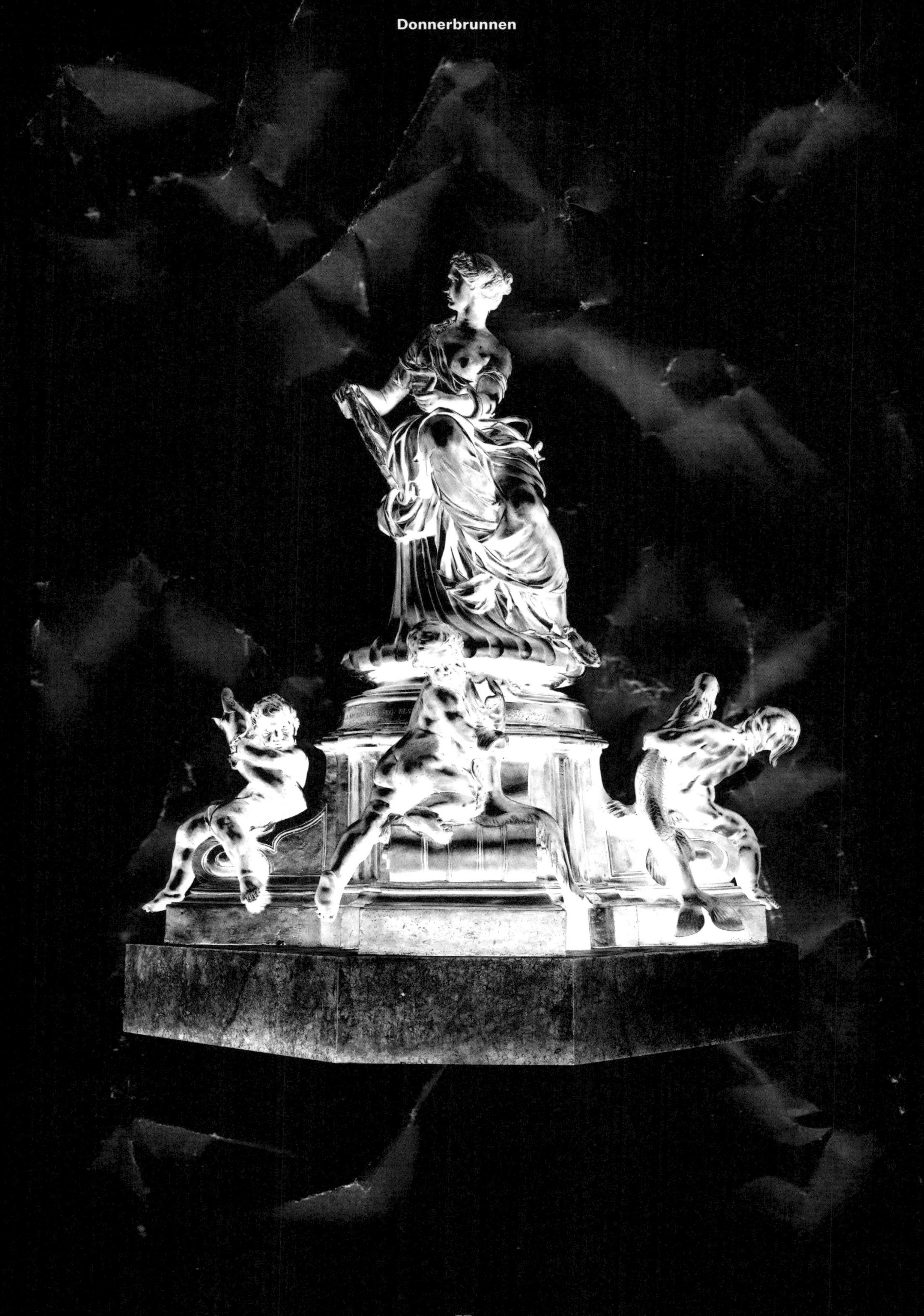

Man sagt, Blei fließt leicht. Wer das weiß, vermeint es in den fließenden Bewegungen dieser Flussfiguren zu erkennen. Weich, anschmiegsam, beinahe bequem liegen sie da, ursprünglich an den Beckenrand geschmiegt, man möchte es fast Herumlungern nennen. Ein sehr elegantes Herumlungern, wohlgemerkt. Die Rede ist von den Originalfiguren des sogenannten Donnerbrunnens auf dem Neuen Markt, eigentlich Providentiabrunnen, die nahezu 100 Jahre lang im Marmorsaal des Unteren Belvedere aufgestellt waren.

Doch nun spielen Georg Raphael Donners Brunnenfiguren, die als Glanzpunkte der europäischen Plastik des 18. Jahrhunderts gelten, im neuen Wien Museum eine zentrale Rolle. Sie gehören zu den wertvollsten Objekten in der Sammlung des Museums. „Der Brunnen ist das wichtigste Werk des bedeutendsten österreichischen Barockbildhauers Georg Raphael Donner", bringt es Metallrestauratorin Elisabeth Krebs auf den Punkt.

Zuletzt lagerten die Figuren im Depot des Wien Museums in Himberg, wo sie einer umfassenden Restaurierung unterzogen wurden. Die aus einer weichen Blei-Zinn-Legierung bestehenden Plastiken waren an der Oberfläche mit zahlreichen Ritzungen und Kratzern übersät, die zwar nicht beseitigt, aber optisch durch farbige Retuschen in den Hintergrund gedrängt werden konnten. Außerdem mussten brüchige Stellen gefestigt und die Eisenkonstruktion im Inneren aus statischen Gründen mit Armierungen verstärkt werden. Auch für routinierte Restauratoren und Restauratorinnen, die viel Erfahrung mit Bleiplastiken haben, waren die Figuren des sogenannten Donnerbrunnens eine große, spannende Herausforderung.

Die aus einer weichen Blei-Zinn-Legierung bestehenden Plastiken waren an der Oberfläche mit zahlreichen Ritzungen und Kratzern übersät.

Georg Raphael Donner (1693–1741) erhielt 1737 vom Magistrat der Stadt Wien den Auftrag zur Neugestaltung des für die städtische Wasserversorgung zentralen Brunnens auf dem Mehlmarkt, dem heutigen Neuen Markt. Mit seinem Entwurf und dem Vorschlag, die Brunnenfiguren aus Gründen der Haltbarkeit aus einer Blei-Zinn-Legierung herzustellen, hatte er sich gegen seinen Konkurrenten, den Steinbildhauer Lorenzo Mattielli, durchgesetzt.

Zunächst erhielt Donner den Auftrag für die Mittelgruppe mit der weiblichen Figur der Providentia, der Personifikation der Vorsehung. „In der Linken hält sie eine Schlange als Symbol der Weisheit, mit der rechten Hand stützt sie sich auf einen Schild mit einem Januskopf, der zugleich in die Vergangenheit und in die Zukunft blickt – ein Sinnbild des umsichtigen Handelns der Stadtverwaltung", so Andreas Nierhaus, Kurator der Skulpturensammlung des Wien Museums. Nach ihr, der Providentia, ist der Brunnen tatsächlich benannt. Auf dem Sockel sind vier mit Fischen ringende Putti zu sehen. „Die Gruppe wurde in der Werkstatt Donners in Pressburg modelliert, gegossen, auf dem Donauweg nach Wien gebracht und im Jänner 1739 hier aufgestellt", erklärt Nierhaus. Wenig später kamen die vier am Beckenrand lagernden Flussfiguren hinzu. „Sie stellen die vier wichtigsten Zuflüsse der Donau in Österreich – gemeint sind die historischen Kronländer Nieder- und Oberösterreich – dar: Enns, March, Ybbs und Traun." Diese Figuren wurden nach Modellen Donners im städtischen Gusshaus in Wien hergestellt. Im November 1739 wurde der vollendete Brunnen der Öffentlichkeit übergeben.

So massiv die metallenen Figuren wirken, so empfindlich reagiert das Material auf äußere Einwirkungen.

Das Material ist schuld. So massiv die metallenen Figuren wirken, so empfindlich reagiert das Material auf äußere Einwirkungen. Obwohl der Brunnen damals von einer eigens bestellten Wache vor Beschädigungen geschützt wurde, war er schon wenige Jahrzehnte nach seiner Aufstellung so schadhaft, dass die Flussfiguren 1773 entfernt werden mussten. Erst 1801 erfolgte nach einer Restaurierung ihre Neuaufstellung auf dem Neuen Markt. Lang blieb es nicht dabei. 1873 wurden sämtliche Figuren durch Bronzeabgüsse der k. k. Kunsterzgießerei ersetzt, die in ihrer Wirkung und ihrem Charakter freilich bei Weitem nicht ans Original heranreichen und auch im Detail kleine Unterschiede aufweisen.

Obwohl der Brunnen damals von einer eigens bestellten Wache vor Beschädigungen geschützt wurde, war er schon wenige Jahrzehnte nach seiner Aufstellung so schadhaft, dass die Flussfiguren 1773 entfernt werden mussten.

Die originalen Brunnenfiguren landeten im Depot. 1913 wollte man sie in der zentralen Halle des geplanten neuen Historischen Museums der Stadt Wien auf der

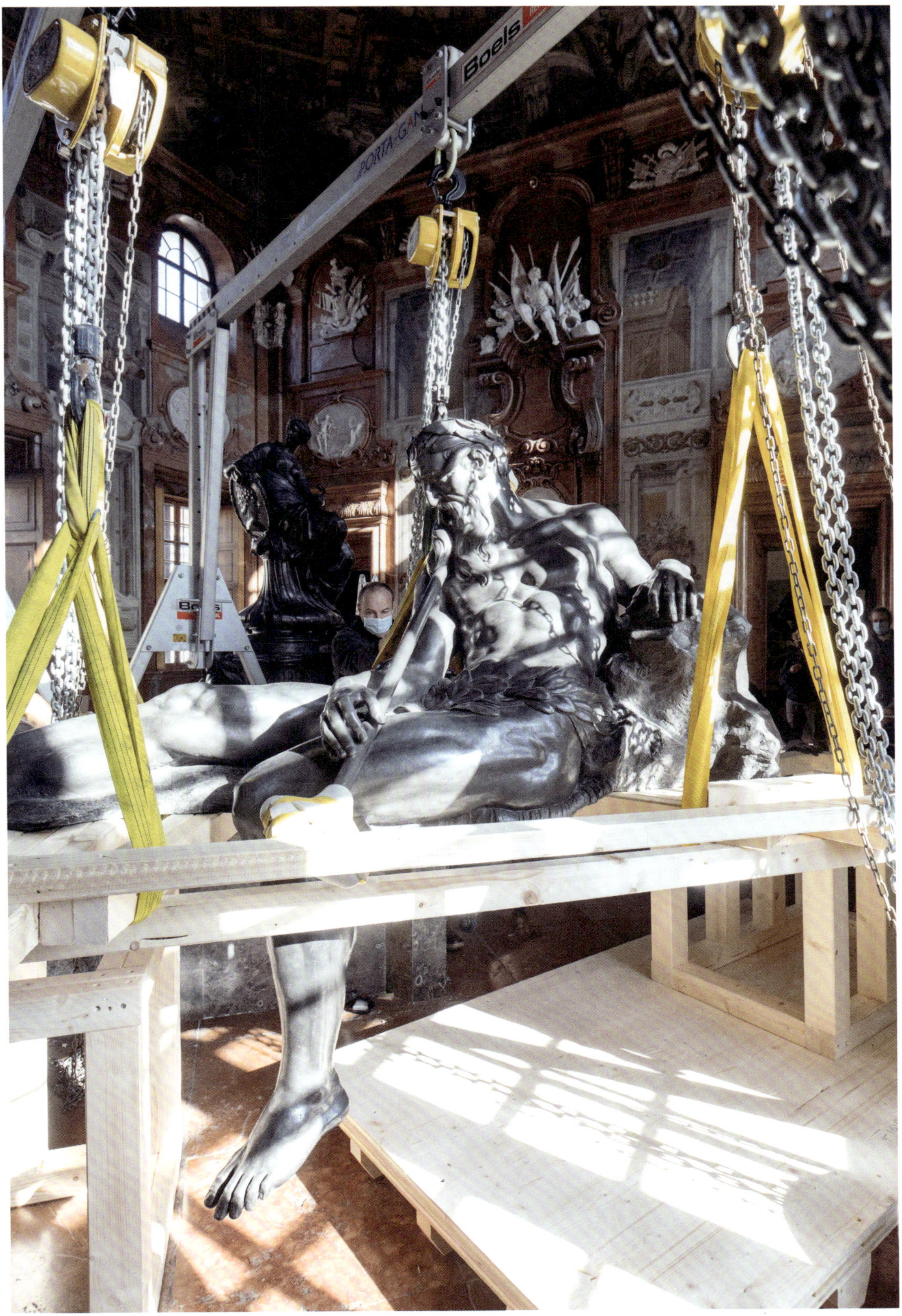

Vorbereitungen zum Transport des Donnerbrunnens aus dem Unteren Belvedere ins Depot des Wien Museums. Die Enns-Flussfigur ist im Vordergrund zu sehen, dahinter die Providentia.

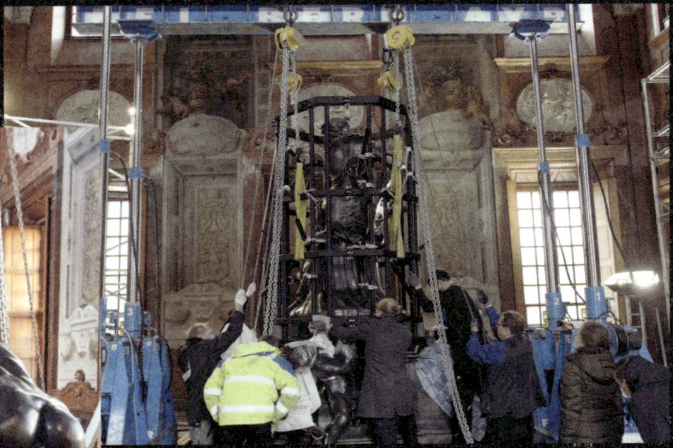

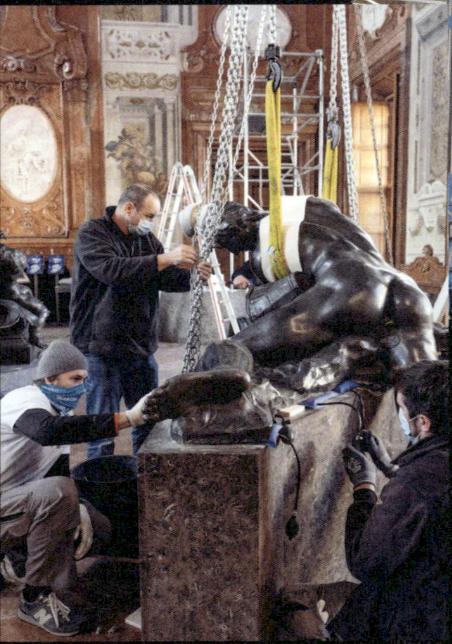

Der Donnerbrunnen während seines Abbaus im Belvedere – danach wurden die Teile ins Depot des Wien Museums gebracht.

↙ Anheben der Traun-Figur mithilfe von kleinen, aufblasbaren Hebekissen und Gurten

← Die Mittelfigur Providentia wird in ihrem Stützkäfig mittels Portalkran vom Bleisockel abgehoben.

↓ Blick von oben auf die Providentia und die Flussfiguren

↙ Prüfung einer Lötnaht vor der Abnahme des Arms

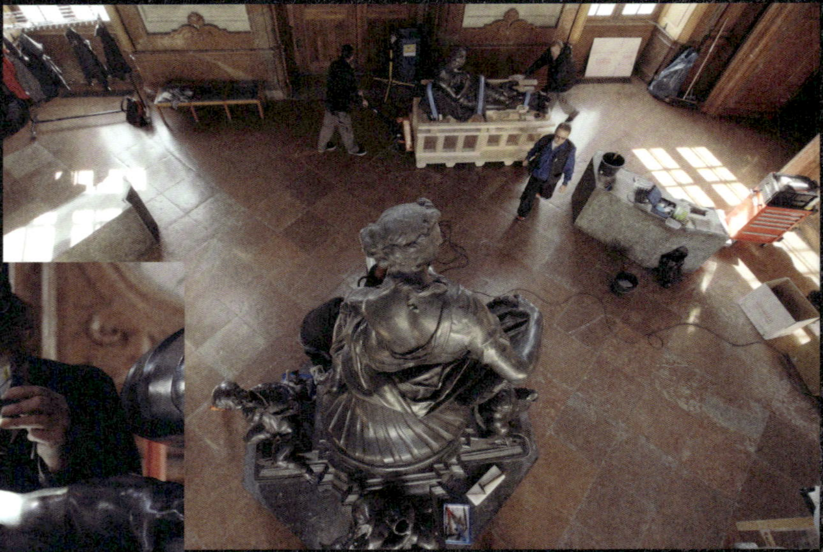

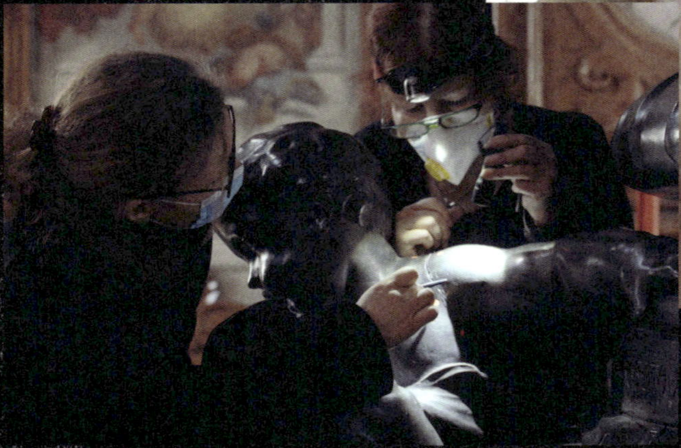

→ Ulrike Rossmeissl und Wolfgang Schwarzkogler während der Restaurierung in einer Werkstatt im Depot Himberg

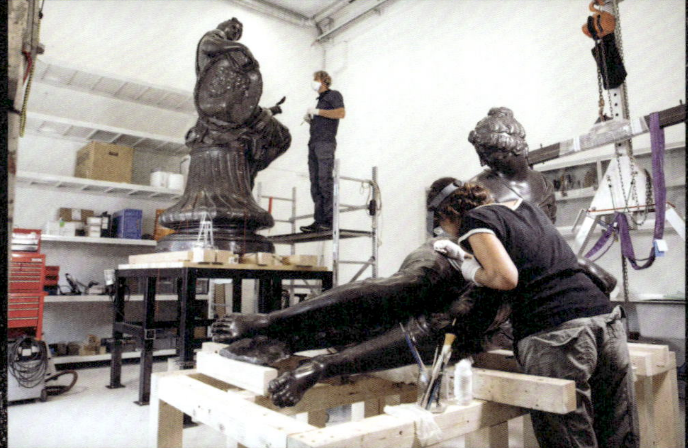

↓ S. 62–63
Um die tonnenschweren Bleifiguren bewegen zu können, wurden zwei auf Schienen laufende Schwerlast-Portalkräne benötigt.

Schmelz aufstellen. Sein Bau wurde nach dem Ersten Weltkrieg allerdings aufgegeben. 1921 kamen die Figuren daher als Leihgaben an das neu gegründete Barockmuseum im Unteren Belvedere. In dessen Marmorsaal standen sie – abgesehen von der Bergung während des Zweiten Weltkriegs – bis zum Jahr 2021.

Während ihre Bronzenachbildungen im Freien eine stabile, die Oberfläche schützende grüne Patina gebildet haben, erhielten die Bleiplastiken im Belvedere eine grau-braune Patina und einen leichten Glanz. Und viele, viele Kratzer. Doch bevor man die Figuren restaurieren konnte, musste man ihren Abbau zwecks Transports ins Depot planen: In die monatelange Vorbereitung floss das Wissen unterschiedlichster Expertinnen und Experten ein.

Es war eine heikle Mission: ein bisschen wie mit rohen Eiern oder, wie es Architektin Monika Trimmel formuliert, mit Schwedenbomben hantieren.

Zunächst musste die Providentia von ihrem Sockel gehoben werden, erzählt Restauratorin Elisabeth Graff. Das Wichtigste dafür war, ihr Gewicht zu kennen. Statische Gutachten und ein 3D-Scan wurden erstellt, über Ultraschall wurde ermittelt, wie dick ihre äußere Schicht ist. Erst dann konnte das Statikteam den Käfig anfertigen lassen, mit dem die knapp zwei Tonnen schwere Figur vom Brunnensockel gehoben wurde. 14 Leute waren notwendig, um den Käfig mittels hydraulischer Hebekräne über die Statue der Providentia zu stülpen und für den Transport vorzubereiten. Eine heikle Mission, ein bisschen wie mit rohen Eiern oder, wie es Architektin Monika Trimmel formuliert, mit Schwedenbomben hantieren.

Und dann war da die Tatsache, dass der Sockel der Providentia für den Transport auseinandergenommen werden musste. Die Restauratorinnen und Restauratoren orientierten sich an den Lötnähten, die bereits bei Arbeiten im Jahr 1958 entstanden waren.

War schon der Abbau ein Kraftakt, kam danach die Herausforderung der Restaurierung. „Die Figuren haben viel mitgemacht, sie waren lange im Freien und sind oft restauriert worden", erklärt Metallrestauratorin Elisabeth Krebs. Die Brunnenplastiken sind aus 97 Prozent Blei und drei Prozent Zinn gefertigt und damit sehr weich. Schon allein durch das Eigengewicht sackt das Material nach unten. Einerseits war Blei im Barock sehr beliebt, weil es sich gut gießen ließ. Andererseits sind die Figuren dadurch aber auch leicht verformbar. Schon mit einem Fingernagel lässt sich Schaden anrichten. Tatsächlich haben Besucherinnen und Besucher im Belvedere ihre Namen in die Oberfläche des Kunstwerks eingeritzt. Und durch die vielen Transporte sind außerdem im Lauf der Zeit weitere Schäden entstanden.

Schon allein durch das Eigengewicht sackt das Material nach unten.

Im Frühjahr 2022 begann man, die Originalfiguren des Donnerbrunnens zu restaurieren. Ein Jahr hat man dafür gebraucht. Kratzer oder Eingravierungen konnte das Restaurierungsteam, bestehend aus Ulrike Rossmeissl und Wolfgang Schwarzkogler optisch reduzieren. Und dann waren da die größeren statischen Risse, hervorgerufen durch Lagerung und Transporte. Rissansätze, die sich durch das Eigengewicht vergrößern können, mussten hinterfangen und gesichert werden. Die originalen schmiedeeisernen Innenarmierungen der Figuren wurden entrostet und gereinigt. Für die Neuaufstellung im Wien Museum hat man der Figur der Providentia ein zusätzliches schmiedeeisernes Innengerüst eingebaut, das an das alte angeklemmt wurde, um es bei Bedarf wieder abnehmen zu können. Dabei wurde deutlich, dass die alte Eisensubstanz des Innengerüsts noch sehr gut ist. Und außen? Restauratorin Ulrike Rossmeissl erklärt Figurendetails, die man erst auf den zweiten Blick erkennt, die aber einiges über die Herstellungstechnik berichten: „An den unterschiedlichen Oberflächen kann man viel ablesen. An der glatten Oberfläche der Figuren werden etwa Spuren von Bearbeitungswerkzeugen deutlich, zum Beispiel Feilspuren. Auch die Vegetation um die Figur ist glatt. Im Sockelbereich wiederum sieht man Muster-Punzierungen, und zwar ist das hier noch die originale Punzierung, schaut ein bisschen wie von einem Schnitzelklopfer aus. Und dann gibt es Spuren von alten Reparaturen, die überarbeitet wurden."

Für die Neuaufstellung im Wien Museum hat man der Figur der Providentia ein zusätzliches schmiedeeisernes Innengerüst eingebaut.

Restauriert wurden die Brunnenfiguren in der Vergangenheit mehrere Male. Die erste dokumentierte Restaurierung der Flussfiguren erfolgte im Zuge ihrer Neuaufstellung 1801 durch Johann Martin Fischer. 1900 wurden sämtliche Brunnenfiguren in Vorbereitung ihrer Aufstellung im neuen Historischen Museum der Stadt

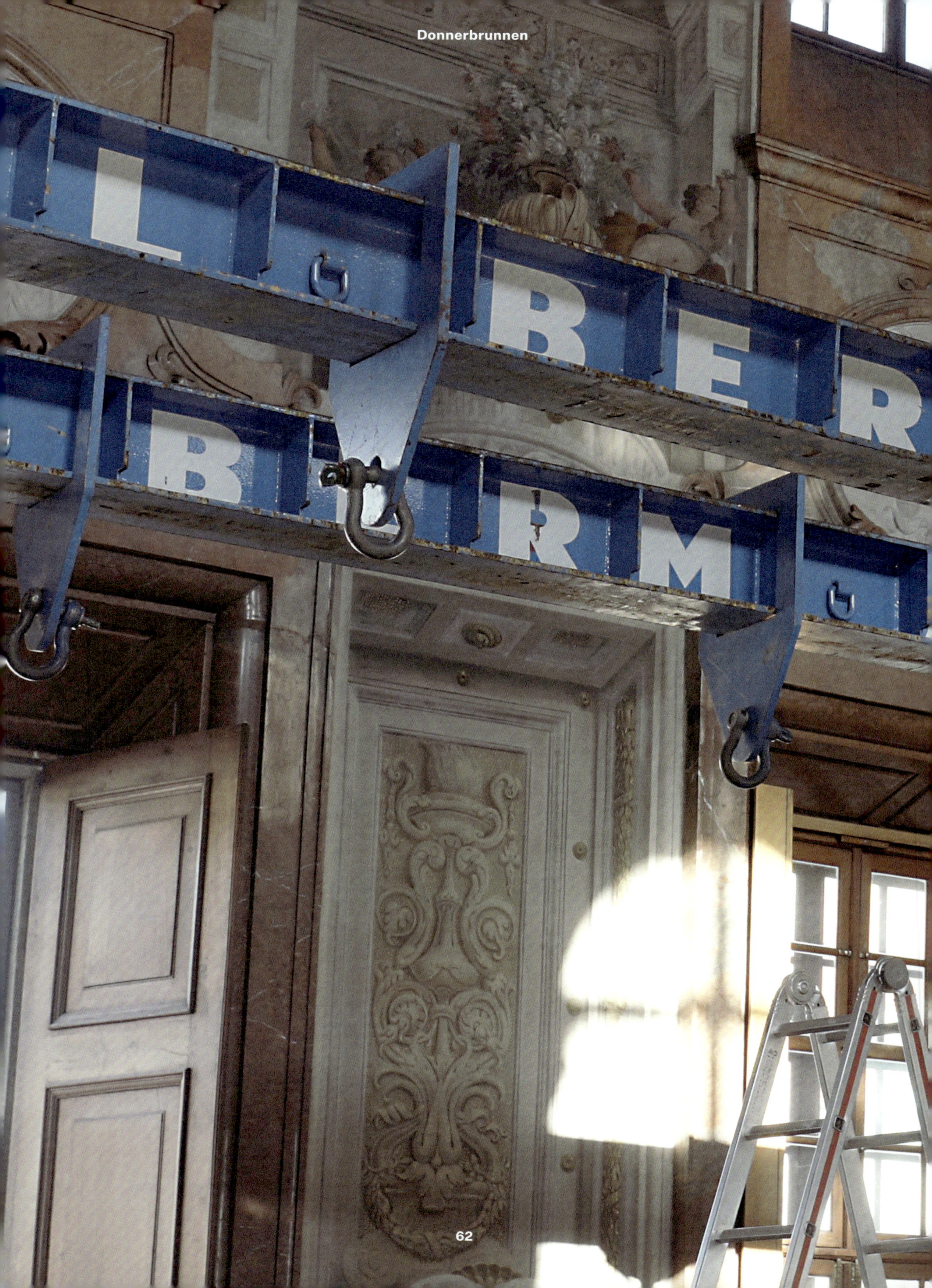
L
BER
B
RM

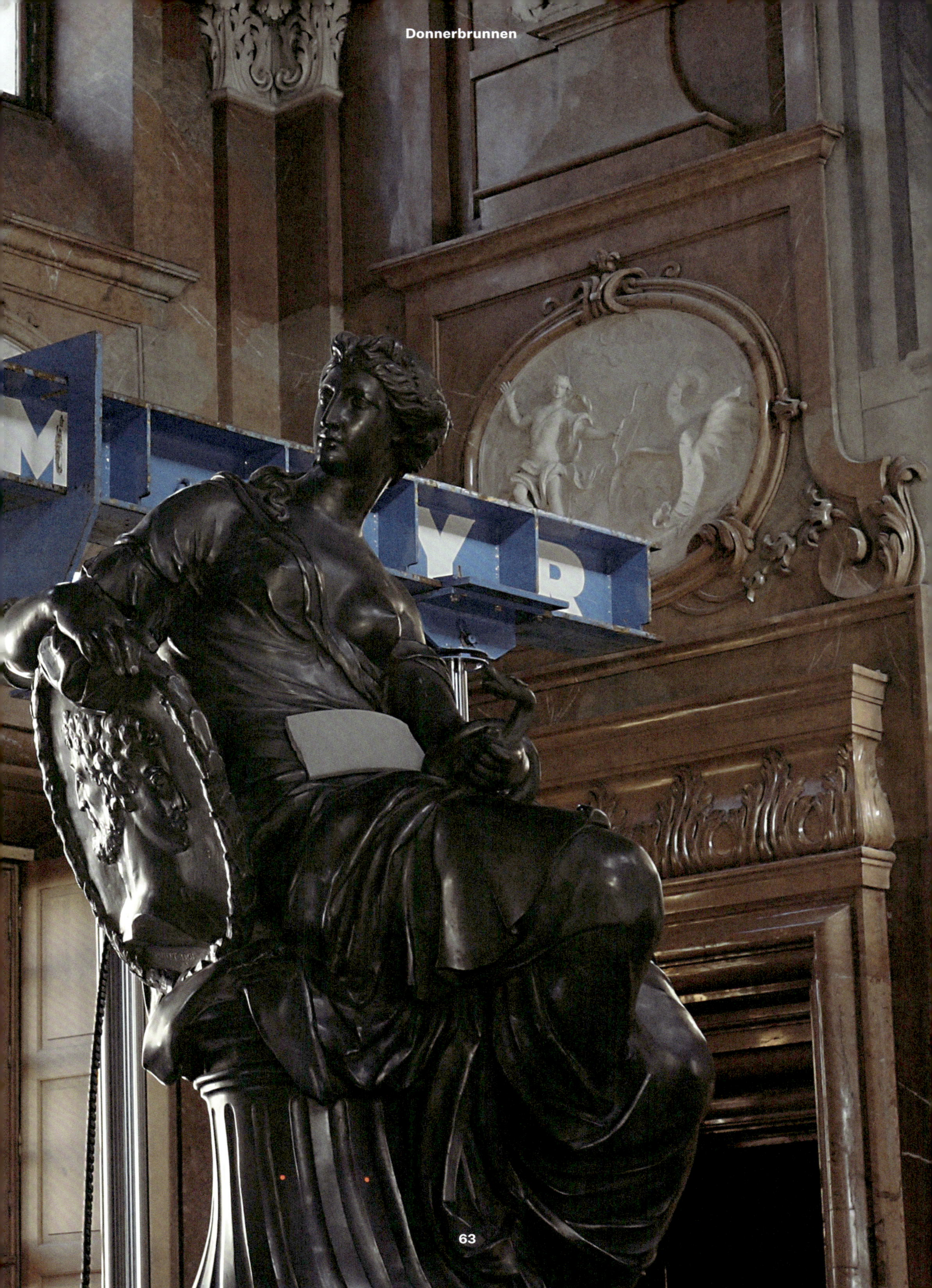

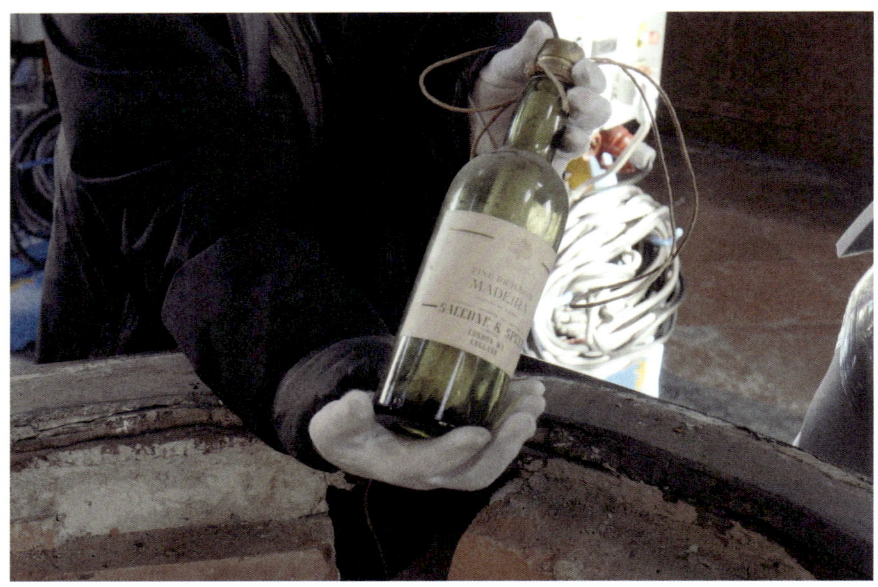

Im seit 1959 nicht mehr zugänglichen Inneren des Bleisockels wurde eine Flaschenpost mit mehrfach signierter Titelseite einer Tageszeitung vom Tag der Aufstellung gefunden.

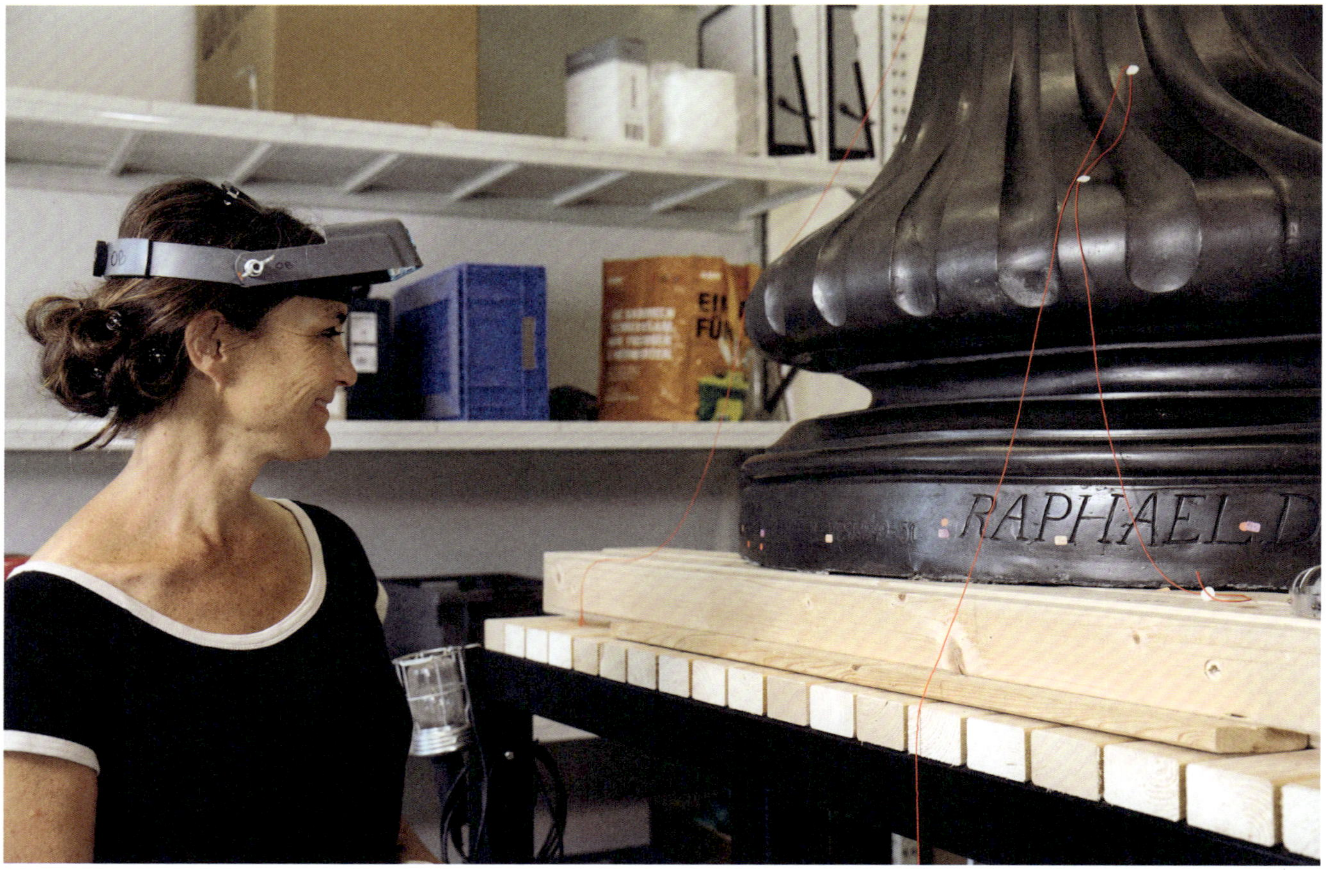

Restauratorin Ulrike Rossmeissl prüft die Signaturen am unteren Ring des Sockels der Providentia.

Wien von Wilhelm Köke restauriert. 1920, vor der Leihgabe an das Belvedere, restaurierte Robert Pfeffer das Kunstwerk. Er behob zwischen 1949 und 1951 auch die schweren Schäden, die durch die kriegsbedingte Bergung entstanden waren. Nach der Wiederaufstellung im Marmorsaal des Unteren Belvedere erfolgte die vorletzte Restaurierung durch Josef und Viktor Hammer.

Sie alle haben Spuren hinterlassen und auch ihre Namen prominent am Sockel der Providentia eingeschlagen, neben der Signatur von Raphael Donner. Man erkennt etwa, wo Risse bearbeitet worden sind. Bei früheren Restaurierungen wurde durchaus stark in die Originalsubstanz eingegriffen, etwa Oberflächen großflächig überschliffen, Überzüge erneuert, sämtliche Risse verlötet. Heute sollen die originalen Oberflächen möglichst erhalten bleiben, Eingriffe in das Material sind auf ein Minimum zu beschränken, und die Spuren der Vergangenheit bleiben als Teil des historisch überlieferten Gesamtbilds. Helle, tiefe Kratzer etwa werden nicht mehr überschliffen, sondern lediglich retuschiert. Dafür werden zum Beispiel Farbpigmente in Acryl verwendet, die sich gut in den Glanz der bestehenden Oberfläche einfügen. „Wenn wir retuschieren und Oberflächen farblich ergänzen müssen, dann verwenden wir Materialien, die reversibel sind, die man also wieder entfernen kann", erklärt Rossmeissl den zeitgemäßen Zugang zu dieser Arbeit.

Bei früheren Restaurierungen wurde durchaus stark in die Originalsubstanz eingegriffen, etwa Oberflächen großflächig überschliffen, Überzüge erneuert, sämtliche Risse verlötet. Heute sollen die originalen Oberflächen möglichst erhalten bleiben.

Apropos Spuren der Vergangenheit: In einigen der Brunnenfiguren wurden Zeugen von gestern gefunden. Bonbonpapiere, alte Fahrscheine. Und im Sockel der Providentia fand sich eine leere Weinflasche – mit einer Tageszeitung vom 21. Jänner 1958. Hinterlassen hat sie der damalige Restaurator Viktor Hammer samt Grußbotschaften vom Tag der Aufstellung des Providentiabrunnens.

Flaschenpost aus früheren Zeiten: Ein beliebter Restauratorengruß. Wer weiß, ob nicht auch diesmal etwas für die nächste Generation hinterlassen wurde.

Georg Raphael Donner

Providentia (Zentralfigur des Donnerbrunnens) auf dem Sockel mit vier Putten

↑

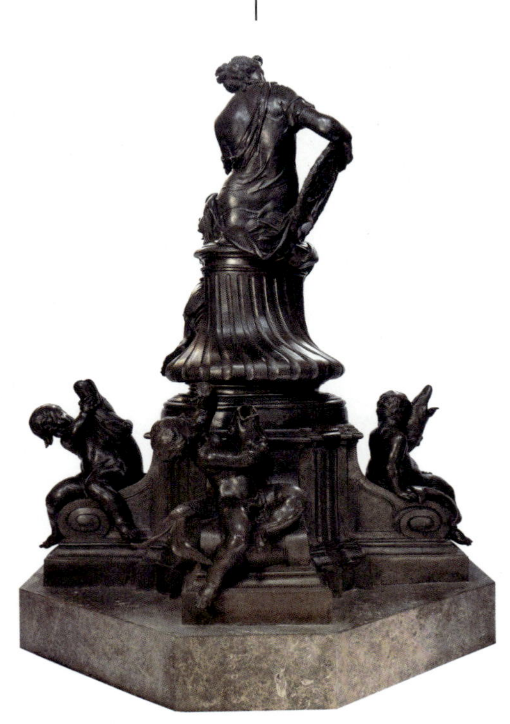

↓

1738
Blei
353 × 249 × 300 cm
(Maße Zentralfigur Providentia)
8.692 kg (gesamter Brunnen)

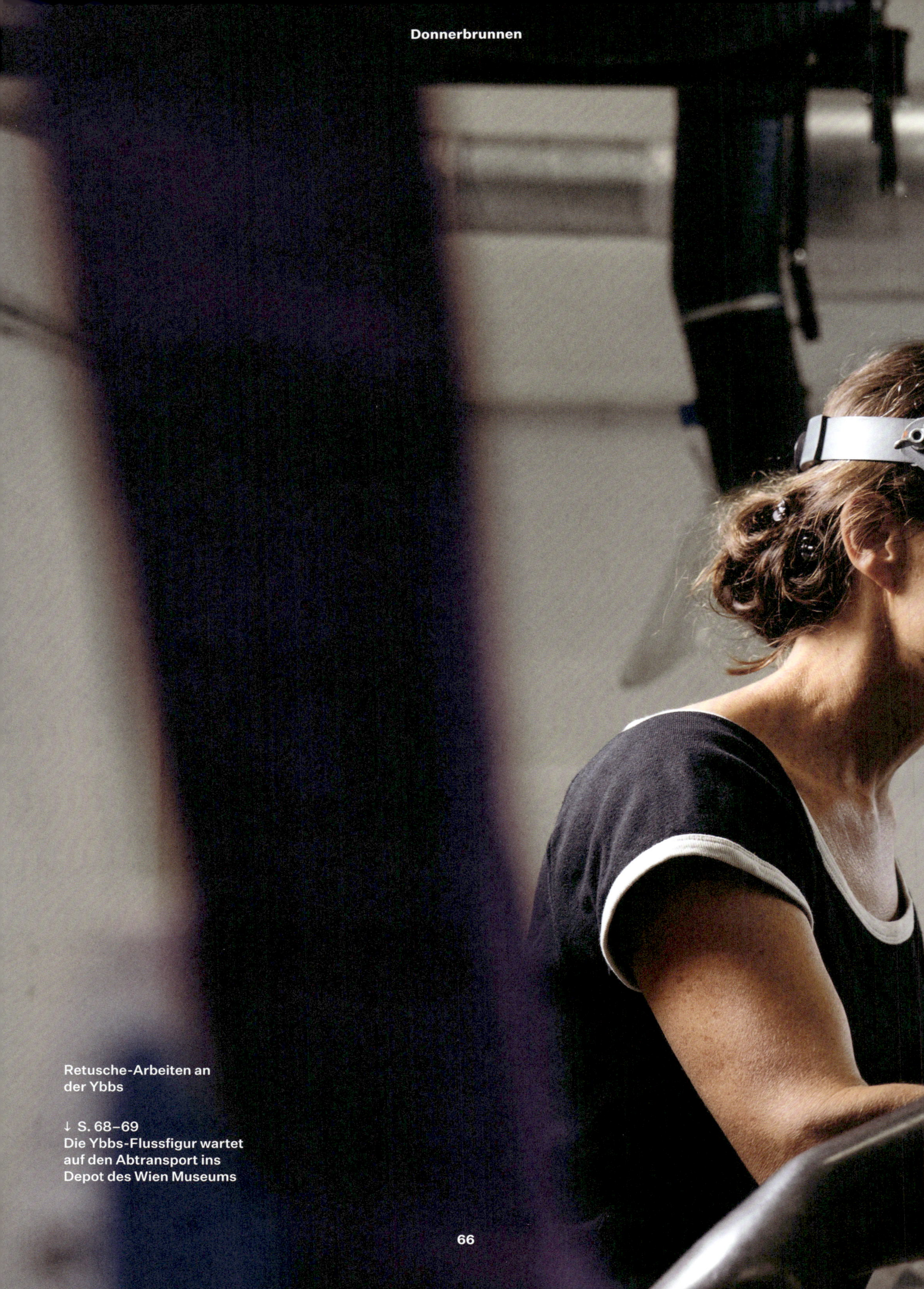

Retusche-Arbeiten an der Ybbs

↓ S. 68–69
Die Ybbs-Flussfigur wartet auf den Abtransport ins Depot des Wien Museums

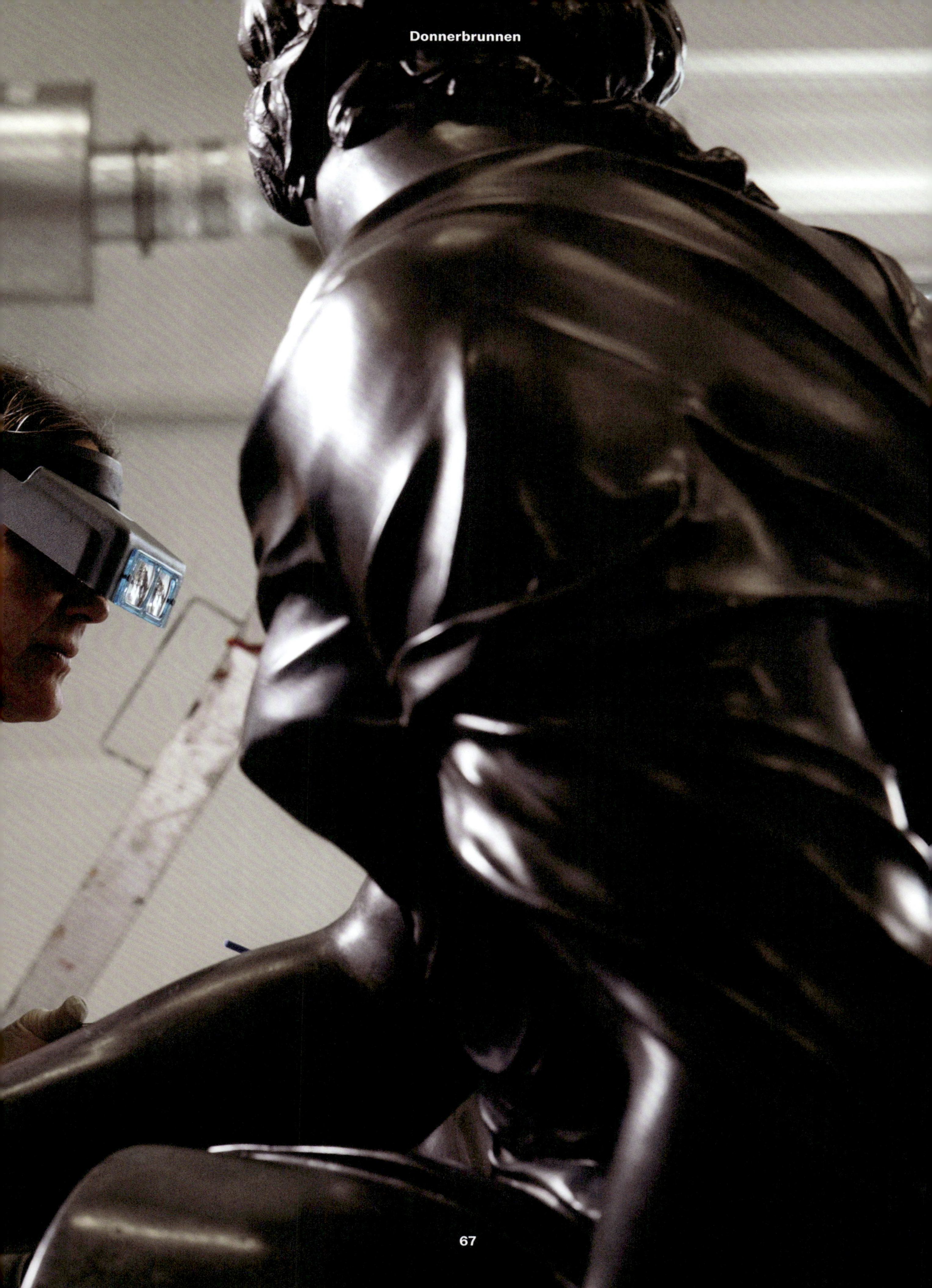

Im Fokus Transport und Verpackung

Objekte reisen zu Ausstellungen, ob auf kurzem Weg vom Depot ins eigene Museum oder via Lkw und Cargo-Flugzeug bis nach Übersee. Dabei werden sie stets restauratorisch begleitet. Zunächst wird geprüft, ob ihr Zustand überhaupt eine Reise und Ausstellung erlaubt. Manche Objekte müssen vorab restauriert oder entsprechend vorbereitet werden. Ihr Zustand wird penibel in einem Protokoll beschrieben und fotografisch dokumentiert. Wenn während der Reise ein Schaden entsteht, muss dieser nachgewiesen werden. Für die Schadensbehebung oder Wertminderung kommt die Versicherung des Verursachers auf – zum Beispiel die der Kunstspedition oder des Leihnehmers. Daher ist eine präzise Beweisführung nötig.

Objekte werden für den Transport oft im wahrsten Sinne des Wortes in Watte gepackt. Die Transportkisten sind innen weich und außen hart – die Oberfläche ist gut geschützt und gegen Stoß gesichert. Besonders sensible Objekte reisen in klimatisierten Kisten, andere in Stützkäfigen. So war es bei den Plastiken des Donnerbrunnens der Fall. Eine spezielle Konstruktion wurde entwickelt, damit die schweren und gleichzeitig weichen Bleikunstwerke den Weg ins Museum unbeschadet schaffen konnten.

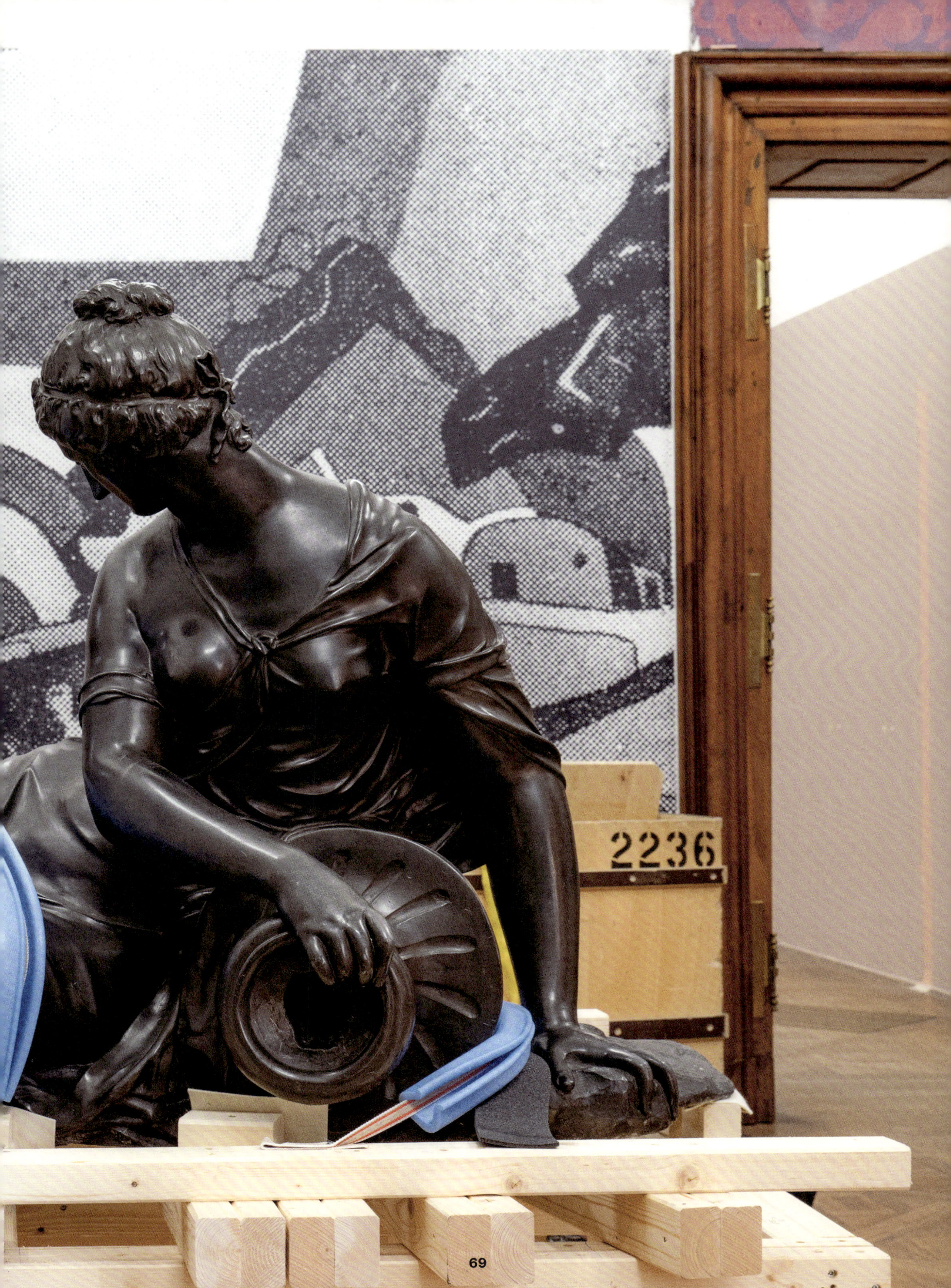
2236

Der Wow-Effekt

Nicht nur Pompeji, auch der Pompejanische Salon aus Wien überraschte mit seiner Farbigkeit

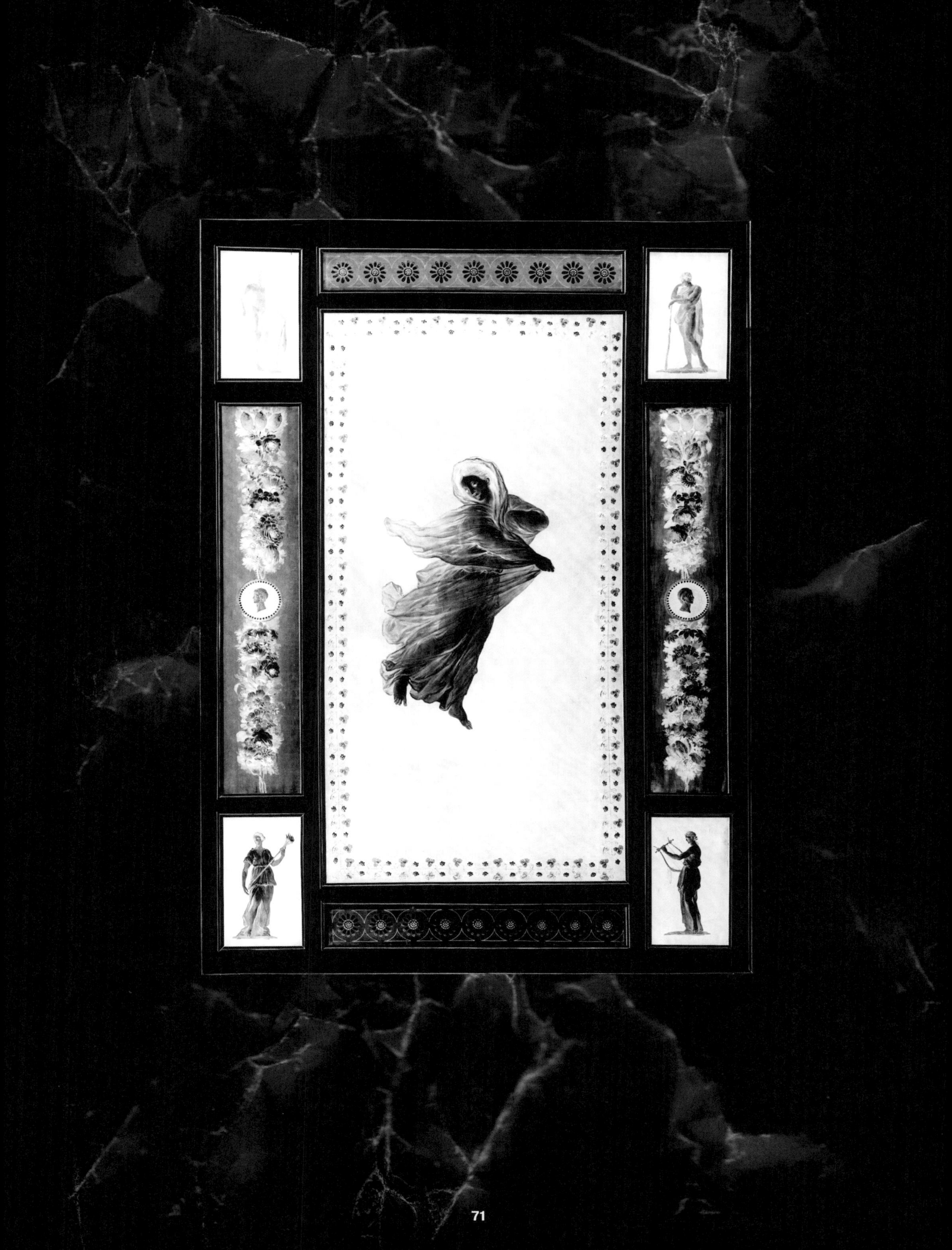

Pompeji ist untergegangen, verschüttet von der Asche des Vesuvs im Jahr 79 nach Christus. Die Schweizer Bankiersbrüder Johann Heinrich und Johann Jakob Geymüller haben es Ende des 18. Jahrhunderts in ihrem barocken Palais in der Wiener Wallnerstaße wieder aufleben lassen. Zumindest Teile davon, der Mode des 18. Jahrhunderts entsprechend, kurz, nachdem man die Ruinen Pompejis ausgegraben hatte. Die Geymüllers ließen sich ihren Pompejanischen Salon in ihrem Innenstadtpalais Caprara-Geymüller nach dem Vorbild des Gemäldezyklus der Tänzerinnen in der „Villa des Cicero" in Pompeji gestalten. Was sicher für Staunen sorgte, war die Farbigkeit: Vor den Ausgrabungen von Pompeji hatte man mit der Antike strenges Weiß und Grau verbunden. Und so wie man von den farbenprächtigen Wandmalereien der Römerzeit überrascht war, so verwundert war man wohl auch vom lebensfrohen Pompejanischen Salon im Bankierspalais.

Jede Glanzzeit hat ein Ende. Der Salon kam irgendwann aus der Mode. Anstatt ihn zu entfernen und zu entsorgen, hat man ihn hinter einer Holzverschalung verbaut. Anfang des 20. Jahrhunderts zog das Niederösterreichische Landesmuseum in das Palais ein – da wurde der verborgene Schatz entdeckt. Eine Sensation, die auch die Presse ausgiebig feierte, denn es gab nichts Vergleichbares in Wien. Der Raum wurde in den Ausstellungsrundgang des Museums eingegliedert und war ab 1911 zu besichtigen. Später wurde das Interieur an das Historische Museum der Stadt Wien übergeben, von 1961 an war es im Museum am Karlsplatz ausgestellt.

> Jede Glanzzeit hat ein Ende. Der Salon kam irgendwann aus der Mode. Anstatt ihn zu entfernen und zu entsorgen, hat man ihn hinter einer Holzverschalung verbaut.

Doch der Salon, übrigens Wiens einziges museales Interieur aus dem Klassizismus mit bemalten Seidentapeten, verlor an Farbe, in jeglicher Hinsicht. Seine Restaurierung war ungeheuer aufwendig, berichtet Holzrestaurator Michael Formánek. „Der Salon war lange Zeit in der alten Ausstellung zu sehen. Er wurde aber bereits vom Originalstandort aus mehrmals übersiedelt und dabei jedes Mal überarbeitet. Er ist oft überstrichen worden, die Vergoldungen sind vielfach ausgebessert und überarbeitet worden. Aber immer nur bereichsweise. Deshalb hatte er eine sehr unruhige Erscheinung. Und durch die lange Ausstellung am Karlsplatz war er im Sockelbereich schon sehr verschmutzt."

Neben Formánek, dem Experten für die Holzrestaurierung, war Gemälderestauratorin Karin Maierhofer federführend bei der Restaurierung des Pompejanischen Salons. Seit vielen Jahren arbeitet Maierhofer im Wien Museum und kennt den Salon und seinen Erhaltungszustand besonders gut. Sie wusste gleich, dass der Abbau und die bevorstehende Restaurierung eine große Herausforderung darstellen würden, vor allem wegen der fragilen Malereien auf dem instabilen Bildträger Seide.

Das Projekt war sehr komplex, erzählt Maierhofer. Deshalb wurde eine ganze Reihe von Experten und Expertinnen hinzugezogen. „Schon der Abbau war ziemlich spannend, denn wir wussten vorerst nicht genau, wie die dahinterliegende Holzkonstruktion beschaffen war oder wie wir die lockeren Malschichten vor den Erschütterungen während des bevorstehenden Abbaus und Transports in das Depot schützen konnten."

> Schon der Abbau war ziemlich spannend, denn man wusste voerst nicht genau, wie die dahinterliegende Holzkonstruktion beschaffen war.

Um weitere Malschichtverluste zu verhindern, wurden die gefährdeten Malschichtbereiche vor dem Abbau mit einem flüchtigen Bindemittel gesichert. Es festigte die Substanz der Malschichten und verdampfte später wieder rückstandsfrei. „Man verwendet das Bindemittel Cyclododecan wie eine temporäre Verpackung, die nach dem Transport von selbst wieder verschwindet."

Der Salon besteht, salopp gesagt, aus Wandpaneelen, auf denen Malereien auf Seide aufgetragen sind. Vorrangig handelt es sich um drei Raumseiten umfassende Wandbespannungen mit 60 partiell bemalten Bildfeldern aus dunkelbrauner und hellbeiger Seide, vier Leinwand- und zwei Holztafelgemälden. Restauratoren und Restauratorinnen für Gemälde und Holz sowie Vergolderinnen und Textilexpertinnen waren hier am Werk. Und mehr denn je galt: Restaurierung ist Gemeinschaftsarbeit.

> Mehr denn je galt: Restaurierung ist Gemeinschaftsarbeit.

Im Mittelpunkt standen zunächst die kostbaren Wandmalereien, die restauratorisch eine besondere Aufgabe darstellten, denn die matten Malschichten wurden nur partiell auf die filigrane Seide aufgetragen – und das auf einer Gesamtfläche von 29 Quadratmetern. Die Seide selbst fungiert als Bildträger und gleichzeitig

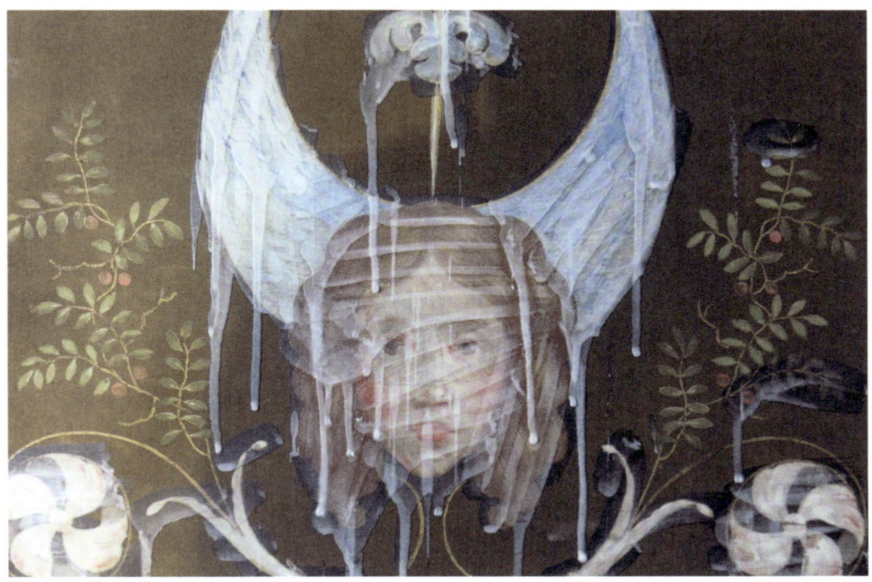

Um gelockerte und instabile Farbschollen temporär für den Transport zu fixieren, wurde das flüchtige Bindemittel Cyclododecan aufgetragen, das innerhalb weniger Tage rückstandslos verschwindet.

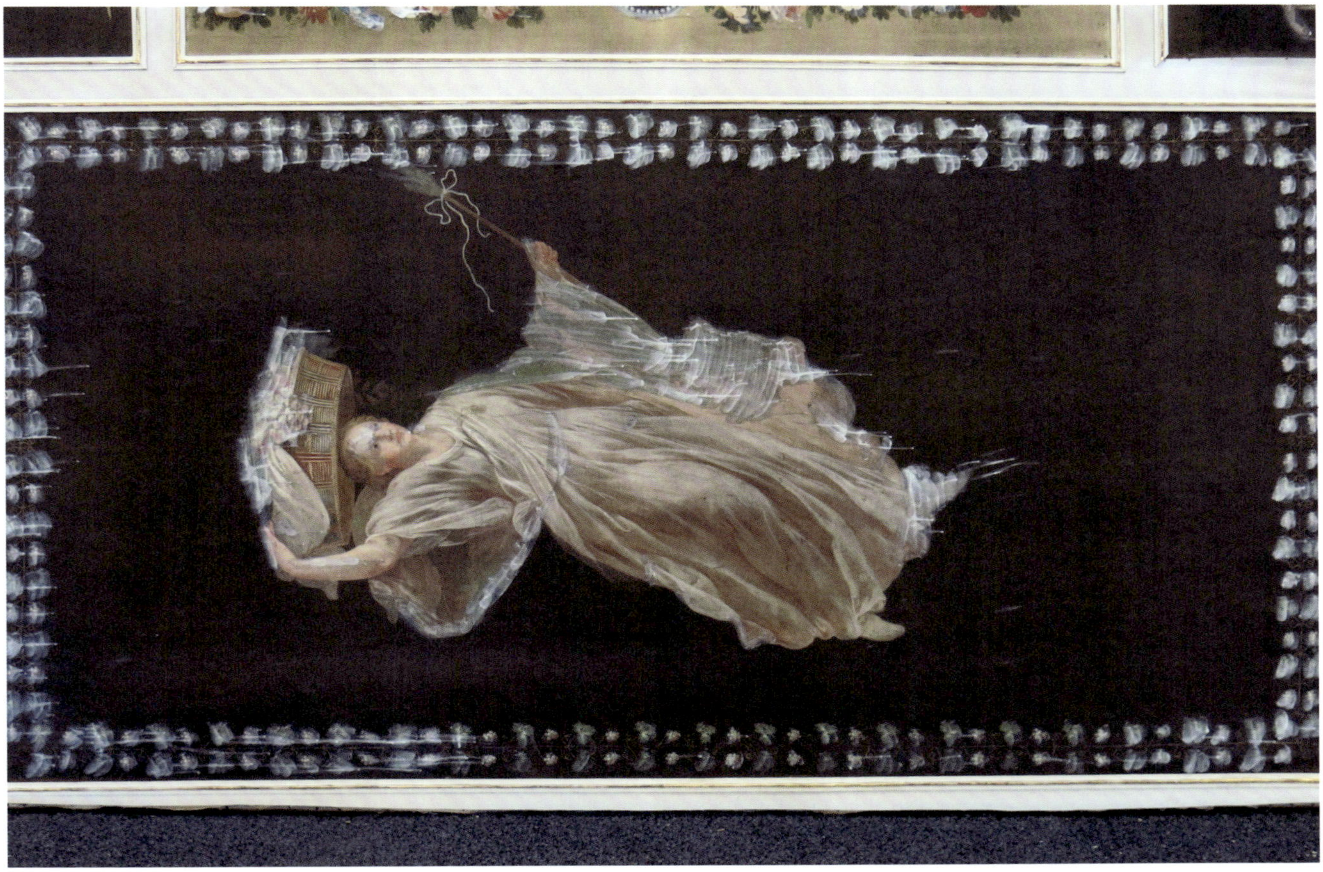

Mit gesicherter Farbschicht konnten die Seidenpaneele abgebaut und transportiert werden.

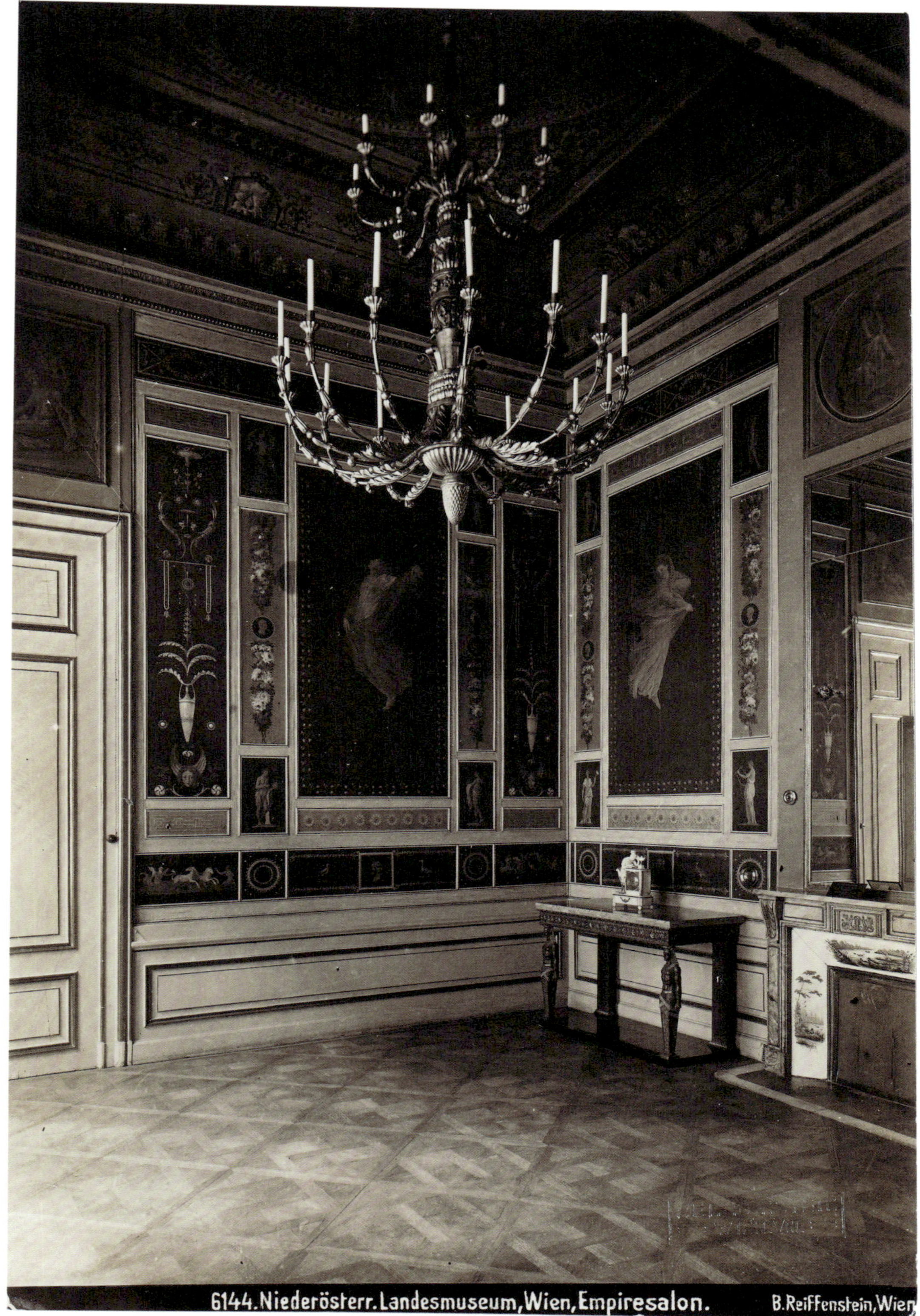

Der Pompejanische Salon kam beim Einzug des Niederösterreichischen Landesmuseums in die Wallnerstraße 8 wieder zum Vorschein, Aufnahme um 1905.

→
Der Pompejanische Salon in der neuen Dauerausstellung des Wien Museums, Aufnahme 2023

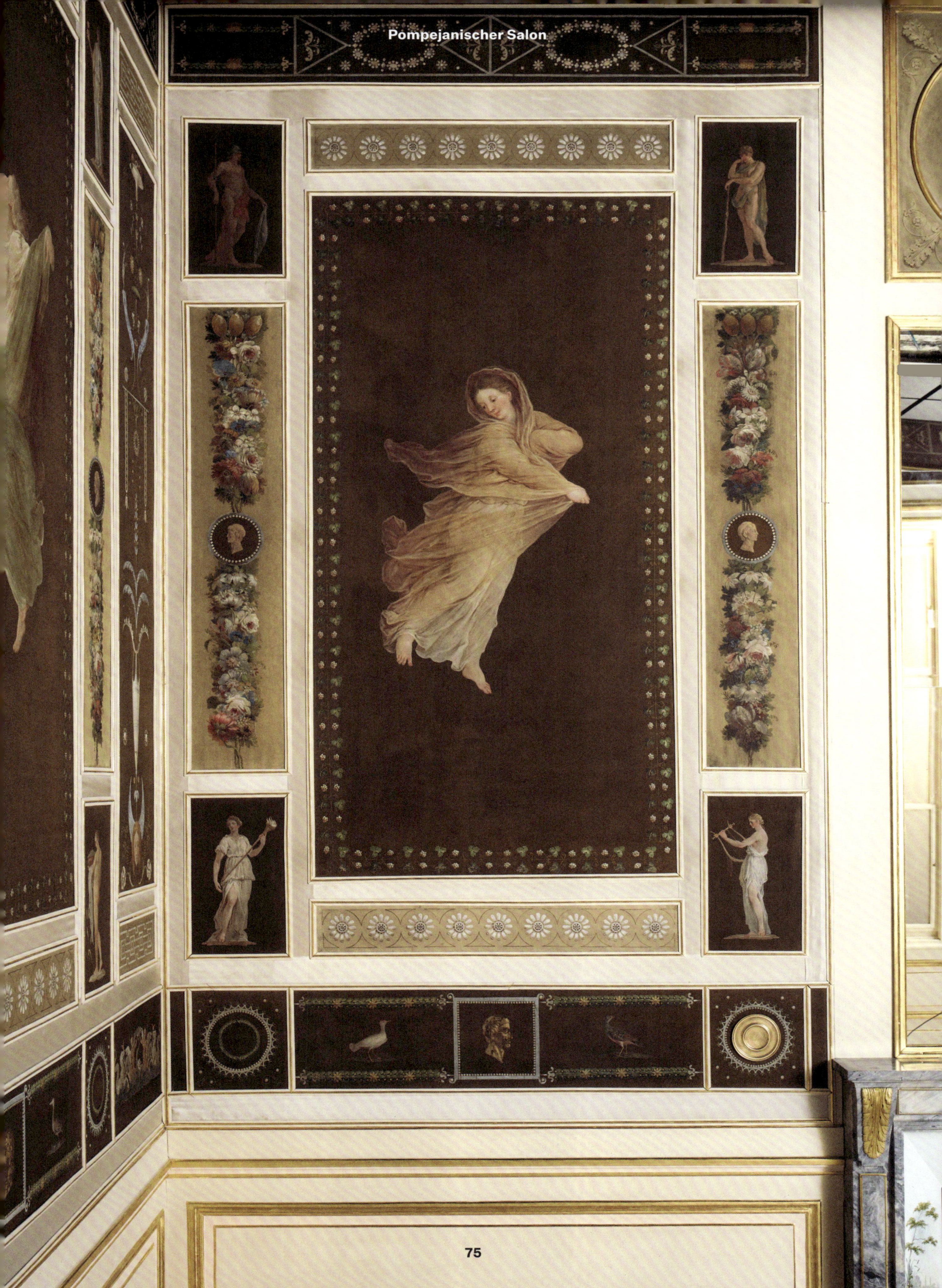

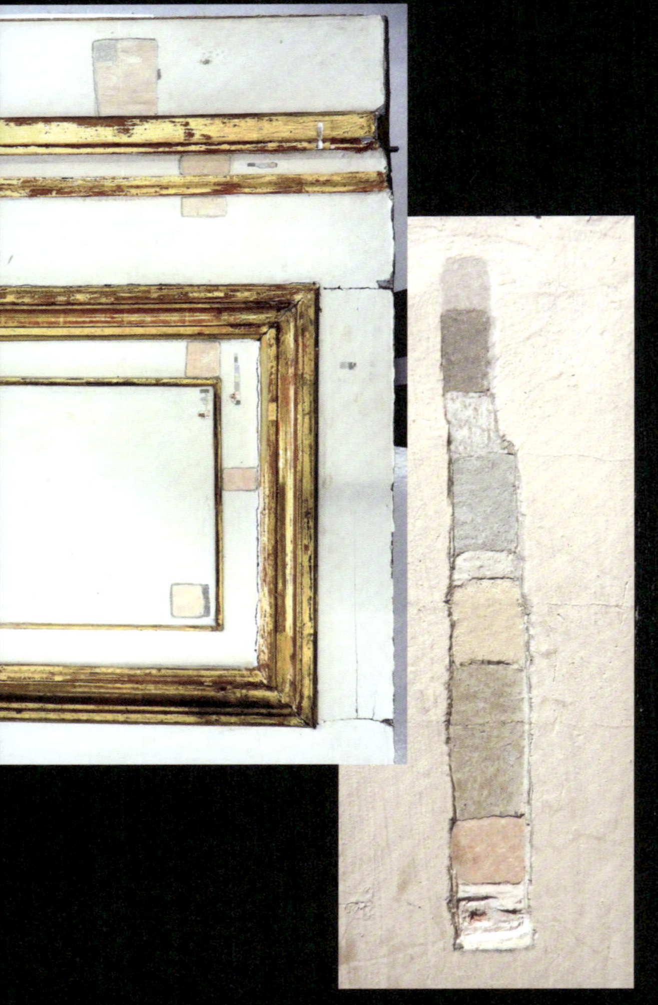

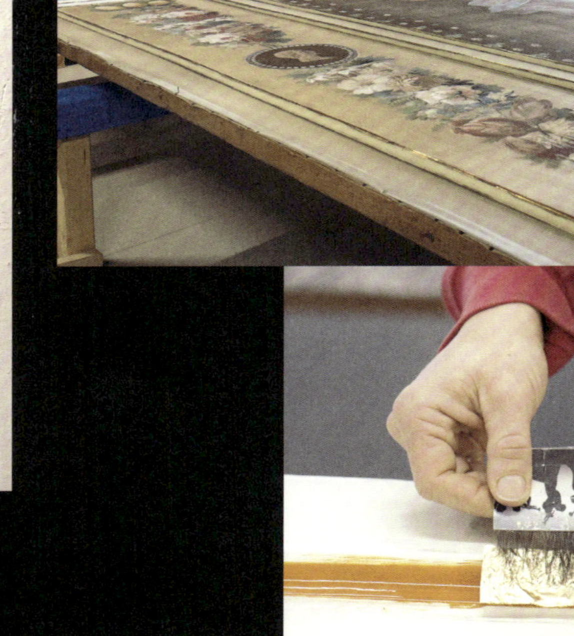

↑ Stichprobenartige Freilegungsfenster bestätigen, was die Freilegungstreppe im ersten Schritt zutage gefördert hat: Die Fassung war ursprünglich in Apricot-Tönen gehalten.

↗ Die Freilegungstreppe (ca. 7 cm) zeigt den Fassungsaufbau: Schicht für Schicht führt sie bis zur historischen Erstfassung. Hier erscheint der ursprüngliche Apricot-Ton. Alle übrigen Farben waren spätere Fassungsschichten.

↗ Zur Bearbeitung der großformatigen Seidenpaneele mussten die Restauratorinnen teilweise auf einer Brücke liegend arbeiten.

↗ Vergoldung der Profile: Anschießen eines Goldblattes mit einem Fehhaarpinsel auf den vorbereiteten Poliment-Untergrund

→ Retusche-Utensilien: Pinsel, Aquarellfarben und Farbpigmente

↓ S. 78–79
Mit einem feinen Pinsel wird ein Festigungsmedium auf die Malschicht aufgetragen, eine Lupenbrille hilft beim exakten Auftrag.

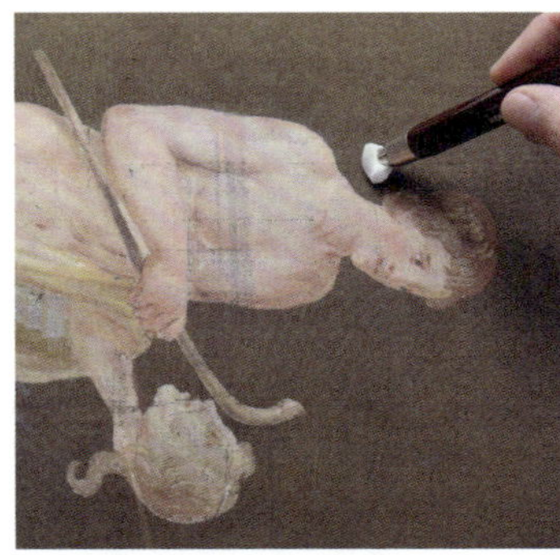

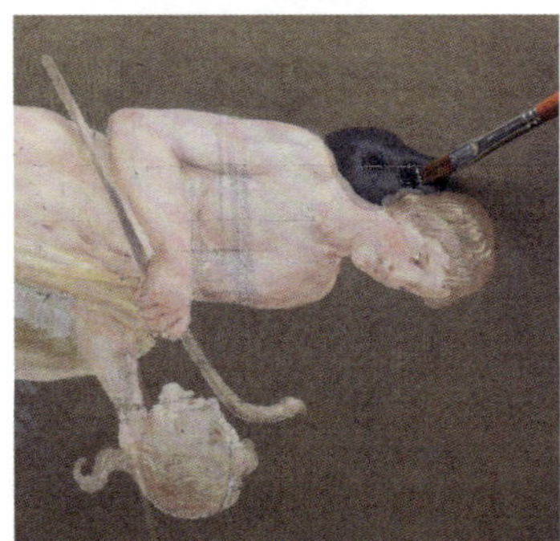

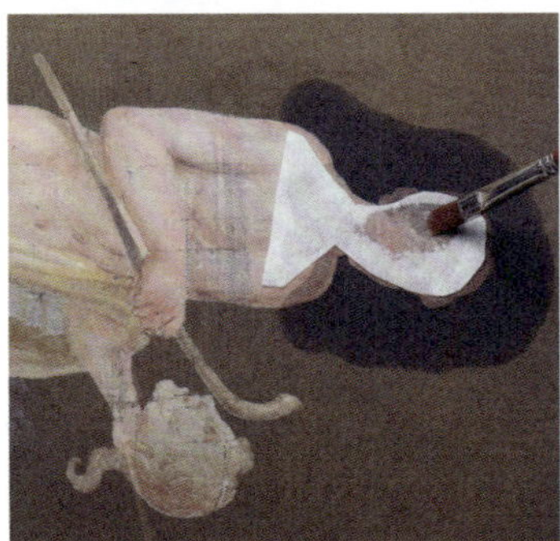

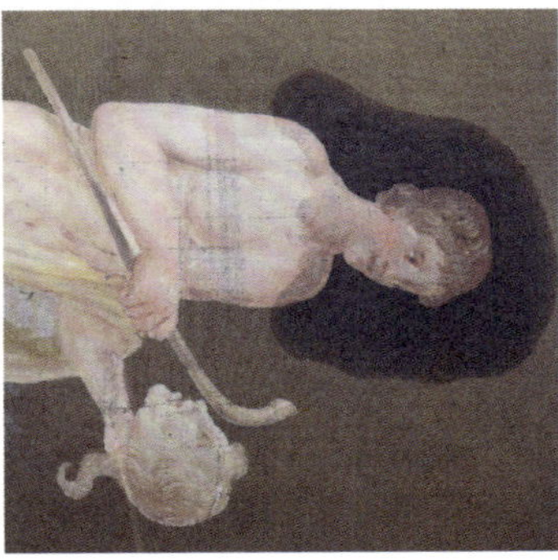

1 Trockene Oberflächenreinigung der Seide mit einem PU-Schwämmchen

2 Hydrophobierung der Seide mit Cyclomethicone

3 Vornetzen und flächiges Auftragen des Festigungsmediums über Japanpapier

4 Zustand vor dem Trocknen mit Gewichten

als Hintergrund, erklärt Karin Maierhofer. Herkömmliche Methoden zur Festigung von Malschichten führen bei matten Oberflächen oft zu unerwünschten Glanz- und Farbvertiefungen. Zusätzlich bestand die Gefahr, dass das Festigungsmedium in die wasserempfindliche Seide hineinlaufen und dort Flecken und Auslaufränder verursachen könnte. Das war ein großes Thema. Deshalb wurde bei der Universität im Fachbereich Gemälderestaurierung ein Forschungsprojekt in Auftrag gegeben. Es ging darum, eine Methode zur Konsolidierung der matten Malerei auf Seide zu entwickeln, ohne den Oberflächencharakter der Wandmalereien zu verändern. Die angehende Gemälderestauratorin Christina Kapeundl erarbeitete im Rahmen ihrer Diplomarbeit also eine Methode, wie man die Farbschichten bestmöglich fixiert, um Glanz und Fleckenbildung zu vermeiden. Ihr Konservierungskonzept zur Konsolidierung der Malerei auf Seide war die erste wichtige Maßnahme zum Erhalt des Salons.

Es ging darum, eine Methode zur Konsolidierung der matten Malerei auf Seide zu entwickeln, ohne den Oberflächencharakter der Wandmalereien zu verändern.

Die über 220 Jahre alte Seide selbst war über die Jahre brüchig geworden. Die Farbigkeit hatte sich durch ungünstige Umwelteinflüsse stark verändert. Die ursprünglich intensivfarbigen Kupfertöne sowie die hellen ecru- und rosafarbigen Nuancen sind mit der Zeit gedunkelt oder ausgeblichen. Was damals leuchtendes Havannabraun gewesen sein muss, eine kupferfarbene Pracht, war zusehends stumpf und dunkel.

Restauratorinnen und Restauratoren können den Alterungsprozess nicht aufhalten, sondern bestenfalls verzögern und ideale konservatorische Bedingungen schaffen.

Man wird sich die frühere Pracht in Zukunft nur mehr vorstellen können. „Es ist nicht möglich, die alte Farbintensität von Textilien wiederzuerlangen. Die Kupferfarbe, die ja Hintergrund für die Malereien war, ist vergilbt und verschmutzt. Zusätzlich wurde in der Vergangenheit eine zweite Trägerschicht auf die Rückseite der brüchigen und zum Teil gerissenen Seide

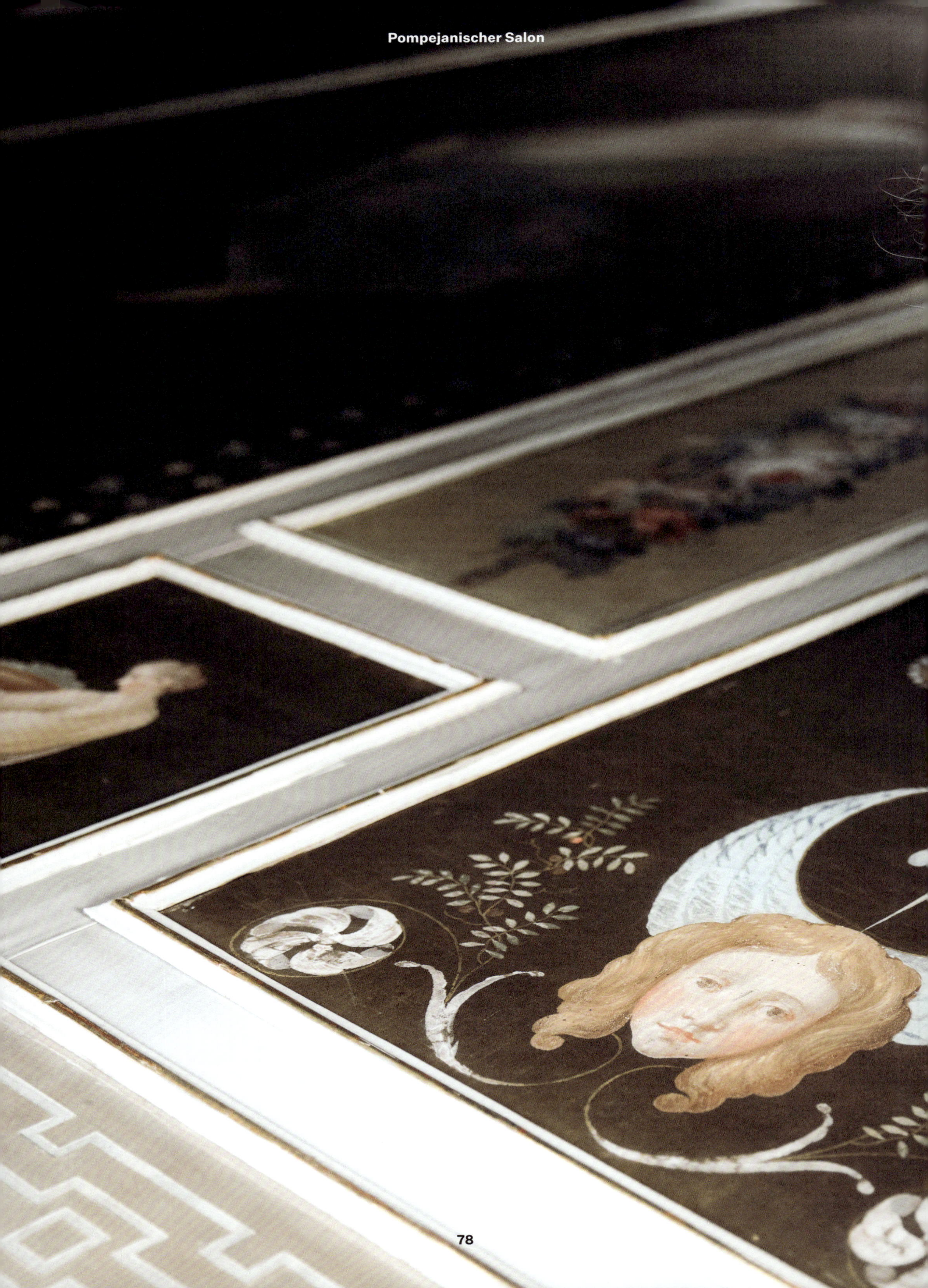

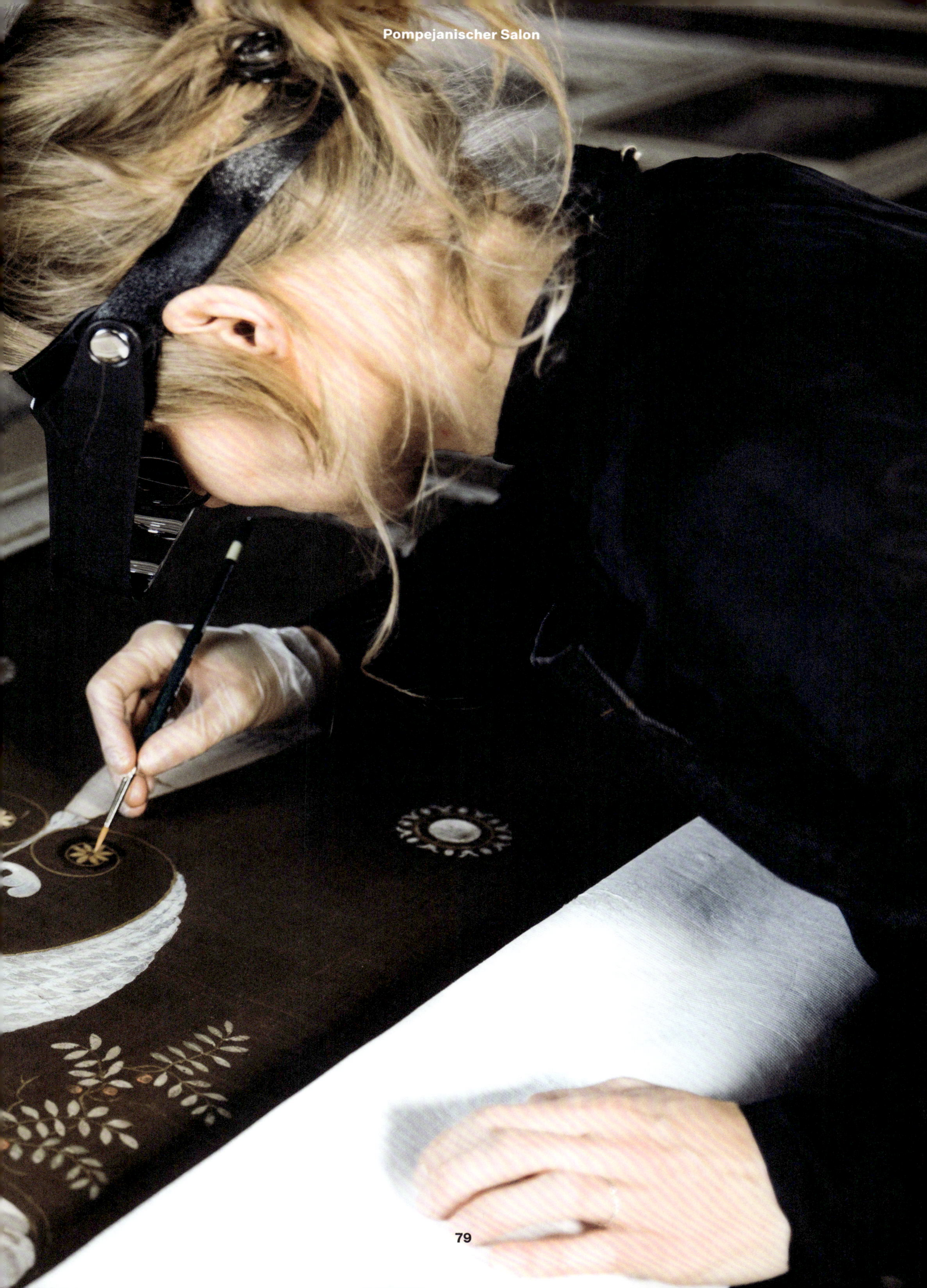

geklebt. Das hat vermutlich auch dazu beigetragen, dass sich die Farbigkeit stark verändert hat und insgesamt viel dunkler geworden ist. Als Restauratorinnen und Restauratoren können wir den Alterungsprozess nicht aufhalten, sondern höchstens verzögern, ideale konservatorische Bedingungen schaffen und auf Licht- und Staubschutz achten", so Karin Maierhofer.

Die gelockerten Malschichtschollen wurden mit einem speziellen Klebstoff auf Basis von Störleim und Funori – einem japanischen Festigungsmittel aus Rotalgen – wieder fixiert.

Die filigranen Textilfelder des Pompejanischen Salons sind also in gewisser Weise von den Spuren der Zeit gezeichnet geblieben. Das heißt aber nicht, dass nicht weiter daran gearbeitet wurde.

Die gelockerten Malschichtschollen wurden mit einem speziellen Klebstoff auf Basis von Störleim und Funori – einem japanischen Festigungsmittel aus Rotalgen – wieder fixiert. Vor dem Aufbringen des Festigungsmediums wurde die wasserempfindliche Seide mit einem flüchtigen Lösungsmittel (Cyclomethicone) hydrophobiert, also kurzzeitig wasserundurchlässig gemacht. Mithilfe dieser Barriere und unter Verwendung eines Saugtischs wurde die seitliche Ausbreitung des Festigungsmediums gestoppt und die unerwünschten Flecken in der Seide vermieden. Mit Stirnlupenbrillen und winzigen Pinseln arbeitete man hier an den Bildern – manchmal sogar liegend auf einer Brücke, um die innenliegenden Bildfelder der großformatigen Wandpaneele zu erreichen. Die Malerei wurde ausschließlich konserviert, das heißt, die zahlreichen Fehlstellen wurden nicht nachgemalt. Einzig störend helle Ausbrüche wurden durch Retusche eingetönt.

Die Vergoldung wurde mehrfach in unterschiedlichen Techniken überarbeitet und ausgebessert und hatte ein fleckiges Erscheinungsbild.

Die Holzbauteile waren der zweite Schritt. Michael Formánek: „Die Holzbauteile aus Leimfarbe und Polimentvergoldung waren schon sehr empfindlich. Daher war der Gesamterhaltungszustand nicht sehr gut. Vor allem von der optischen Erscheinung her. Das hat man auch als Laie gesehen." Die sichtbare Fassung der Holzvertäfelung ist eine Neufassung anlässlich der Eröffnung des Historischen Museums der Stadt Wien am Karlsplatz 1959. Die Vergoldung wurde mehrfach in unterschiedlichen Techniken überarbeitet und ausgebessert und hatte ein fleckiges Erscheinungsbild. Die jüngste Fassung wirkte ungepflegt und handwerklich schlecht ausgeführt.

Im Zuge der Vorbereitung des Abbaus wurde der Zustand der Fassung weiter untersucht. Dabei hat man eine wirkliche Entdeckung gemacht. In den 1950er Jahren, als der Salon ins Wien Museum gekommen ist, hatten falsche Untersuchungsergebnisse dazu geführt, dass der Holzrahmen in einer historisch inkorrekten Farbe gestrichen wurde. „Bei einem Kratzer habe ich bemerkt, dass darunter andere Farbschichten liegen", erzählt Karin Maierhofer.

Der Abbau bot nun die Gelegenheit, die Fassung durch die Expertin Isabella Kaml noch genauer untersuchen zu lassen.

Eine sogenannte Freilegungstreppe half dabei, die Objektgeschichte und den Fassungsaufbau nachvollziehen zu können. Einzelne historische Schichten wurden dafür mit einem Skalpell freigelegt. Die ursprünglich verwendete Farbe der Holzvertäfelung war ein Apricot-Ton, der nun wieder rekonstruiert wurde. „Diese Entdeckung war ein wirklicher Wow-Effekt", erinnert sich Maierhofer.

Eine sogenannte Freilegungstreppe half dabei, die Objektgeschichte und den Fassungsaufbau nachvollziehen zu können. Einzelne historische Schichten wurden dafür mit einem Skalpell freigelegt.

Für die Präsentation im neuen Wien Museum wurde nun die historische Erstfassung rekonstruiert und auf der bestehenden konservierten Fassung aufgetragen. Sämtliche originalen Farbschichten waren von Grund auf noch erhalten. „Ein großes Glück. Das ist sehr selten", sagt Formánek. Darum versuchte man nun auch, dieses Schichtpaket für die zukünftige Forschung zu erhalten – und das nicht nur schriftlich, sondern eben auch direkt am Original. „Wir erhalten die Schichten vor allem, um keine Informationen über die Objektgeschichte zu zerstören."

Querschliffuntersuchungen an den überarbeiteten Vergoldungen zeigen ebenfalls mindestens vier Ausbesserungsphasen. Bei der untersten Schicht handelt es sich um eine hochwertige Blattvergoldung in Polimenttechnik. Ein Querschliff ist eine dem Objekt entnommene winzige Probe – mit dem bloßen Auge kaum erkennbar –, die bei hoher Vergrößerung im Mikroskop untersucht wird. Durch das Objektiv sehen die Malschichten zusammen oft wie eine Schichtentorte aus.

Die Technik der Polimentvergoldung hat sich seit der Gotik nicht verändert. Früher, sagt die Expertin, habe man sogar Tigerzähne statt Achat dafür verwendet.

Bei den Vergoldungen wurden Überarbeitungen wie etwa Bronzierungen und Schlagmetallisierungen abgenommen, um die Vergoldung wieder in den Originalzustand zu bringen. Und zwar erneut mit Polimentvergoldung – der anspruchsvollsten Vergoldertechnik überhaupt. Sie existiert seit 5.000 Jahren. Auf einer Trägerschicht folgen bis zu 15 Aufträge, erklärt Vergolderin Bärbel Weigel. Nach einer Trocknungszeit wird poliert, und zwar mit dem Halbedelstein Achat. Das Gold wird so mit sanftem Druck geglättet, damit es glänzt. Die Technik der Polimentvergoldung hat sich seit der Gotik nicht verändert. Früher, sagt die Expertin, habe man sogar Tigerzähne statt Achat dafür verwendet.

Aber auch ohne Tigerzähne war die Restaurierung des Pompejanischen Salons eine der aufwendigsten überhaupt für das neue Museum.

Im Rahmen der neuen Dauerausstellung hat man den Salon wieder vor den Vorhang geholt. Er wird hier nicht in seiner ursprünglichen Größe gezeigt, sondern man hat die Wandvertäfelungen und die Seidenmalereien in den Mittelpunkt gestellt. Auch konzeptuell wird diese klassizistische Innenausstattung neu präsentiert. Sie wird in die Ära der Napoleonischen Kriege und des Wiener Kongresses eingebettet, außerdem erfährt man etwas über den Background der einstigen Besitzerfamilie Geymüller und über ihren Salon, der Weltgeschichte erzählt.

Pompejanischer Salon

↑

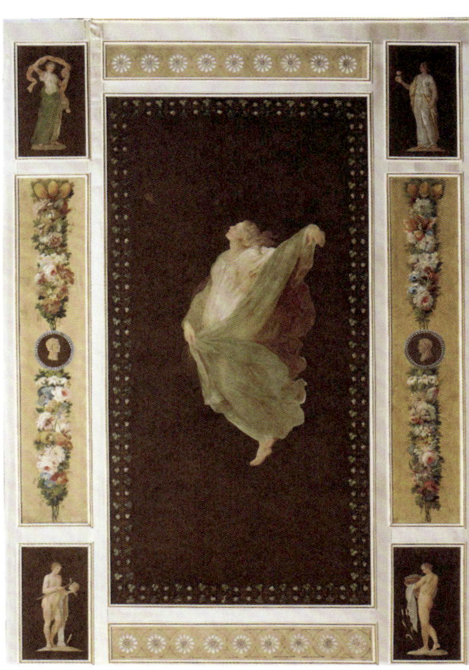

↓

um 1800
ehemals: Palais Caprara-Geymüller,
1., Wallnerstraße 8
Gouache auf Seide, Holz, gefasst

Im Fokus

Craquelée

1cm

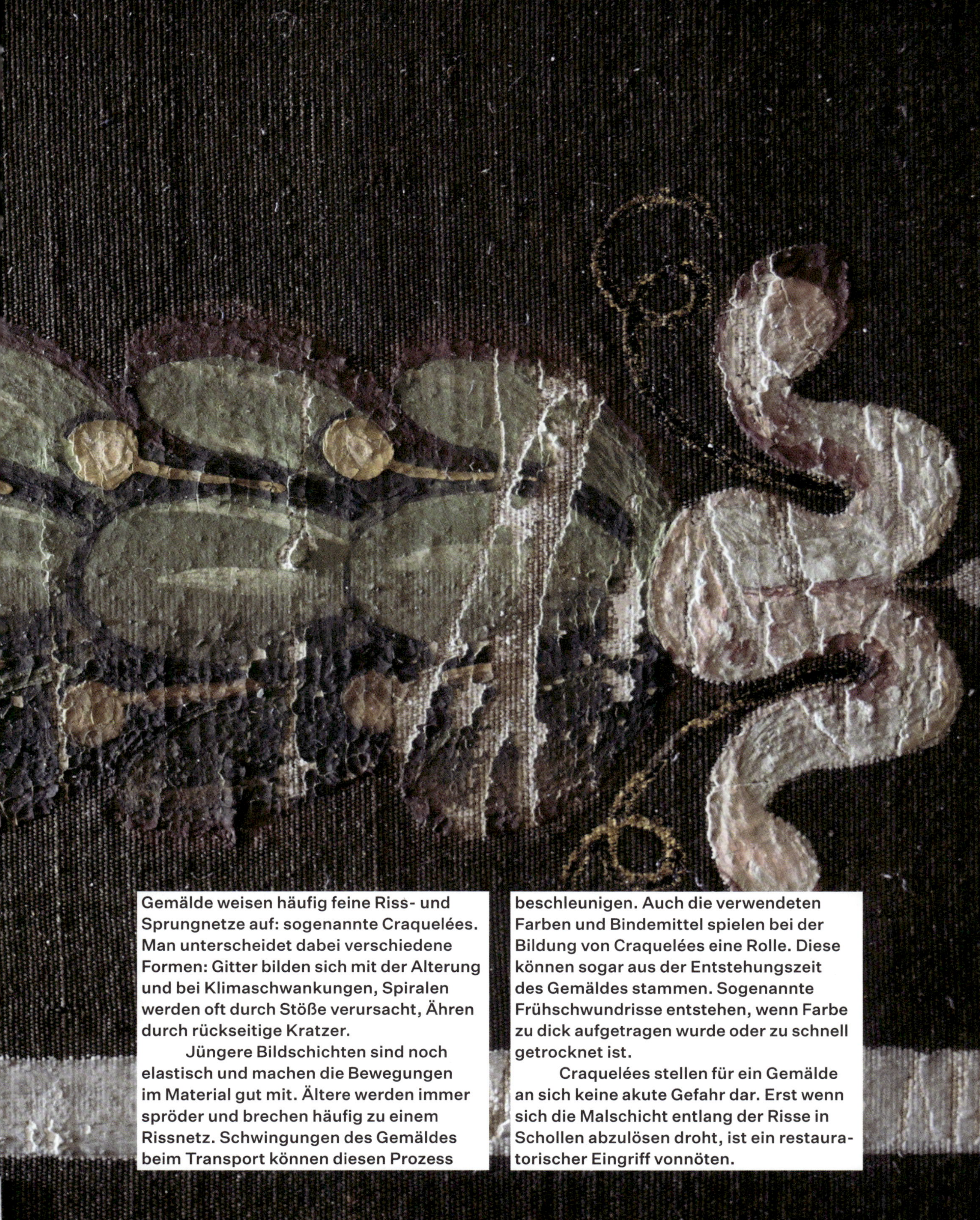

Gemälde weisen häufig feine Riss- und Sprungnetze auf: sogenannte Craquelées. Man unterscheidet dabei verschiedene Formen: Gitter bilden sich mit der Alterung und bei Klimaschwankungen, Spiralen werden oft durch Stöße verursacht, Ähren durch rückseitige Kratzer.

Jüngere Bildschichten sind noch elastisch und machen die Bewegungen im Material gut mit. Ältere werden immer spröder und brechen häufig zu einem Rissnetz. Schwingungen des Gemäldes beim Transport können diesen Prozess beschleunigen. Auch die verwendeten Farben und Bindemittel spielen bei der Bildung von Craquelées eine Rolle. Diese können sogar aus der Entstehungszeit des Gemäldes stammen. Sogenannte Frühschwundrisse entstehen, wenn Farbe zu dick aufgetragen wurde oder zu schnell getrocknet ist.

Craquelées stellen für ein Gemälde an sich keine akute Gefahr dar. Erst wenn sich die Malschicht entlang der Risse in Schollen abzulösen droht, ist ein restauratorischer Eingriff vonnöten.

Geschichte einer Aufsässigen

Hexe bei der Toilette für die Walpurgisnacht – zur Rekonstruktion eines Meisterwerks von Teresa Feodorowna Ries

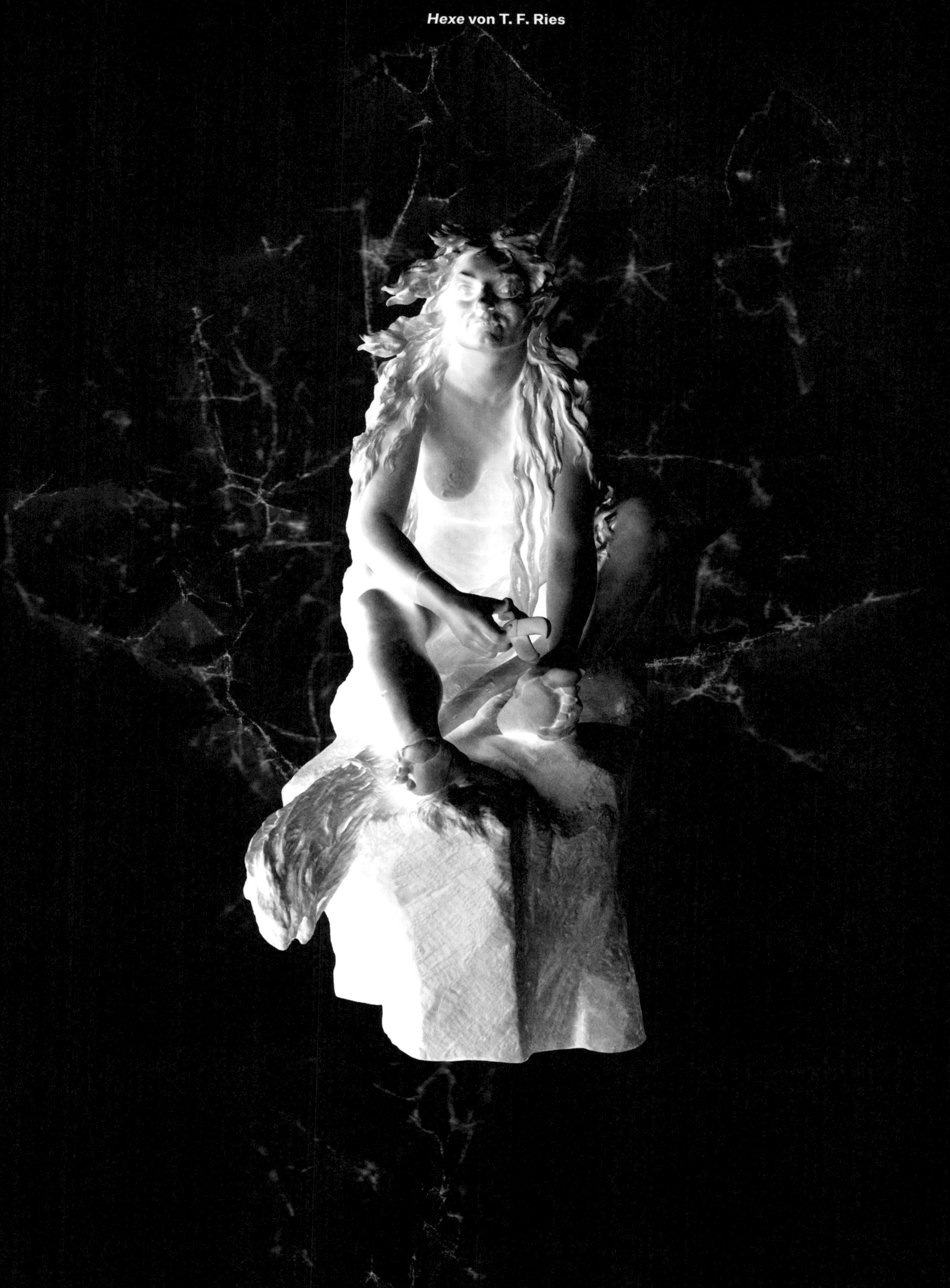

Da sitzt also auf ihrem Felsen diese nackte Frau mit dem langen, wirren Haar und dem sehr selbstbewussten Gesichtsausdruck. Der Blick wandert, ihre Lippen umspielt ein angedeutetes, aufmüpfiges Lächeln, manche würden es vielleicht Grinsen nennen. Leicht beugt sie sich vor, in der Hand eine Schere, um sich die Zehennägel, eigentlich Krallen, zu schneiden. Unter sich einen Besenstiel. Wer ist dieses rebellische Wesen?

Hexe bei der Toilette für die Walpurgisnacht heißt die weiße Marmorskulptur. Sie stammt aus dem Jahr 1895, und bis zuletzt hat man viel über sie diskutiert. Eigentlich auch von Beginn an, denn ihre Schöpferin war eine Frau, die in Wien lebende russisch-jüdische Künstlerin Teresa Feodorowna Ries. Und Frauen, fand man zu dieser Zeit, sollten wenn schon Künstlerin, dann tunlichst nicht Bildhauerin werden – die Wiener Akademie der bildenden Künste nahm erst ab 1920 Frauen auf.

Teresa Feodorowna Ries, diese ungehorsame Frau, hatte es also gewagt, eine Skulptur zu gestalten, die so gar nicht lieblich war und gut als Symbol der Ungehorsamkeit durchgehen konnte. Frühe Fotos zeigen die Hexe noch mit ihrem aufsässigen Blick, der selbstbewussten Nasenspitze, der Hand voll Tatendrang. Doch irgendwann ist diese scheinbar Unverwundbare schwer beschädigt worden. Die Nase wurde abgeschlagen, die rechte Hand ebenso, und der Besenstiel verschwand. Es schien, als hätte man ihr alles, was sie ausmachte, genommen. Was war geschehen?

> Frühe Fotos zeigen die Hexe noch mit ihrem aufsässigen Blick, der selbstbewussten Nasenspitze, der Hand voll Tatendrang.

Teresa Feodorowna Ries war bereits um 1900 in Wien eine ebenso gefeierte wie angefeindete Berühmtheit, deren Arbeiten im Künstlerhaus und in der Secession gezeigt wurden. In der Zwischenkriegszeit wurde es ruhiger um die Künstlerin. Als die Nationalsozialisten die Macht übernahmen, erteilten sie ihr als Jüdin Berufsverbot. Feodorowna Ries zögerte eine Weile, Wien zu verlassen, floh jedoch schließlich nach Lugano, wo sie bis zu ihrem Tod 1956 lebte. Ihre Werke blieben in Wien, zunächst in ihrem Atelier im Palais Liechtenstein. 1943 wurde das Palais geräumt, niemand in der Wiener Kunstwelt hatte Interesse an den Werken, und man lagerte sie zunächst auf dem Gelände eines Steinmetzbetriebs am Rennweg im dritten Wiener Bezirk. Erst nach 1945 kamen sie in die Sammlung der Stadt Wien.

Doch es fehlten der Skulptur schon damals wichtige Attribute, um sie zu verstehen: vor allem die Scherenhand und der Besenstiel. Außerdem war sie entstellt. Die Frage, wann und warum sie dermaßen beschädigt worden war, wurde Teil ihres Mythos.

> Der Hexe fehlten nach dem Zweiten Weltkrieg wichtige Attribute, um sie zu verstehen: vor allem die Scherenhand und der Besenstiel. Außerdem war sie entstellt.

„Es kursierte die Legende, dass es sich um einen Vandalismusschaden handle, der wohl Ausdruck eines Protests gegen diese Figur gewesen sein musste. Die Vandalismusgeschichte ließ sich zwar nicht belegen, überdauerte aber viele Jahre, was dazu führte, dass niemand sich getraut hat, diese Figur zu rekonstruieren und die fehlenden Teile zu ergänzen“, erzählt Alexandra Czarnecki, Leiterin der Abteilung Objektbetreuung und Restaurierung im Wien Museum, die zuvor 13 Jahre in der Alten Nationalgalerie in Berlin als Skulpturenexpertin tätig war.

„Als ich 2021 zum ersten Mal durch die Depots des Wien Museums wanderte, ist mir die Hexe sofort ins Auge gefallen, und ich habe mich gefragt, warum sie so fragmentiert ist. Als Skulpturenfachfrau ist mein Auge gleich an ihr hängen geblieben. Sie ist beeindruckend, vom Sujet her, aber auch von der technischen Ausführung. Handwerklich ist sie wirklich sehr gut gemacht! Und als ich erfahren habe, dass sie von einer Bildhauerin ist, war ich überhaupt gleich hin und weg. Was für ein grandioses Werk! Gleichzeitig sind mir natürlich die fehlenden Teile aufgefallen, eben die wesentlichen Merkmale einer Hexe. Vor allem die Scherenhand und der Besen.“

> Sie ist beeindruckend, vom Sujet her, aber auch von der technischen Ausführung. Handwerklich ist sie wirklich sehr gut gemacht!

Ohne Frage, die Hexe sei eines der Highlights des Museums und solle auch künftig als eines der Aushängeschilder fungieren – samt den Spuren des angeblichen Vandalismus, erfuhr Czarnecki: „Ich war sofort fasziniert von ihr und begann, den Mythos um den angeblichen Vandalismus zu hinterfragen. Denn niemand konnte mir sagen, wann dieser Vandalismus stattgefunden haben sollte. Kurz nach der Herstellung?

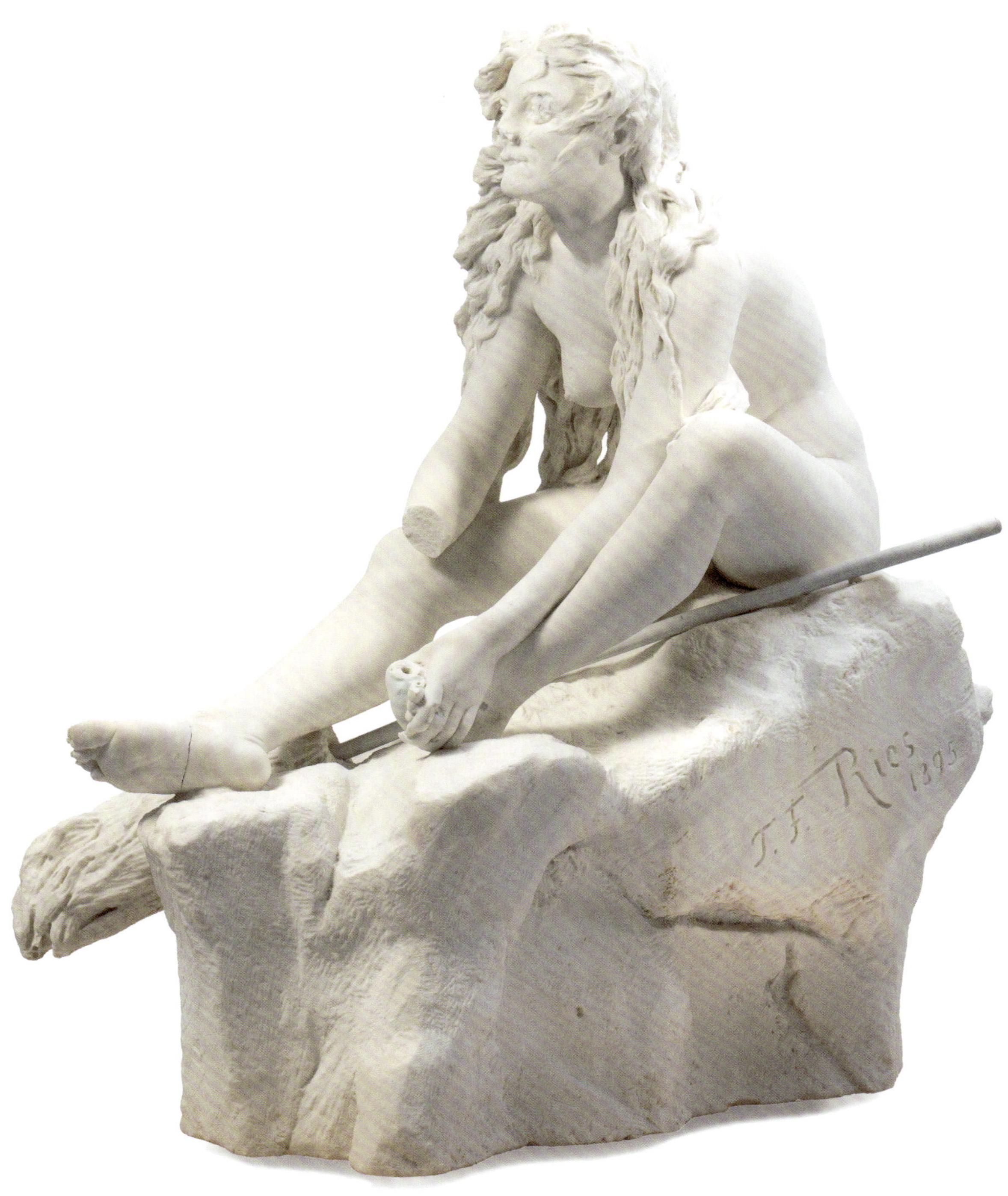

Teresa Feodorowna Ries' *Hexe bei der Toilette für die Walpurgisnacht* mit Fehlstellen

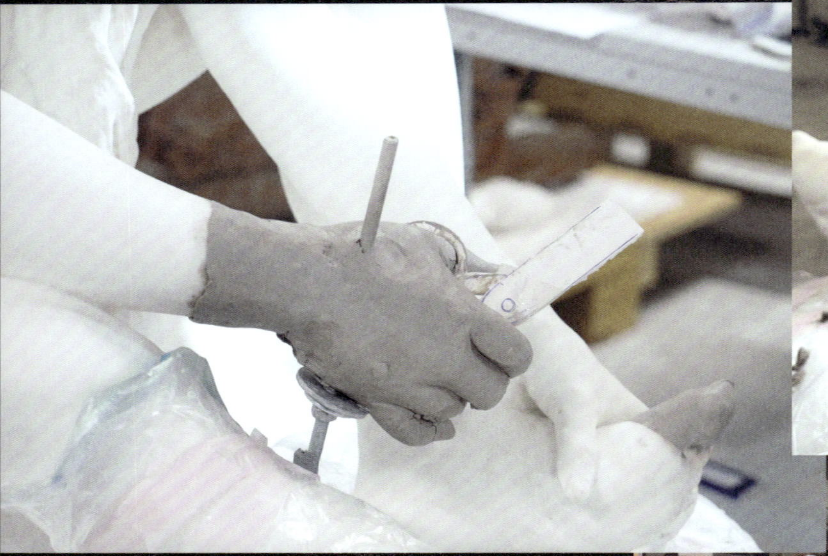

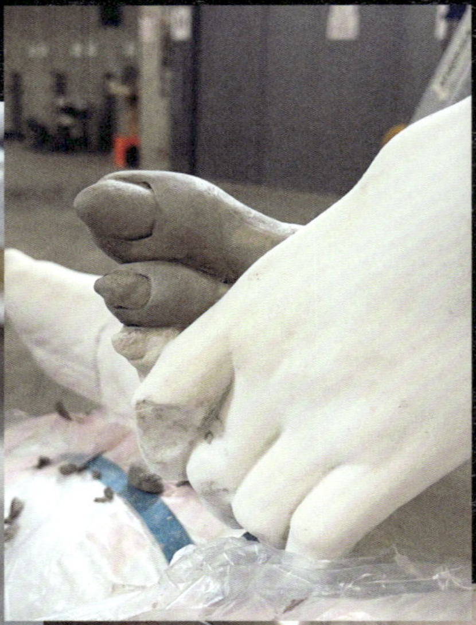

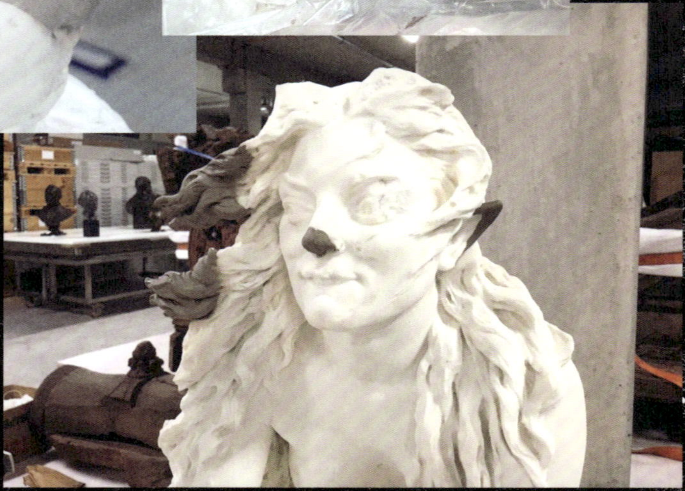

Restaurator, Bildhauermeister und Kopist Kai Rötger modelliert in Ton die fehlenden plastischen Teile der Hexe nach historischen Abbildungen

Hand, Zehen, Ohrspitze …

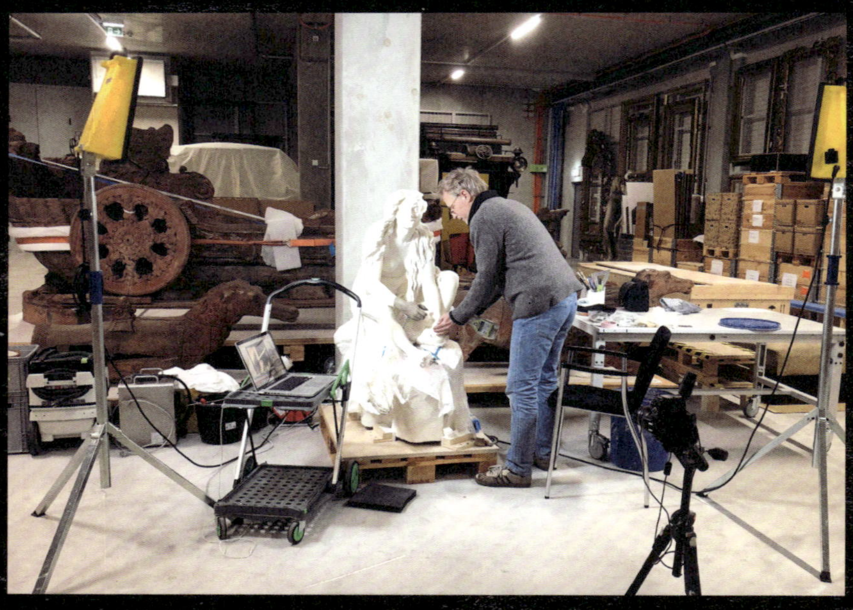

↓ S. 90–91
Historische Aufnahme der Hexe zur Entstehungszeit. Die Form war damals noch vollständig. Der knorrige Besenstil aus einem Ast ist sehr gut zu erkennen, ebenso die vom Wind zerzausten Haare.

In der NS-Zeit? Ich erhielt keine konkreten Informationen, nur Mutmaßungen."

Niemand konnte die Gerüchte um die Hexe und ihr angebliches Schicksal tatsächlich belegen. Czarnecki nahm die Sache selbst in die Hand und vertiefte sich in einschlägige Akten. „Zufällig hatte auch ein weiterer Kollege die Werke von Teresa Feodorowna Ries auf dem Radar, weil damals noch eventuelle Restitutionsfragen zu klären waren. Als ich seinen Bericht las, wurde mir klar: Alles, was behauptet worden war, war falsch. Es hatte zwar einen Vandalenakt gegeben, aber der hatte in den 1970ern stattgefunden, und damals hatte jemand der Hexe Farbe ins Gesicht gesprüht. Die anderen, die plastischen Schäden aber stammen nicht von einem Vandalismusakt."

> Niemand konnte die Gerüchte um die Hexe und ihr angebliches Schicksal tatsächlich belegen.

Woher also stammten sie? „Als man das Atelier von Teresa Feodorowna Ries 1943 räumte, hat man ihre Werke nicht wie Kunst, sondern wie Bauschutt behandelt. Sie wurden auf einem Werksgelände deponiert. Da waren auch jede Menge Gipsmodelle dabei, die schon beim Transport kaputtgingen. Die wurden dann einfach auf dem Schuttablagerungsplatz aufbewahrt, so Alexandra Czarnecki. „Wenn ich mir als Steinrestauratorin vorstellte, wie dieser Transport vonstattengegangen ist, ist es sehr wahrscheinlich, dass vieles schon da beschädigt worden ist. Oder spätestens während der langen Standzeit auf dem freien Gelände. Man sieht ja, dass die Oberfläche der Hexe stark erodiert ist. Das ist eine Skulptur, die für einen Innenraum, ein Museum geschaffen ist. Aber sie stand jahrelang im Freien herum, völlig vernachlässigt."

> Als man das Atelier von Teresa Feodorowna Ries 1943 räumte, hat man ihre Werke nicht wie Kunst, sondern wie Bauschutt behandelt.

Vernachlässigung und unsachgemäßer Transport: Die Legende von der mutwillig zerstörten Hexe war damit erledigt. Doch sie war wohl mit ein Grund gewesen, warum man bisher davor zurückgeschreckt war, die Hexe zu rekonstruieren. Dazu kommt, dass Rekonstruktion in der Restaurierung generell als heikle Sache gilt.

In welchem Fall entscheidet man sich für einen solchen Schritt? Grundsätzlich gilt, dass es sowohl bei Konservierung als auch bei Restaurierung vor allem um den Erhalt eines Werks geht. Die Ästhetik spielt dabei oft eine Rolle, ist aber nicht das Kernthema. „Konservieren heißt, den Bestand zu erhalten. So, wie er ist. Es geht dabei um den reinen Substanzerhalt, und das möglichst authentisch. Restauratorische Maßnahmen haben zum Ziel, ein Objekt oder Kunstwerk wieder besser lesbar und verständlich zu machen." Und die Hexe, so viel stand fest, war ohne Hand, Besen und Gesicht unverständlich. „Ich hatte sofort den Drang, sie zu rekonstruieren."

Was also war zu tun? „Ein Grundsatz lautet: Restaurierung heißt nicht wieder neu machen. Doch Rekonstruktion bedeutet im eigentlichen Wortsinn genau das: Wiederherstellen oder Neubilden. Da stellt sich die berechtigte Frage, ob Restauratoren rekonstruieren sollten. Die Antwort ist nicht eindeutig und lautet verkürzt: Eigentlich nicht, unter bestimmten Umständen doch."

> Grundsätzlich gilt, dass es sowohl bei Konservierung als auch bei Restaurierung vor allem um den Erhalt eines Werks geht. Die Ästhetik spielt dabei oft eine Rolle, ist aber nicht das Kernthema.

Ein bereits seit vielen Jahrzehnten unverändert gültiges ethisches Leitwerk der Restaurierung – die Charta von Venedig aus dem Jahr 1964 – besagt: „Die Rekonstruktion findet dort ihr Ende, wo die Hypothese beginnt."

„Konkret heißt das: Wenn etwa eine Skulptur so beschädigt wird, dass sie für ihr Publikum nicht mehr in ihrer ursprünglichen Absicht verständlich ist – wenn etwa Kopf und Arme abgebrochen sind –, besteht oft der Wunsch, die fehlenden Teile zu rekonstruieren. Wenn wir jedoch nicht wissen, wie sie ursprünglich ausgesehen haben, sollten wir uns von der Idee besser verabschieden und die Skulptur fragmentiert belassen. Die berühmte Siegesgöttin Nike im Musée du Louvre in Paris ist deshalb kopflos geblieben. Erst wenn wir konkrete Rekonstruktionsgrundlagen haben, wie Fotos, Beschreibungen oder gar Abgüsse der Skulptur aus früheren Zeiten – erst dann können wir es wagen."

Das war bei der Hexe von Teresa Feodorowna Ries eindeutig der Fall. Ihr ursprüngliches Aussehen ist durch mehrere präzise Fotos aus verschiedenen Blickwinkeln überliefert. Die Hexe wurde außerdem ausführlich von Zeitgenossen gleich nach ihrer Ent-

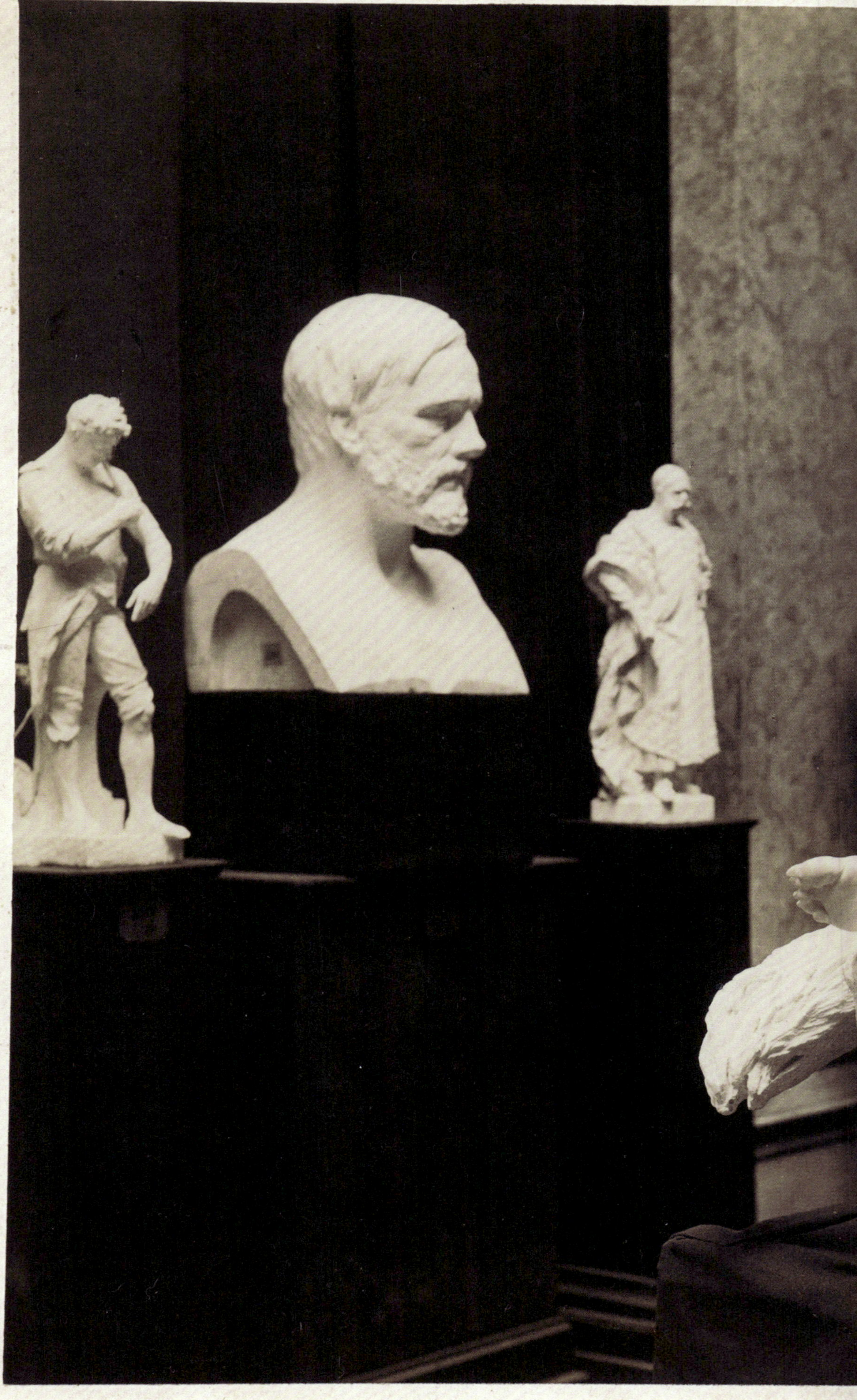

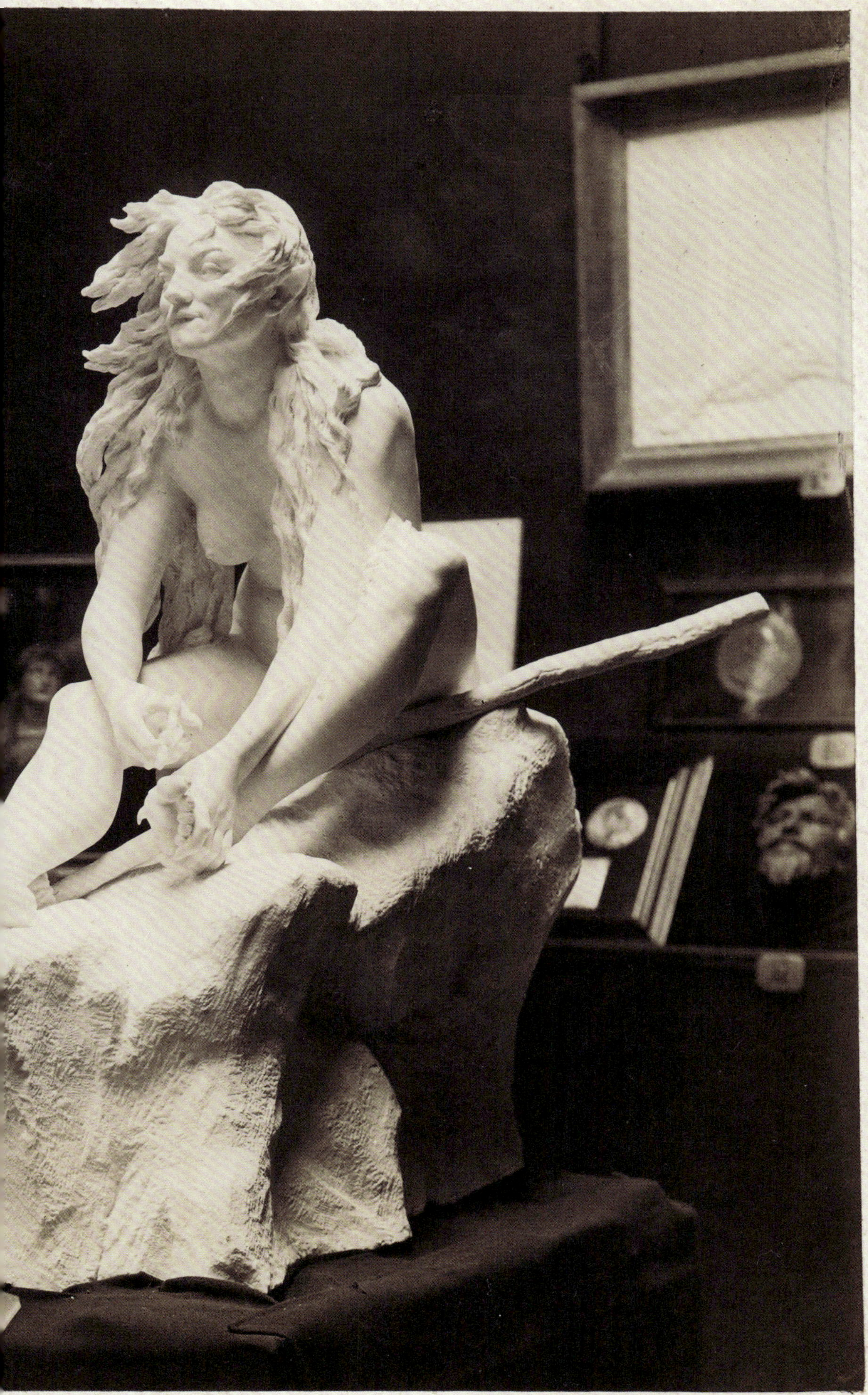

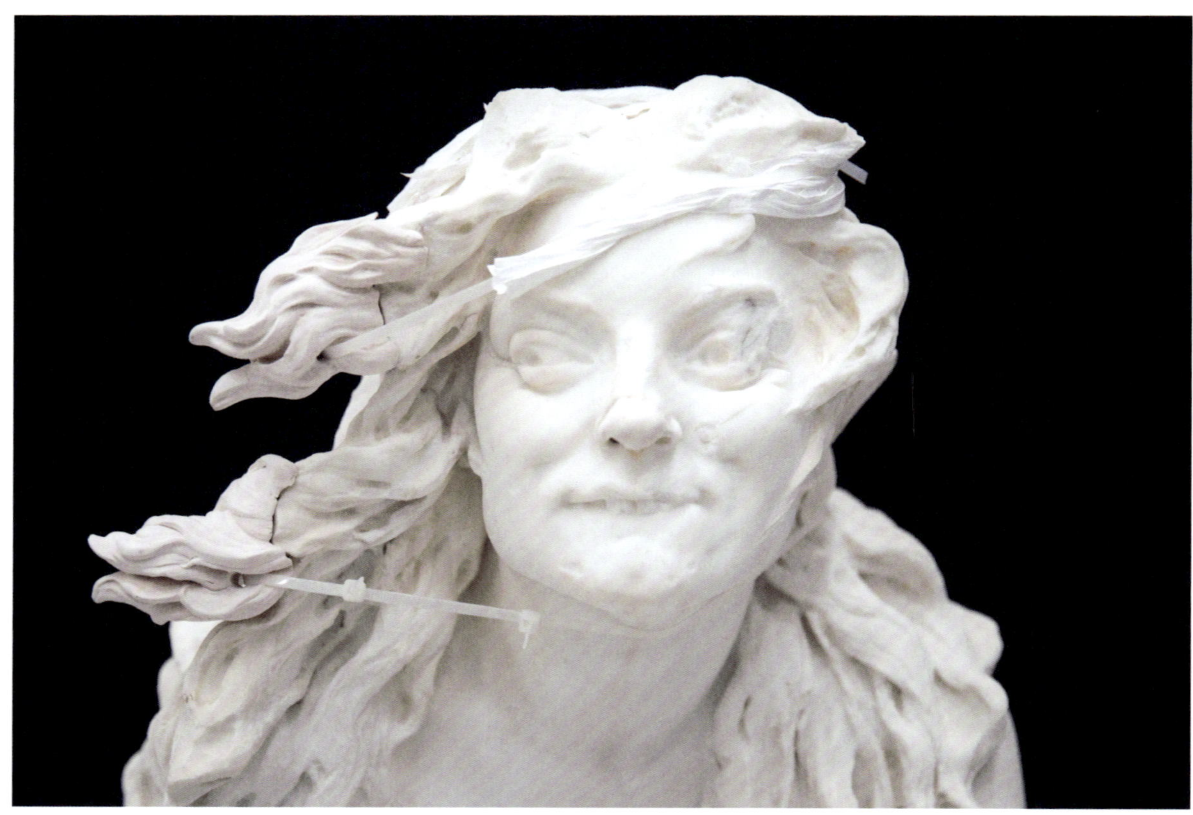

Die Hexe während einer Anprobe der rekonstruierten Teile:
Locken und Nasenspitze ...

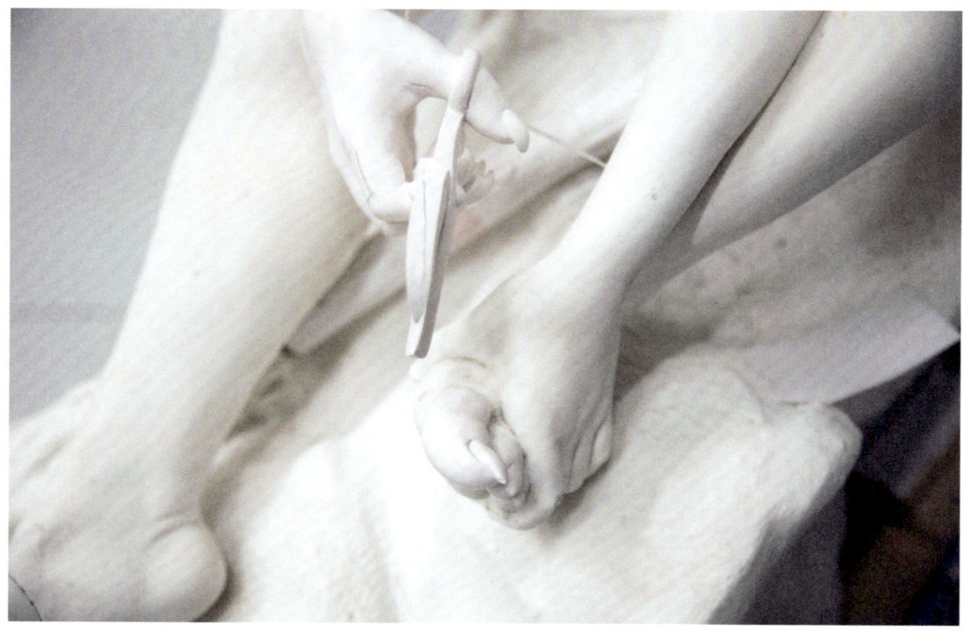

... und Scherenhand. Nach bestandener Probe wurden sie mit einem reversiblen Kleber fest an der Originalskulptur angebracht.

stehung beschrieben. „Dennoch war man bisher davor zurückgeschreckt, vielleicht auch aus Unsicherheit. Und vor allem war da der Mythos um den Vandalenakt, der sich dann allerdings als Legende herausgestellt hat. Ich habe also nicht nachgegeben, habe den Kolleginnen und Kollegen alte Aufnahmen gezeigt und versucht, sie zu überzeugen. Schließlich entdeckte auch eine andere Kollegin alte Aufnahmen der Figur aus einer anderen Perspektive, die die Hexe auch von der Seite zeigte. Man wusste nun also, wie man sie nachformen konnte. Ich war überzeugt, dass diese Rekonstruktion richtig war, und bin beharrlich drangeblieben. Letztlich waren auch alle anderen dafür."

Sollte man wirklich alles, was verloren gegangen ist, neu formen? Oder nur die wesentlichen Merkmale? Was etwa war mit dem Besenstiel?

Wie war nun vorzugehen? Man ließ einen Berliner Bildhauer kommen, der die geeignete Expertise hatte, die fehlenden Attribute der Hexe nach Vorlagen umzusetzen. Kai Röttger ist auch Restaurator und Kopist, er hatte zuvor etwa die Gartenfiguren im Potsdamer Schloss Sanssouci kopiert, damit man die Originale ins Museum bringen konnte. „Kai Röttger war gleich sehr angetan von der künstlerischen Qualität der Hexe und hat sich begeistert an die Arbeit gemacht."

Wie ging er vor? Zuerst wurde an der Skulptur in Ton modelliert, danach wurden die Tonmodelle in Gips abgegossen. Anschließend wurden die Gipsabgüsse mit einem löslichen Kleber an die Figur angesetzt. Dieses vorläufige Ergebnis hat man dem Team präsentiert. Erst dann wurde entschieden, wie weit man mit der Rekonstruktion gehen wollte. Sollte man wirklich alles, was verloren gegangen ist, neu formen? Oder nur die wesentlichen Merkmale? Was, etwa, war mit dem Besenstiel? „Auch dazu haben wir lange recherchiert. Zunächst hatten wir nämlich nur historische Aufnahmen der Skulptur ohne Besenstiel. Erst ein weiterer Fotofund brachte die Erkenntnis: Der Besenstiel war ursprünglich ein knorriger, in Stein gemeißelter Ast. Auch den hat der Bildhauer dann nachgeformt. Wir konnten uns daraufhin die Hexe ohne Besenstiel gar nicht mehr vorstellen."

Die Geschichte der vernachlässigten, wiederhergestellten Hexe war wohl eine der meistdiskutierten in der Restaurierungschronik des Wien Museums. Schließlich sprechen sich die meisten Restauratorinnen und Restauratoren dafür aus, die Geschichte der Werke zu bewahren und auch ihr Schicksal mitzunehmen. „Das ist wichtig, ich bin grundsätzlich auch dafür. Hier ging es darum, dass die Hexe ohne ihre Hand, ihren Besen und ihren Gesichtsausdruck nicht verständlich war."

Und schließlich fragte man sich: Welche Geschichte wollen wir mit dieser Skulptur erzählen? „Wäre die Vandalismusgeschichte wahr gewesen, hätte ich sie verteidigt. Sie lautete sinngemäß: Eine wagemutige Künstlerin wurde nicht anerkannt – und die Reaktion war Vandalismus. Das wollte man dem Publikum zeigen. Der Pferdefuß an dieser Geschichte war, dass sie nicht stimmte. Also erzählen wir jetzt eine andere Geschichte: die einer starken Künstlerin und ihrer herausragenden Skulptur."

Und so sitzt sie nun also da, Teresa Feodorowna Ries' Hexe. Mit ihrem wirren Haar und ihrer stolzen Nase. Sie schneidet sich die Krallen, unter ihr wartet der Besenstiel auf seinen Einsatz. Der Blick und das angedeutete Lächeln sind selbstbewusst, wenn nicht sogar aufsässig. Denn ja, sie bereitet sich auf die Walpurgisnacht vor.

Teresa Feodorowna Ries

Hexe bei der Toilette für die Walpurgisnacht

↑

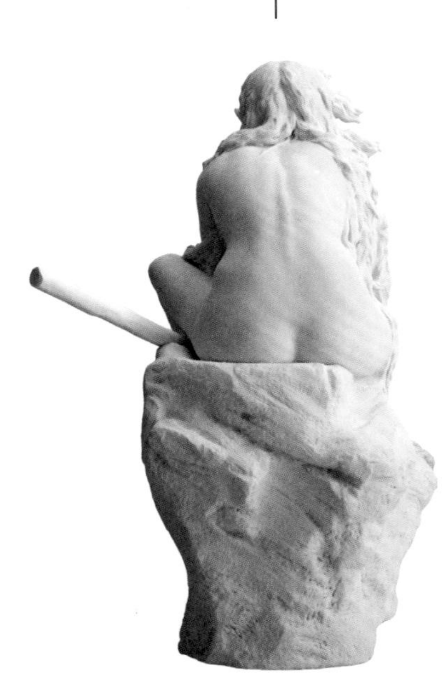

↓

1895
Marmor
131 × 70 × 124 cm
785 kg

Restaurieren heißt in der Regel nicht, Dinge wiederherzustellen. Unter bestimmten Umständen kann eine teilweise Rekonstruktion jedoch eine Option sein, allerdings nur nach strengen Regeln. Kandidaten dafür sind Objekte, die in ihrer ursprünglichen Aussage nicht mehr verständlich sind: beispielsweise eine Skulptur, der der Kopf fehlt. Eine wissenschaftlich fundierte Rekonstruktion ist aber nur ins Auge zu fassen, wenn konkrete Grundlagen für das ursprüngliche Aussehen vorliegen, z. B. Fotos, nachvollziehbare Beschreibungen, Reproduktionen oder Abgüsse.

Festgelegt ist das alles in der Charta von Venedig aus dem Jahr 1964. Sie besagt, dass eine Rekonstruktion dort ihr Ende hat, wo die Hypothese beginnt. Die berühmte Siegesgöttin Nike im Louvre in Paris bleibt deshalb kopflos – denn wir wissen nicht, wie ihr Haupt ausgesehen hat.

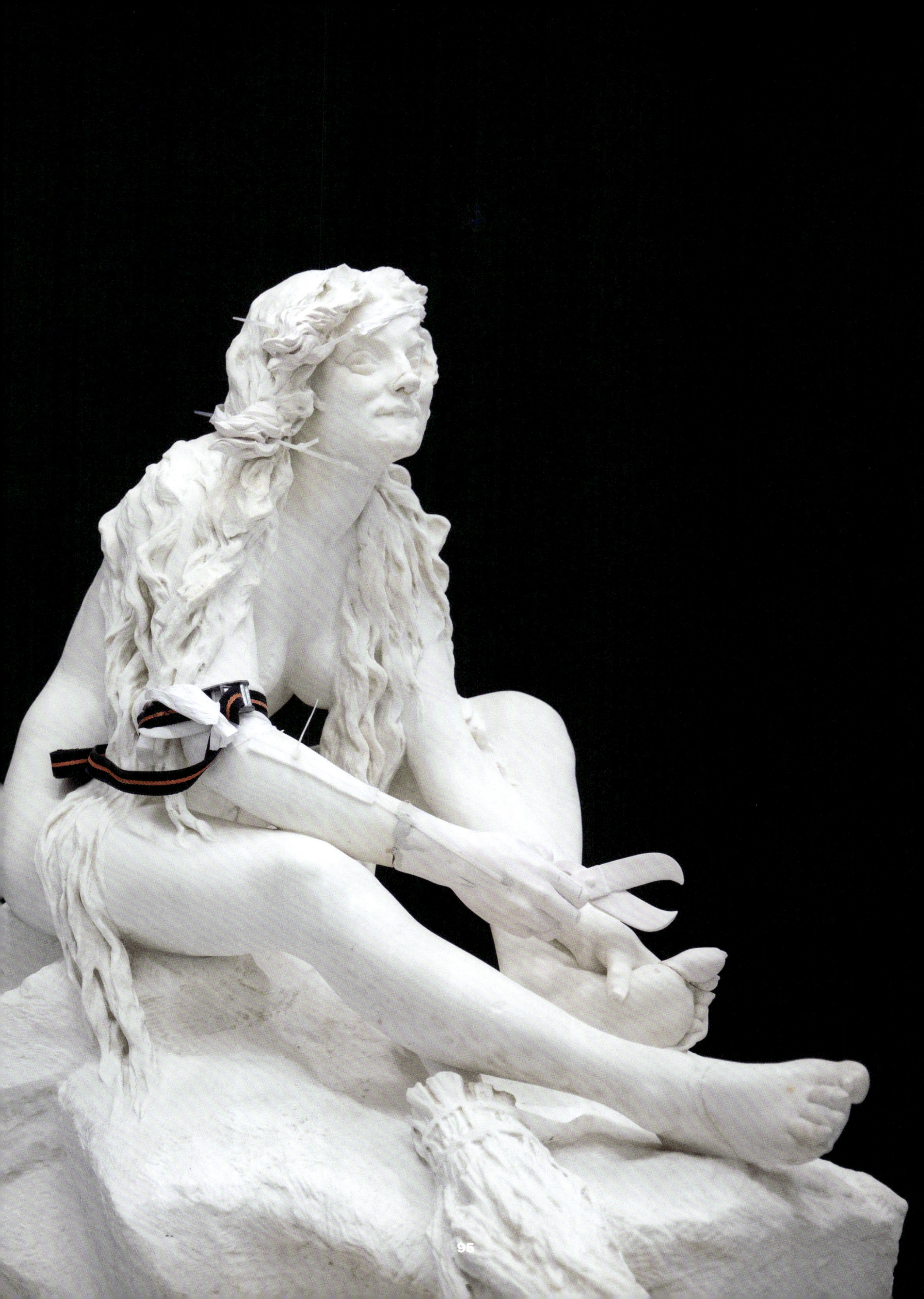

Die Geschichte vom dünnen Pferd

Was die Restaurierung eines Rossharnischs zutage brachte

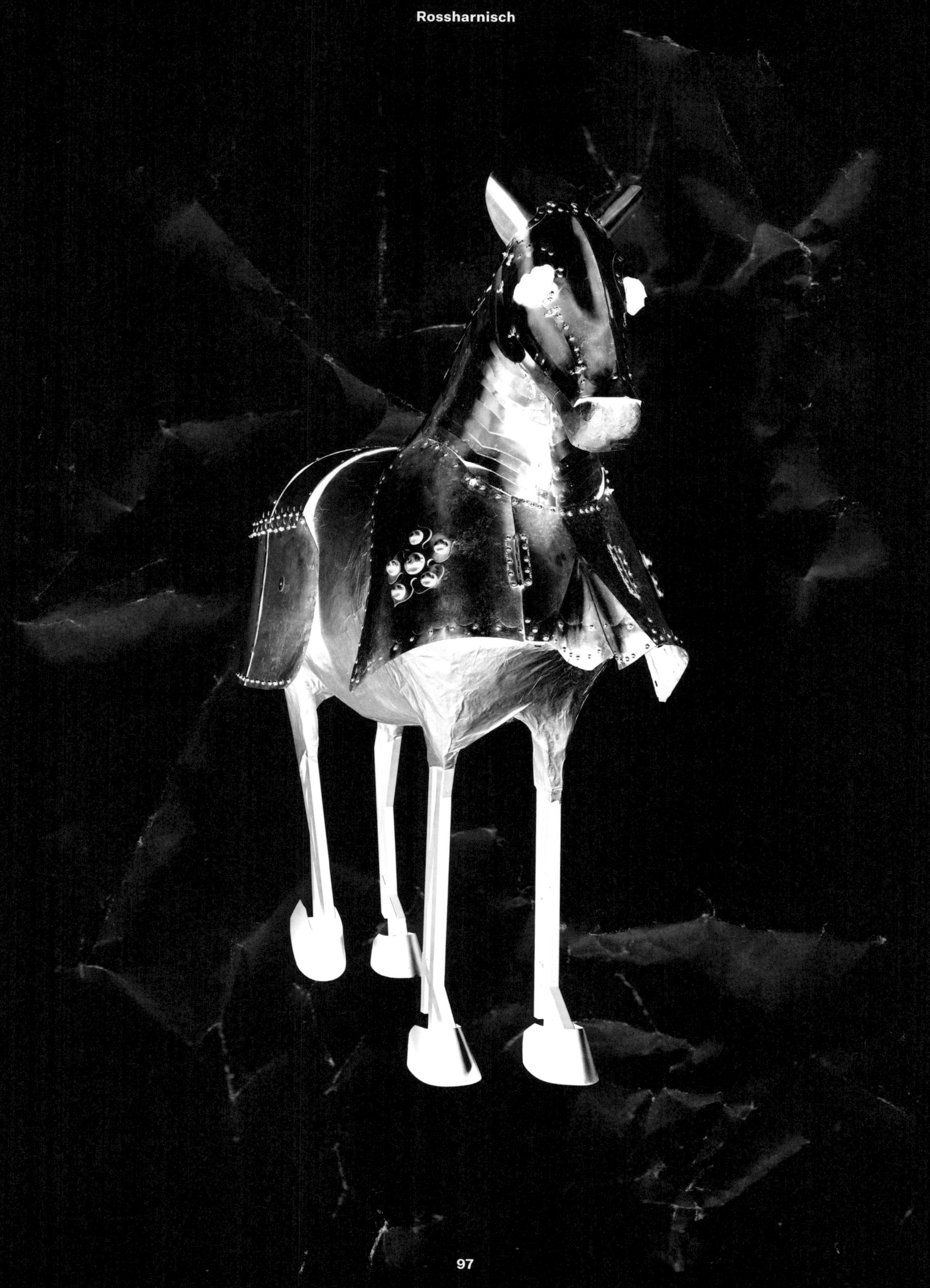

Ritterrüstungen hat jeder schon einmal gesehen, Rossharnische sind hingegen sehr seltene Objekte. Waren sie immer schon. Hier muss schon ein ganz besonderer Ritter ein ganz besonderes Pferd gehabt haben.

Was im Wien Museum nun in einer Vitrine, umringt von anderen Mittelalterobjekten, zu sehen ist, gilt als die älteste beinahe komplett erhaltene Pferderüstung der Welt. Ein beeindruckendes Objekt: die „Rossstirn", die einen großen stilisierten Pferdekopf nachbildet, der „Kanz", der mit elf ineinandergeschobenen Folgen um den Hals gelegt ist, die dreiteilige „Fürbug" als Schutz der Brust sowie die aus acht großen Platten zusammengesetzte „Krupp", die den hinteren Teil des Pferdes bedeckt. Verziert ist die Rüstung mit Messingbeschlägen an der Brust und gezackten Randstreifen. Seit Jahrhunderten ausgestellt, zeigt allerdings erst die jüngste Restaurierung die Rüstung so, wie sie ursprünglich gedacht war.

Der Namenszug „Innosens" und die an mehreren Stellen eingeprägte Marke „y" verraten, dass der Plattner Pier Innocenzo da Faerno sie um 1450 in Mailand, dem damaligen Zentrum der Rüstungsproduktion, gefertigt haben muss. Um diese Zeit ließ Herzog Albrecht VI., der Bruder Kaiser Friedrichs III., in Mailand mehrere Rüstungen ankaufen, wahrscheinlich stammt der Pferdeharnisch von dieser Mission.

Der Harnisch gehörte zu den Beständen des Wiener Bürgerlichen Zeughauses, wahrscheinlich war er ein Geschenk der Habsburger aus ihrer Rüstkammer. Im Inventarbuch von 1686 wird der Rossharnisch samt Pferdefigurine erstmals erwähnt, und zwar als „ganzer Roßkieräß sampt persohn".

Später wurde das Zeughaus als „Städtisches Waffenmuseum" neu aufgestellt, es übersiedelte 1885 ins neue Rathaus und wurde dort ab 1888 in das neu eröffnete Historische Museum der Stadt Wien (das spätere Wien Museum) einbezogen, wo der Harnisch Teil der Dauerausstellung wurde.

> Im Inventarbuch von 1686 wird der Rossharnisch samt Pferdefigurine erstmals als „ganzer Roßkieräß sampt persohn" erwähnt.

Und zwar auf einem Holzpferd aus dem 17. Jahrhundert, das nie wirklich zum Harnisch passte. Warum das so war, darüber brachte erst die jüngste Restaurierung Aufklärung. Davor war die Rüstung das letzte Mal 1979 restauriert worden. Eine lange Zeit war seitdem verstrichen, in der sich der Schutzlack abgenützt hatte und undicht geworden war, die Korrosion drohte mittlerweile, die Substanz aufzufressen.

Vor allem aber schien hier, das wurde nun immer deutlicher, irgendetwas nicht zu passen. Der Harnisch und sein Holzpferd, die beiden waren nicht so recht im Einklang. Der Hals zeigte am Übergang vom Kanz, also dem Nackenteil, zur Stirn eine große ungeschützte Stelle und lag außerdem ungeordnet, eng und starr um den Hals. Die Bewegungsfreiheit der Beine war durch den herabhängenden Fürbug stark eingeschränkt. Die Proportionen von Harnisch und Pferd schienen nicht in Übereinstimmung zu sein.

„Man ist früher offenbar immer von einem viel kleineren Pferd ausgegangen. Der Harnisch auf der Holzfigurine sah nicht danach aus, als wäre das Pferd gut geschützt. Es gab einige Öffnungen. Das Ganze war viel zu eng und zu starr um den Hals. Offensichtlich hat man die Rüstung im Lauf der Jahre stark verändert", erzählt die zuständige Objektrestauratorin Kathrin Schmidt. Auch die vielen verwendeten unterschiedlichen Typen von Nieten waren ein Hinweis dafür, dass es hier mehrmals Eingriffe und Umbauten gegeben hatte. Das Zusammenspiel der Einzelteile war unklar und ungeordnet. „Dieser Harnisch hätte in diesem Zustand niemals von einem lebendigen Pferd getragen werden können."

> Man ist früher offenbar immer von einem viel kleineren Pferd ausgegangen. Das Zusammenspiel der Einzelteile war unklar und ungeordnet.

Was war hier passiert? Die offenen Fragen wurden mehr. Bevor man sich an die neuerliche Restaurierung und Konservierung machen konnte, musste recherchiert werden. Während also am Objekt selbst diverse Voruntersuchungen gemacht wurden, suchte der damals zuständige Kurator Walter Öhlinger nach Hinweisen zur Objektgeschichte. Erst durch seine Erkenntnisse konnte die Restaurierungsgeschichte erschlossen werden. Und jetzt erst wurde klar, was hier zu tun war.

Schon die Voruntersuchungen brachten Überraschungen zutage. Unter anderem Reste einer schwarzen Ölfassung mit vergoldetem Rand. Das hatte man bereits auf dem ersten Bild des Rossharnischs gesehen, einem um 1830 entstandenen Stich. Zu sehen ist darauf der Vorderteil des geharnischten Pferdes mit erhobenem Bein, Fürbug, Kanz und Kopf mit Rossstirn. Und zwar in starkem Hell-Dunkel-Kontrast, den ein Inventarbucheintrag von 1845 erklärt: „Ein geharnischter Ritter zu Pferd mit Harnisch durchaus schwarz lackiert und mit Metall eingefaßt".

Diese schwarz-goldene Fassung muss der Weltausstellung zum Opfer gefallen sein. Aus diesem Anlass wurde das Zeughaus 1873 neu aufgestellt. Damals hat

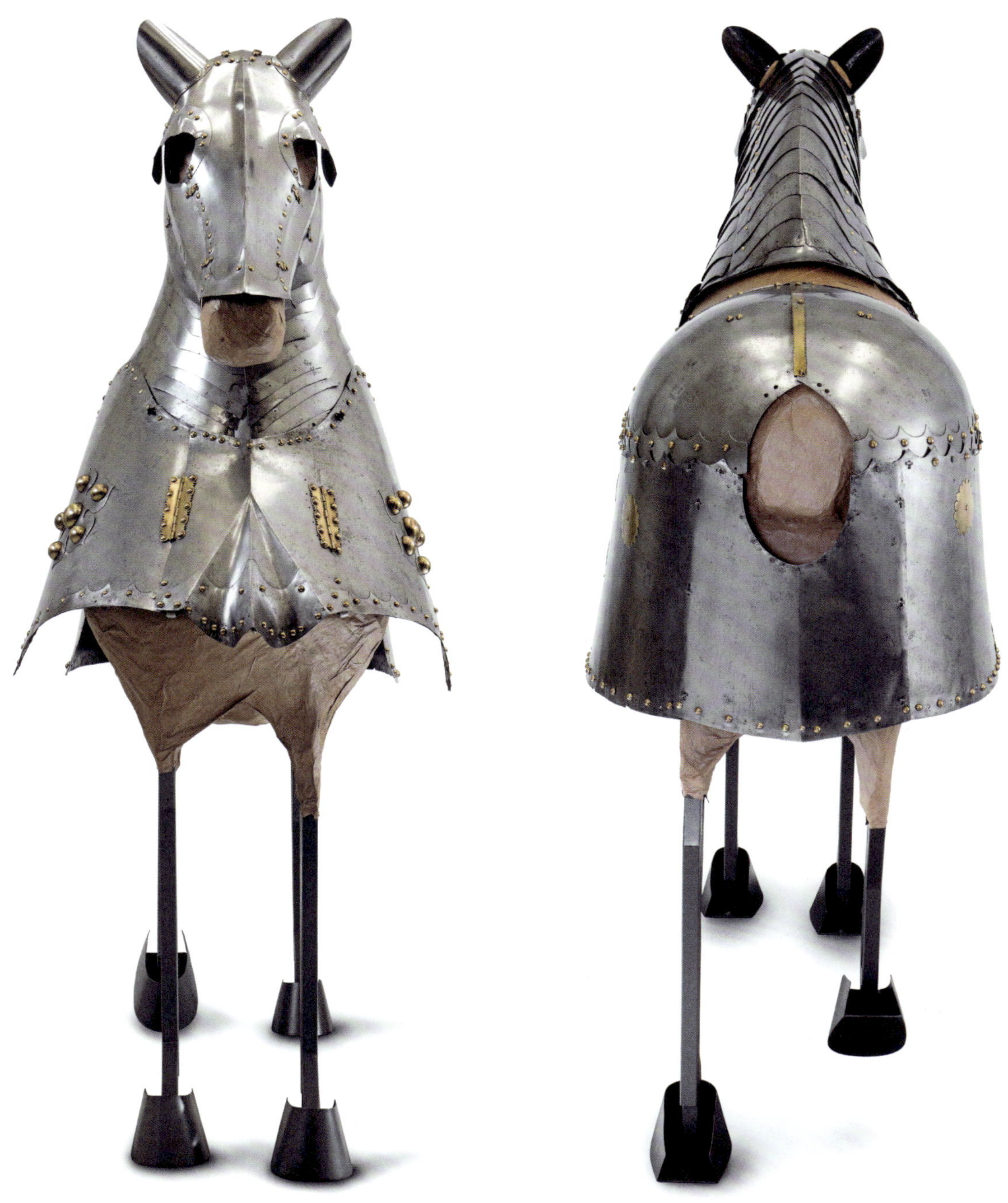

Der frisch restaurierte Rossharnisch
auf seinem neuen Holzpferd

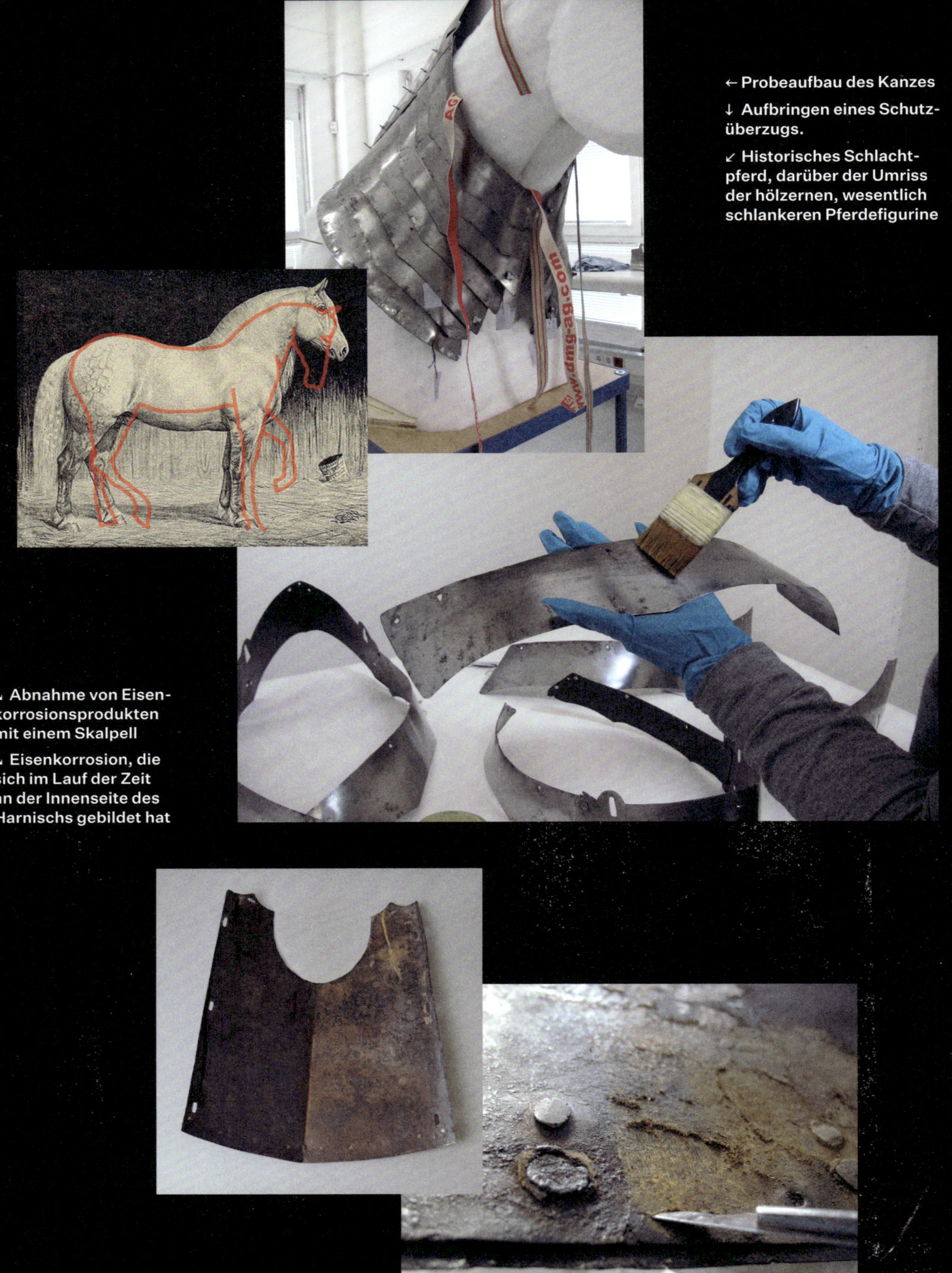

← Probeaufbau des Kanzes

↓ Aufbringen eines Schutzüberzugs.

↙ Historisches Schlachtpferd, darüber der Umriss der hölzernen, wesentlich schlankeren Pferdefigurine

↘ Abnahme von Eisenkorrosionsprodukten mit einem Skalpell

↘ Eisenkorrosion, die sich im Lauf der Zeit an der Innenseite des Harnischs gebildet hat

man die Rüstung restauriert – und die schwarz-goldene Fassung entfernt.

Der ganz, ganz große Aha-Moment der Restaurierung aber war die tatsächliche Dimension des Pferdes, für das die Rüstung einst gebaut worden war. „Zuvor hatte man den Harnisch nie auseinandergenommen, sondern immer nur die Oberfläche behandelt. Man hat mit einem Acrylat darübergepinselt, aber ihn nie in einzelne Teile zerlegt. Nach jeder Restaurierung hat man die Rüstung wieder auf die Holzfigurine montiert und versucht, sie ihr mehr oder weniger passend anzuziehen", erzählt Kathrin Schmidt.

Der ganz, ganz große Aha-Moment der Restaurierung aber war die tatsächliche Dimension des Pferdes, für das die Rüstung einst gebaut worden war.

Gab es jemals ein Pferd, dem er gepasst hatte? Klar war, dass das Pferd, für das die Rüstung geschmiedet worden war, größer und massiver als die im Vergleich dazu filigrane Holzfigurine gewesen sein muss. Recherchen über historische Pferdetypen wurden angestellt, und man wurde auf ein deutsches Pferdegestüt aufmerksam, das sich mit der Nachzucht historischer Pferde beschäftigt. Der spanisch-normannische Wallach „Prinz von Anhalt", eine Kreuzung zwischen einem Percheron und einem Andalusier, schien den am Harnisch ablesbaren Proportionen sehr nahezukommen.

Mit den Maßen des „Prinzen von Anhalt" baute man, mithilfe von 3D-Aufnahmen des Pferdes, eine neue, massivere Figurine. Eingescannte Einzelteile des Harnischs wurden dazu digital über die Pferdeform gelegt und anschließend die Pferdeform an die Harnischformen angepasst.

Die neue Figurine ist übrigens kein schlichtes Holzpferd. Für ihre Gestaltung wurden die Ideen mehrerer Gestalterinnen eingeholt. Voraussetzung war natürlich, dass die Figurine passen und heutigen konservatorischen Standards bei der Materialwahl entsprechen sollte. Man hat sich für eine Pferdefigur mit einer Oberfläche aus Papier und einem tragenden Gestell aus Stahl entschieden.

Bevor man die Rüstung darauf montierte, wurde sie konservatorischen Maßnahmen unterzogen. Die alten Überzüge wurden mit Aceton, Ethanol und Spezialbenzin abgenommen, teilweise auch mechanisch mit feiner Stahlwolle. Dicke Rinnspuren und Fremdauflagen mussten teilweise mit dem Skalpell entfernt werden. Dabei hat man darauf geachtet, die wenigen noch erhaltenen Fassungs- und Vergoldungsreste nicht zu beeinträchtigen. Die Korrosion hat man mechanisch entfernt, mit Stahlwolle und Skalpellen. Damit nicht noch mehr Substanz verloren geht, wurden Risse und abstehende Metallfragmente gesichert und hinterklebt. Deformierungen und Dellen wurden mit einem Hauthammer zurückgeformt.

So steht der Pferdeharnisch nun in seiner Vitrine, umgeben von prächtigen Prunkrüstungen, groß und stark, so, wie er ursprünglich gebaut war. „Die Arbeit war es wert", sagt Restauratorin Kathrin Schmidt.

Zur Rettung des alten hölzernen Pferdes ist zu sagen: Ehre, wem Ehre gebührt. Schließlich begleitet es den Harnisch nachweislich seit dem 17. Jahrhundert und ist das wohl älteste Ausstellungsdisplay des Museums, 2010 erhielt es unter der Inventarnummer 240.467 offiziellen Objektstatus. Und als solches hat man es natürlich auch untersucht und unter der heutigen braunen Farbfassung weitere Farbschichten gefunden. Einst könnte die Puppe ein Apfelschimmel gewesen sein.

Wie gesagt, hier ist nichts so, wie es anfangs schien.

Pier Innocenzo da Faerno

Schwerer Rossharnisch, Mailand

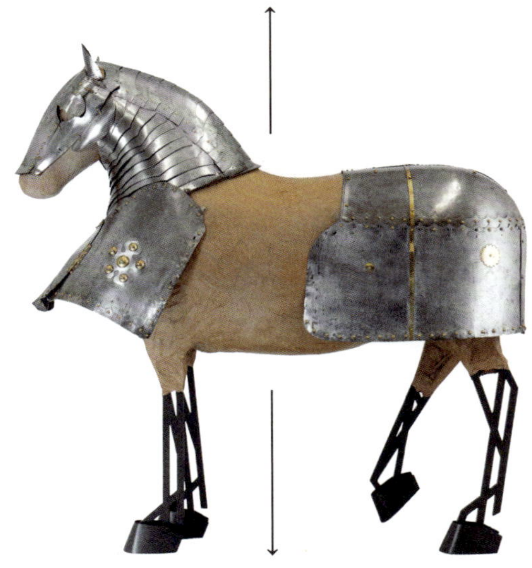

um 1450
Stahl
210 × 80 × 220 cm
ca. 30 kg

Im Fokus
Material und Technik

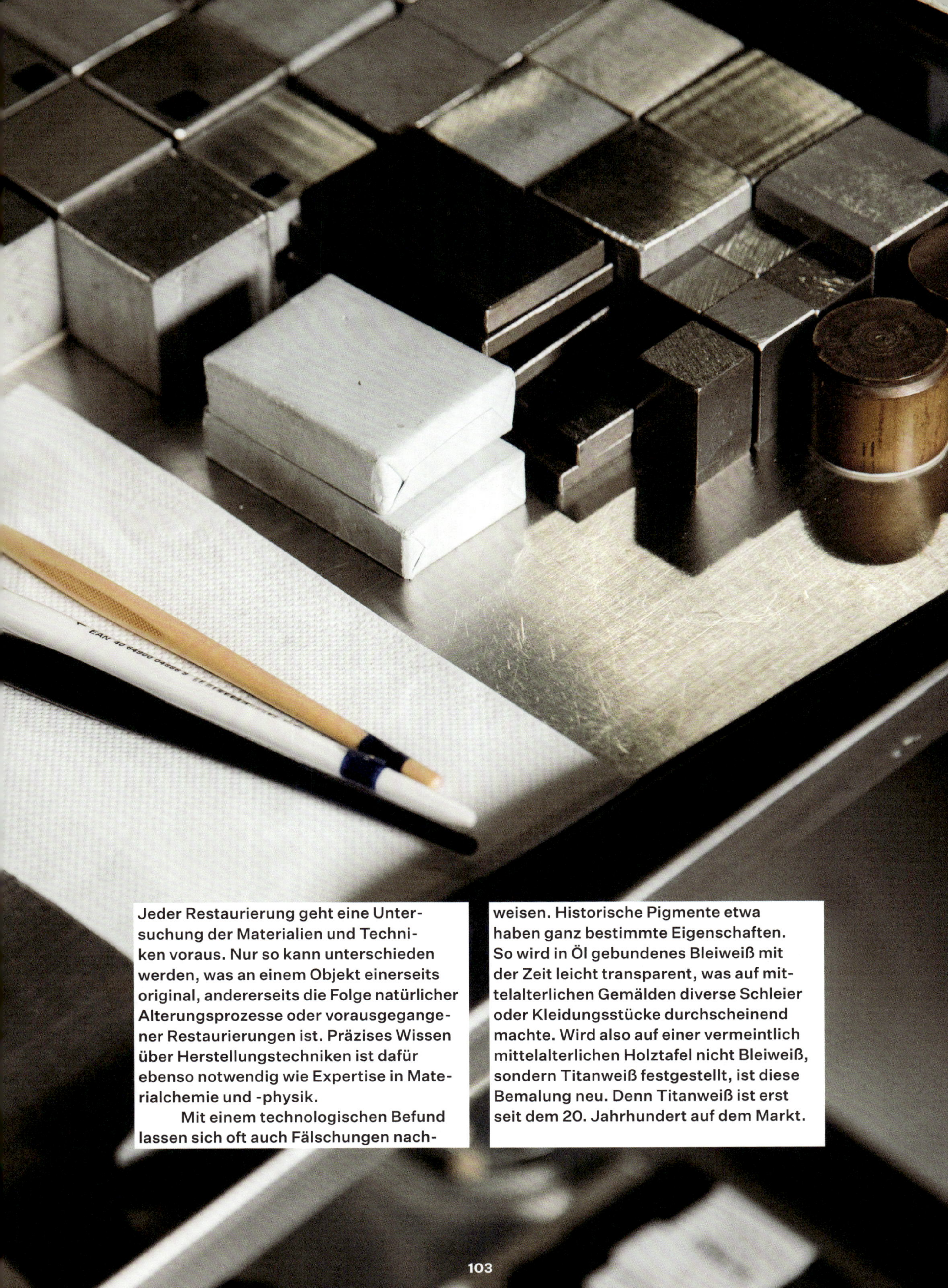

Jeder Restaurierung geht eine Untersuchung der Materialien und Techniken voraus. Nur so kann unterschieden werden, was an einem Objekt einerseits original, andererseits die Folge natürlicher Alterungsprozesse oder vorausgegangener Restaurierungen ist. Präzises Wissen über Herstellungstechniken ist dafür ebenso notwendig wie Expertise in Materialchemie und -physik.

Mit einem technologischen Befund lassen sich oft auch Fälschungen nachweisen. Historische Pigmente etwa haben ganz bestimmte Eigenschaften. So wird in Öl gebundenes Bleiweiß mit der Zeit leicht transparent, was auf mittelalterlichen Gemälden diverse Schleier oder Kleidungsstücke durchscheinend machte. Wird also auf einer vermeintlich mittelalterlichen Holztafel nicht Bleiweiß, sondern Titanweiß festgestellt, ist diese Bemalung neu. Denn Titanweiß ist erst seit dem 20. Jahrhundert auf dem Markt.

Ein Dienstwagen der Sonder-klasse

Die Bürgermeisterkutsche ist ein Prachtstück, das zuletzt derangiert war

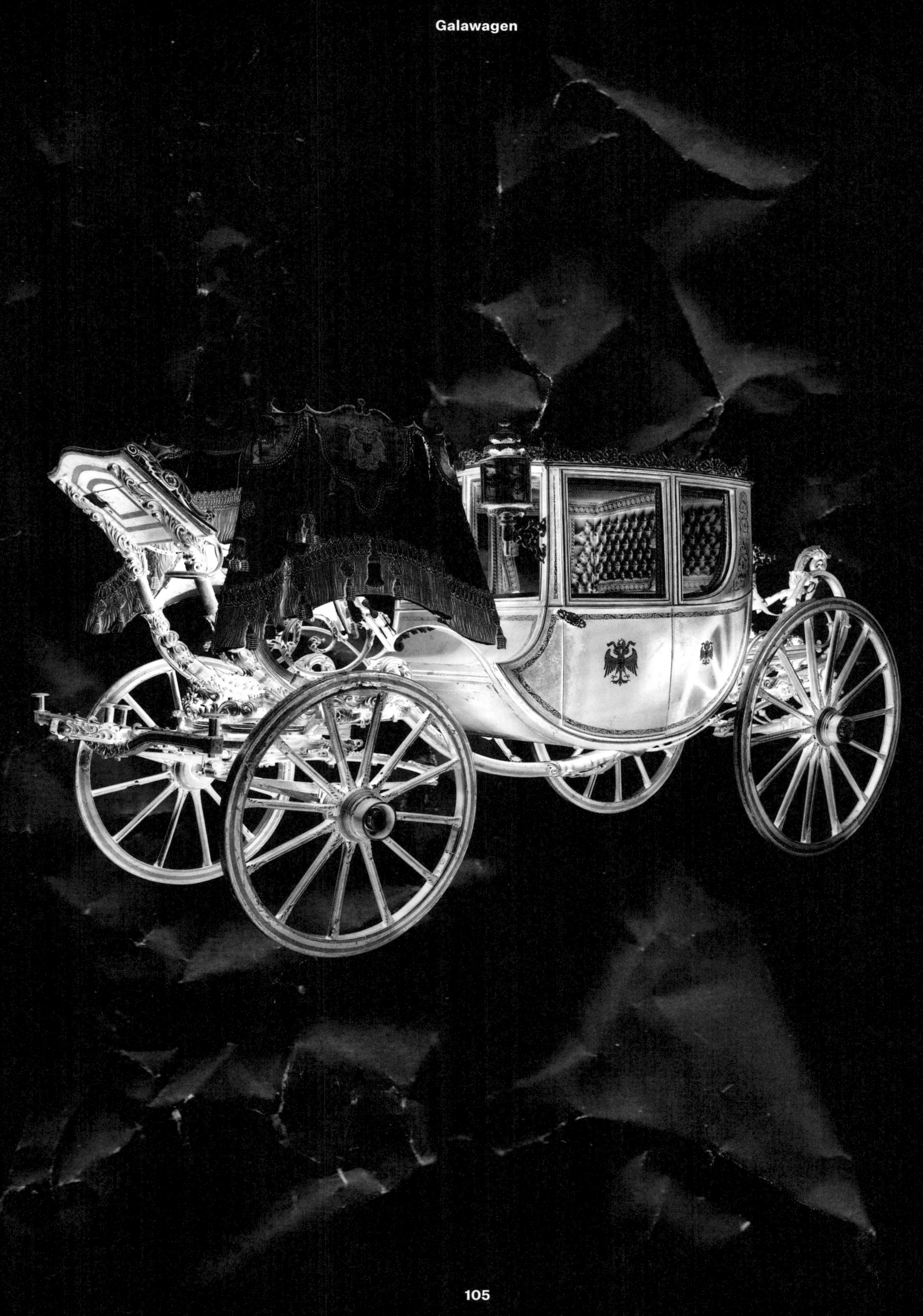

Das löchrige Wollgewebe musste gesichert werden, das Holz geleimt, das Silber gereinigt, die Nähte geschlossen. Es war viel zu tun, bis er wieder zu dem wurde, was er einmal war: der große Galawagen des Bürgermeisters. Einst ein prunkvolles Zeichen des neuen Selbstbewusstseins der Wiener Kommunalpolitik, irgendwann verstaubt und fast vergessen. Nach einer aufwendigen Restaurierung begrüßt der Vierspänner nun die Besucherinnen und Besucher des neuen Wien Museums in der großen Halle. Und zwar hängend.

Wien, 1851. Johann Kaspar von Seiller wird zum Bürgermeister gewählt. Es sind die ersten freien Bürgermeisterwahlen. Nach der Revolution von 1848 hat sich auch in der politischen Stellung Wiens einiges verändert. Der Gemeinderat wird neu konstituiert und hat, ebenso wie der Bürgermeister selbst, eine neue, erstarkte Funktion. Die Stadt Wien bekommt mehr Gestaltungsmöglichkeiten.

Kurz bevor er Bürgermeister wurde, hat man Johann Kaspar von Seiller übrigens zum Ritter geschlagen, und noch während seiner bis 1861 dauernden Amtszeit wird er 1860 in den österreichischen Freiherrenstand erhoben. Vielleicht auch deshalb kann man dem Wiener Bürgermeister kaum mangelndes Selbstbewusstsein nachsagen (seinen Nachfolgern allerdings auch nicht). Zudem ist Seiller sehr wohlhabend und will seinen aristokratischen Vorbildern in puncto Außenauftritt in nichts nachstehen.

Das neue Selbstbewusstsein der Kommunalpolitik sollte sich auch am Außenauftritt ablesen lassen. Unter anderem in Form einer Kutsche, deren Pracht jener des Adels ebenbürtig war. Bauweise, Farben und Ausstattung sollten den aristokratischen Galacoupés um nichts nachstehen.

Aber nicht nur seinem persönlichen Selbstbewusstsein hat die Stadt den neuen prächtigen Galawagen des Bürgermeisters zu verdanken. Vielmehr geht es bei der kostspieligen Anschaffung um eine größere Symbolik, die mit den zeitgenössischen politischen Veränderungen zu tun hat. Während der Amtszeit des liberal-konservativen Johann Kaspar von Seiller werden durchaus wichtige Maßnahmen getroffen und durchgeführt: Bekämpfung der Choleraepidemie 1855, Errichtung des Stadtparks oder Einführung einer einheitlichen Hausnummerierung.

Vor allem aber hat die Stadt seit Mitte des Jahrhunderts zusehends an Bedeutung gewonnen. Im Zuge der Stadterweiterung sind ehemalige Vorstädte eingemeindet worden. Das Stadtgebiet war somit deutlich größer und die Einwohnerzahl hat sich mit einem Schlag massiv erhöht. Und damit wurde auch der Zuständigkeitsbereich der Stadt Wien wesentlich größer.

Das neue Selbstbewusstsein der Kommunalpolitik soll sich auch am Außenauftritt ablesen lassen. Unter anderem in Form einer Kutsche, deren Pracht jener des Adels ebenbürtig sein soll. Bauweise, Farben und Ausstattung des Gefährts sollen den üppigsten aristokratischen Galacoupés in nichts nachstehen. Der Wagen steht symbolisch für die neuen Möglichkeiten und für die neue Stellung der Stadt Wien. Er dient dazu, dem Bürgermeister eine repräsentative Gelegenheit zu bieten, sich in der vergrößerten Stadt zu bewegen und seine eigene, aber auch die neue Macht des Gemeinderats zu demonstrieren. Und er soll vor allem bei besonderen Anlässen und Feierlichkeiten wie Angelobungen, Besuchen beim Kaiser, Festprozessionen, Hochzeiten oder anderen Zeremonien oder beim Empfang prominenter Gäste verwendet werden.

Die Fabrikation einer solchen Kutsche muss man sich als Gemeinschaftsprojekt vieler einzelner Handwerksunternehmen vorstellen, koordiniert vom Sattlermeister.

Hergestellt wird der Wagen 1853 von der Firma Laurenzi & Co., die 1826 von dem aus Istrien stammenden Sattlermeister Ludwig Laurenzi gegründet worden ist. Die Fabrikation einer solchen Kutsche muss man sich als Gemeinschaftsprojekt vieler einzelner Handwerksunternehmen vorstellen, koordiniert vom Sattlermeister.

Der prächtige Wagen wurde zunächst mit dem sogenannten Engelswappen geschmückt, das eine Zeit lang sehr populär und auch an anderen Orten der Stadt zu sehen war. Doch 1890 wurde es durch das neue, offizielle Stadtwappen ersetzt. Was seiner Pracht keinen Abbruch tut. Einzig die kaiserlichen Wagen seien noch prunkvoller gewesen, sagt Holzrestaurator Michael Formánek, der die Kutsche gemeinsam mit seinen Kolleginnen zuletzt wieder auf Vordermann gebracht und dazu beigetragen hat, sie zu einem der Highlights im neuen Wien Museum am Karlsplatz zu machen.

Viel Arbeit, wie sich bei näherer Betrachtung zeigte. Nach rund 80 Jahren Lagerung in unterschiedlichen Depots war manches restaurierungsbedürftig. Vom Rad bis zu der Innenausstattung – überall Ornamente und anderer Zierrat aus Materialien wie Metall,

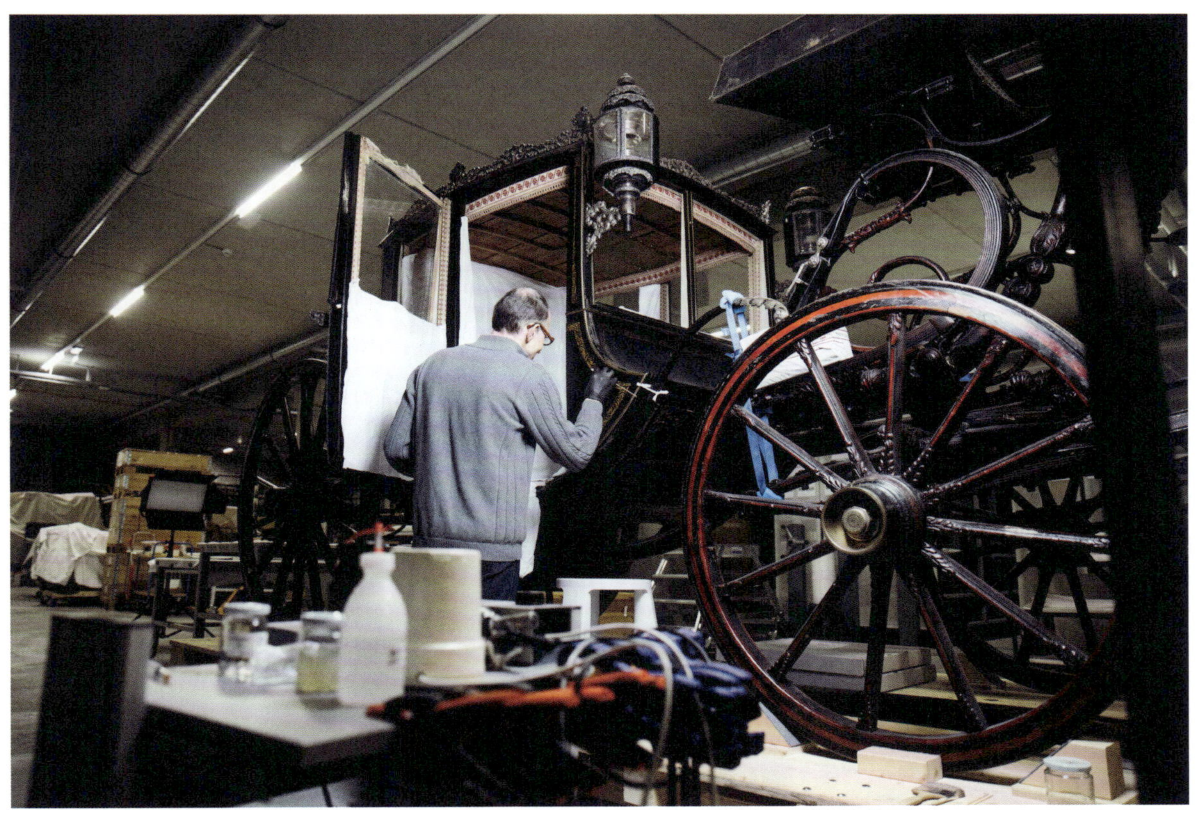

Holzrestaurator Michael Formánek arbeitet an den Holzelementen des Galawagens. Die historische Fassung muss gefestigt werden.

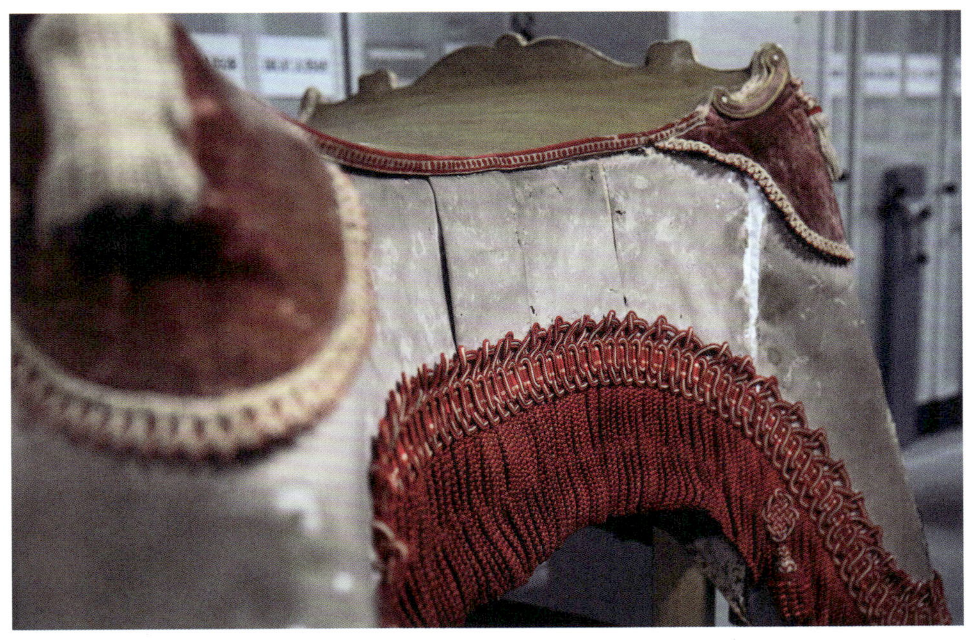

Die stark in Mitleidenschaft gezogene Kutschbockdecke im Depot

← Verschiedene Kordeln und Quasten zierten einst die prächtige Kutschbockdecke. Auf der Detailaufnahme sind Schäden zu sehen.

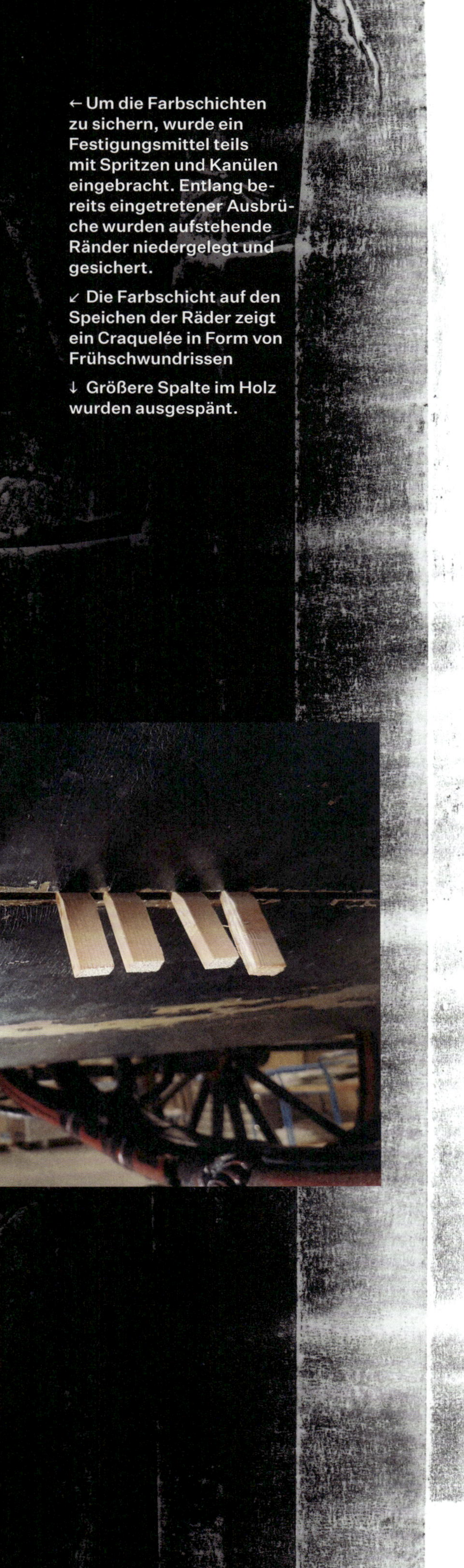

← Um die Farbschichten zu sichern, wurde ein Festigungsmittel teils mit Spritzen und Kanülen eingebracht. Entlang bereits eingetretener Ausbrüche wurden aufstehende Ränder niedergelegt und gesichert.

↙ Die Farbschicht auf den Speichen der Räder zeigt ein Craquelée in Form von Frühschwundrissen

↓ Größere Spalte im Holz wurden ausgespänt.

Textil, Holz und sogar Elfenbein. Vielseitigkeit war, wie so oft, das Gebot der Stunde für das Restaurierungsteam, das sich auf viele unterschiedliche Materialien einstellen und diese in Kleinstarbeit bearbeiten musste.

> Vom Rad bis zu der Innenausstattung – überall Ornamente und anderer Zierrat aus Materialien wie Metall, Textil, Holz und sogar Elfenbein.

Brüche im Holz mussten verleimt, Schmutz mit Pinsel und Staubsauger entfernt und die Fassung mit Störleim gefestigt werden. Aufstehende Schollen wurden mithilfe eines aufwendigen Verfahrens niedergelegt und am Ende die Glanzgrade der Oberflächen vereinheitlicht. Den fehlenden Plafond hat man neutral ergänzt.

Nicht minder aufwendig war die Restaurierung der textilen Bestandteile, etwa bei der fragilen Kutschbockdecke aus Wolle, Seide, Leinen und Metallfäden. Das Wollgewebe hatte im Lauf der Jahre Risse und Löcher bekommen, ebenso wie die Sitze der Kutsche aus Seidensatin. Die Metallfäden waren oxidiert, hatten ihren Glanz verloren. Und die üppige Posamentrie? Von den Fransenborten, Quasten und kunstvollen Applikationen war einiges abhandengekommen oder abgenutzt. Nach und nach waren Verschmutzungen, Flecken und Lichtschäden dazugekommen. Und dann, während ihrer langen Depotzeit, hatte die Kutsche Besuch ungebetener Gäste bekommen: Motten. Was war zu tun? Nach der trockenen Reinigung aller Bestandteile mussten Posamentrie, Seiden- und Wollgewebe nähtechnisch gesichert, stabilisierend unterlegt und mit transparentem Seidengewebe darüber fixiert werden, erklärt Textilrestauratorin Britta Schwenck. Im Hintergrund, sagt sie, stand dabei stets jene Frage, die wohl die meisten Restauratoren und Restauratorinnen heute umtreibt: Was will das Museum zeigen? Ein „perfektes" Objekt oder ein Objekt mit Geschichte, zu der, in diesem Fall, nun einmal Löcher gehören?

> Und dann, während ihrer langen Depotzeit, hatte die Kutsche Besuch ungebetener Gäste bekommen: Motten.

Restaurierung beschäftigt sich zwangsläufig mit Geschichte, die im Fall des Galawagens neu erkundet werden wollte. Sándor Békési, Historiker und Kurator im Wien Museum, machte sich gemeinsam mit seinem Kollegen Mario Döberl von der Wagenburg

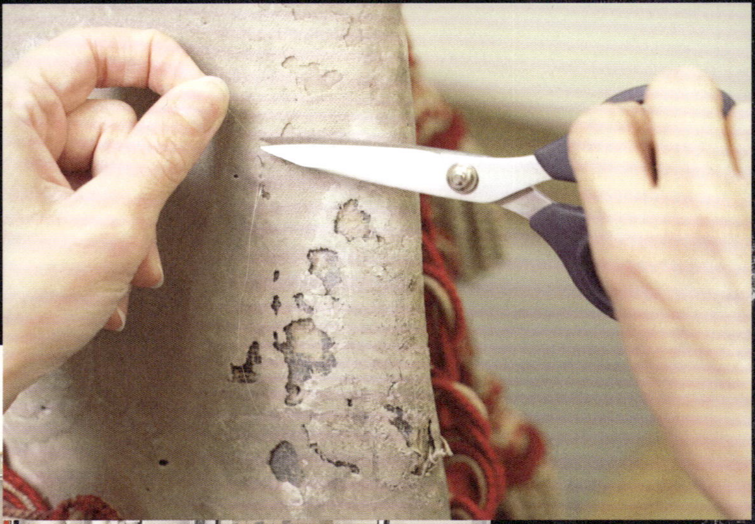

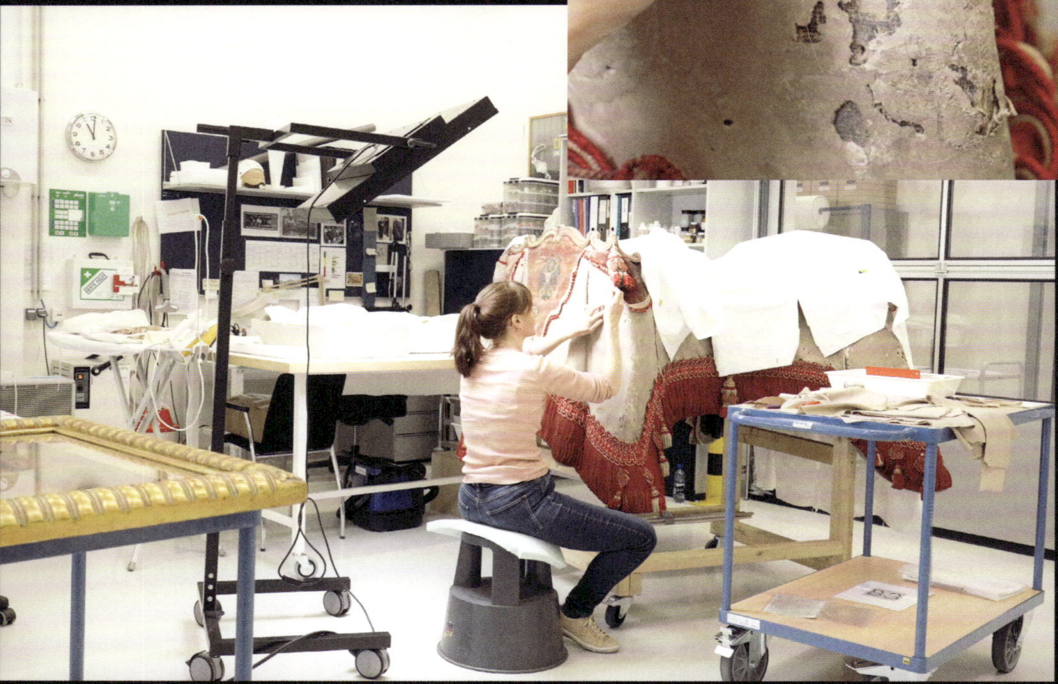

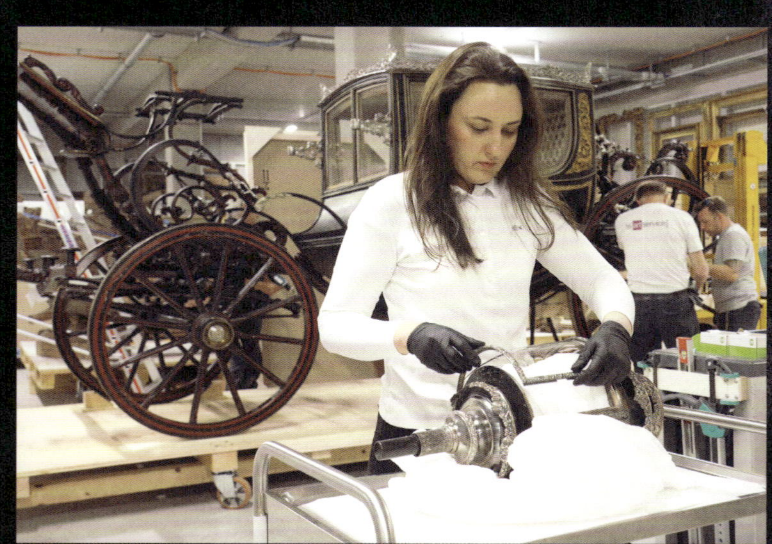

↗ Sicherung der Kutschbockdecke: Im oberen Bereich sind die Schadstellen bereits unterlegt und gesichert, der verwendete Nähfaden aus Seide wird abgeschnitten. Im unteren Bereich sind die Mottenlöcher noch unbearbeitet.

↑ Restauratorin Philippine Bollwein in den Werkstätten des Museumsdepots in Himberg

→ Restauratorin Marina Paric verpackt die demontierten Laternen, um die fragilen Objekte separat ins Museum zu transportieren.

in Schönbrunn, einer Sammlung des Kunsthistorischen Museums, an eine Recherche, die erstmals die Geschichte des Wagens näher beleuchtet.

Offiziell war der Wagen zum ersten Mal am 29. April 1854 im Einsatz, kurz nach der Hochzeit von Kaiser Franz Joseph mit Elisabeth. Der Bürgermeister überbrachte dem jungvermählten Paar eine Glückwunschadresse der Stadt Wien. Fertiggestellt war die Kutsche allerdings schon ein halbes Jahr zuvor. Békési vermutet, dass Bürgermeister Seiller auf einen passenden Anlass gewartet hat, um den so prunkvollen Wagen vorzuführen, der in keiner Weise die Konkurrenz mit aristokratischen Fahrzeugen zu scheuen brauchte.

Die Bauweise des Wagens war aufwendig und kostspielig, aber das Geld war gut investiert. Denn der luxuriöse Galawagen, der 1855 bei der Pariser Weltausstellung gezeigt wurde, erwies sich als überaus beständig. Noch Karl Lueger, Bürgermeister von 1897 bis 1910, verwendete die Kutsche während seiner Amtszeit. Damals hat man den anfangs zweispännigen Wagen zu einem vierspännigen Fahrzeug umgestaltet, was den repräsentativen Effekt noch mehr vergrößerte. Einige Jahre zuvor, um 1890, wurde er komplett überholt. Auch das Stadtwappen an der Wagentüre wurde damals in die aktuelle Form gebracht – vermutlich nicht zufällig zur Zeit der bevorstehenden zweiten großen Erweiterung der Stadt um die Vororte. Dabei muss, sagt Michael Formánek, auch das ursprünglich weiß-rote Fahrgestell in Schwarz-Rot überarbeitet worden sein.

Die Bauweise des Wagens war aufwendig und kostspielig, aber das Geld war gut investiert.

Dass Lueger schließlich dem Dienstautomobil den Vorzug gab, lag ausschließlich an der Bequemlichkeit der motorisierten Fahrzeuge. Der Einzug der neuen Dienstfahrzeuge ins Wiener Rathaus bedeutete den Anfang vom Ende der Prachtkutsche. Nach dem Ersten Weltkrieg und im Roten Wien verlor der Galawagen seine Funktion. Auch wegen des neuen kommunalen Führungsstils: Es war nicht die Zeit des großspurigen Repräsentierens, man baute Gemeindewohnungen. Der Wagen wurde zunächst in einem städtischen Depot abgestellt, bis er in den 1920er Jahren vom Museum übernommen wurde.

Im Austrofaschismus ab dem Jahr 1934 wurde der Galawagen immer wieder für historistische Umzüge ausgeliehen, musste etwa für die Repräsentation von „Alt-Wien" herhalten und wurde von der Ständestaatsdiktatur für symbolische Zwecke verwendet, um eine Kontinuität zur Gründerzeit und zu Karl Lueger zu behaupten. Obwohl der Wagen ja eigentlich mit Karl Lueger nichts zu tun hatte, weil er ja schon viel früher gebaut worden war. Aber Lueger hat ihn eben zuletzt und längere Zeit verwendet. Manche bezeichneten die Karosse gar als „Lueger-Kutsche".

Dass Lueger schließlich dem Dienstautomobil den Vorzug gab, lag ausschließlich an der Bequemlichkeit der motorisierten Fahrzeuge.

Irgendwann hatte der Galawagen endgültig ausgedient und geriet in Vergessenheit. Er verstaubte und machte Bekanntschaft mit Motten und anderen unerwünschten Besuchern. Jetzt ist er wieder herzeigbar und für die Zukunft konserviert. Auch wenn die Kutsche wohl theoretisch noch ein kleines Stück auf eigenen Rädern fahren könnte, ist Restaurator Formánek froh, dass das 1,2 Tonnen schwere Gefährt nun an Seilen von der Decke des Wien Museums hängt, bestens gesichert und von unten beäugt vom staunenden Publikum.

Fa. Laurenzi & Co.
Galawagen der Wiener Bürgermeister

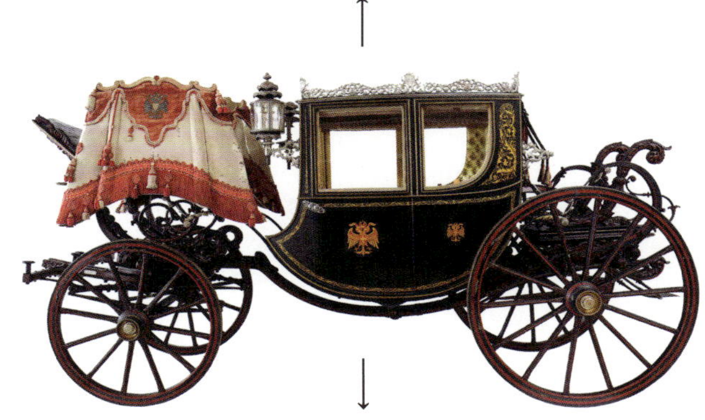

1853
Holz, farbig gefasst, Metall (Eisen, Kupfer, Alpacca, versilbert und verzinnt), Leder, Textil (Wolle, Leinen, Seide), Glas
230 × 194 × 481 cm

Im Fokus Integrated Pest Management (IPM)

Was tun, wenn es im Museum krabbelt? Wenn der Wurm am Holz nagt und sich tiefe Gänge durch Möbel frisst? Da hilft das IPM. Integrierte Schädlingsbekämpfung (engl. Integrated Pest Management oder kurz IPM) beschreibt Maßnahmen zur Schädlingskontrolle und -bekämpfung. Es geht dabei um Prävention, Monitoring und alternative Maßnahmen abseits von Insektiziden.

Früher wurden zur Schädlingsbekämpfung in Museen Insektizide wie Blausäure, Lindan oder DDT eingesetzt. Sie sind jedoch nicht nur äußerst umwelt- und gesundheitsschädlich, sondern dringen auch in die Objekte ein und lassen sich dann nicht mehr entfernen. Wird heute Befall durch Schadinsekten, Holzwürmer oder Papierfischchen festgestellt, stehen im Wesentlichen drei Behandlungsmethoden zur Auswahl: Wärmebehandlung, Gefrieren oder der Einsatz von Stickstoff. Letzterer ist für die Objekte am wenigsten belastend und zugleich hocheffizient. Den Käfern wird schlichtweg der Sauerstoff entzogen, und sie sterben mitsamt den Larven. Ein zweifellos grausamer Tod für die Krabbeltiere, der jedoch das Leben von Kunst- und Kulturgütern verlängert.

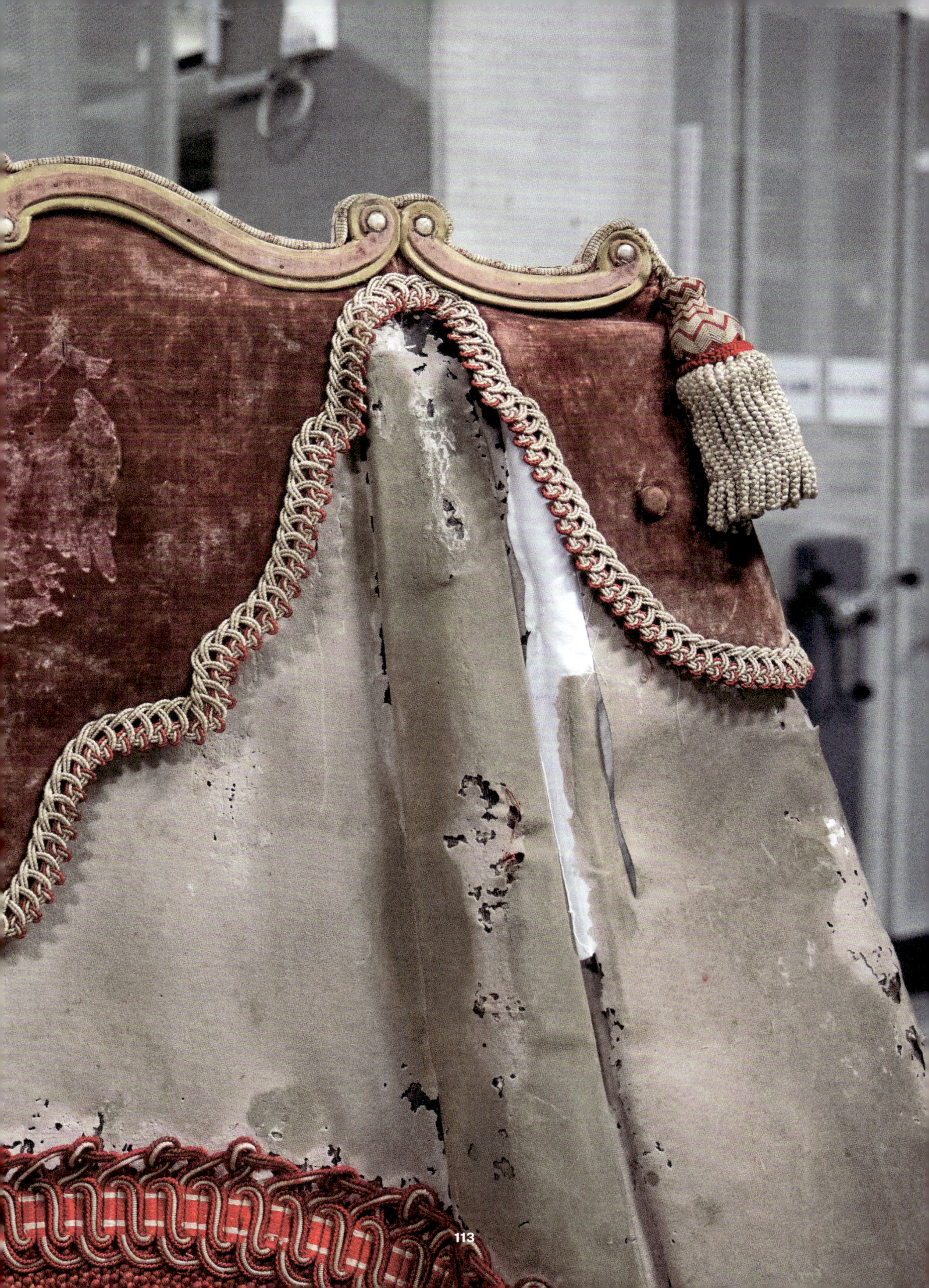

Elfenbein aus der Eiszeit

Wie man einem Mammut die Zähne putzt

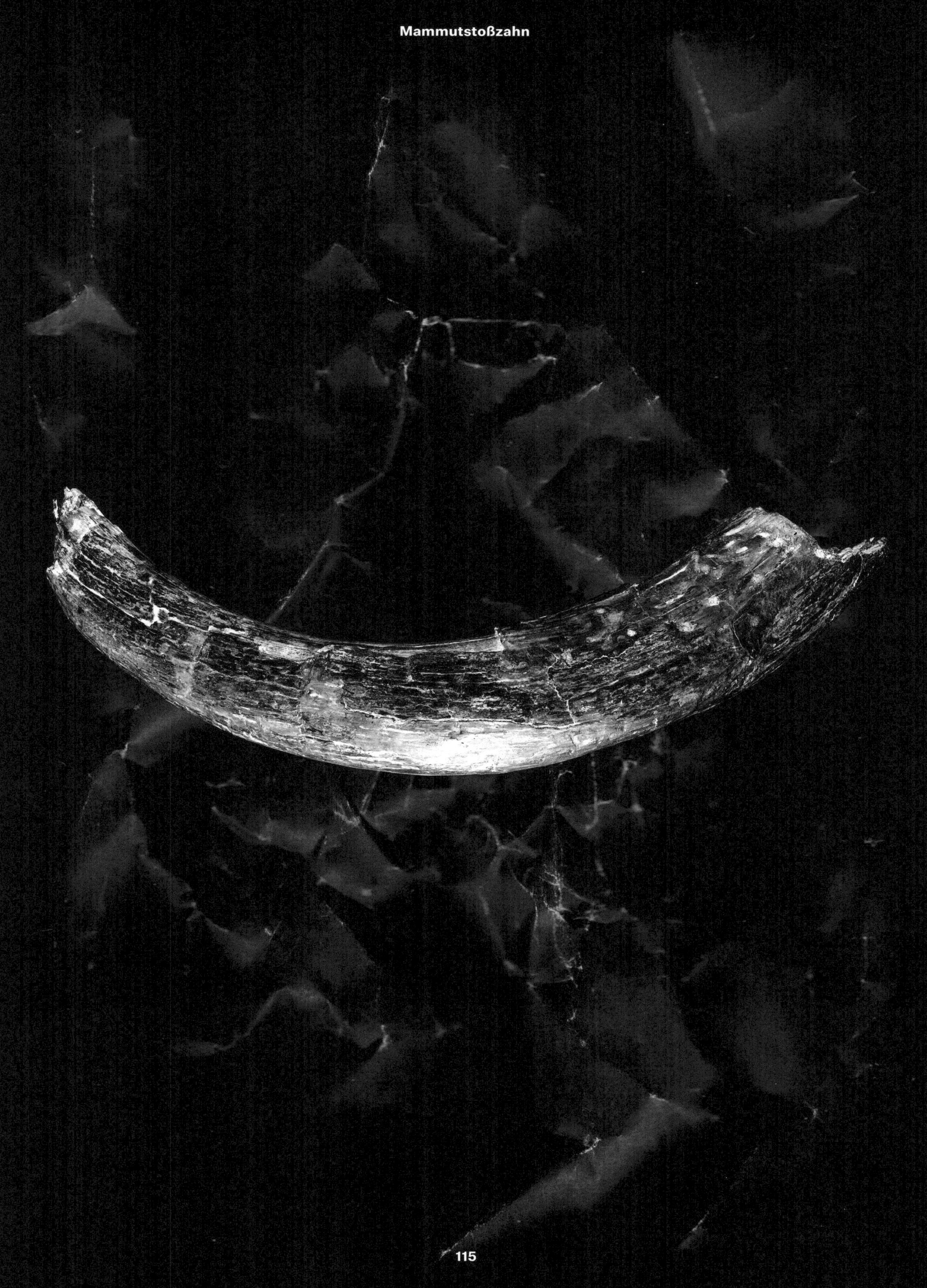

Konservierungswissenschaftliche Problemstellungen im Hinblick auf Kunst- und Kulturgüter gehören zu den Kernaufgaben von Restauratorin Marina Parić. Als ehemalige Studentin und Lehrkraft an der Universität für angewandte Kunst hat sie des Öfteren mit ungewöhnlichen Herausforderungen zu tun. Wie etwa der Konservierung einer Performance des Künstlers Franz West, der im Rahmen seines Projekts „Par Bleu" einen Maserati mit pinker Farbe übergossen hatte. Aber ein Mammutzahn? Marina Parić hat die Frage wohl schon mehr als einmal gehört – sie lacht trotzdem, wenn sie gefragt wird, ob es nun das erste Mal für sie gewesen ist, dass sie einem Mammut die Zähne geputzt hat. Sie sieht die Sache pragmatisch. „Es wird restauriert, was in die Ausstellung kommt, und Mammutstoßzähne kommen nicht so oft in eine Ausstellung. Zumindest nicht ins Wien Museum." Beeindruckt hat sie das Objekt durchaus. „So ein Mammutzahn ist schon etwas Besonderes. Mit Elfenbein habe ich schon oft zu tun gehabt. Mit einem Mammutzahn noch nie." Denn ja, auch bei Mammutstoßzähnen spricht man von Elfenbein. Im Gegensatz zu Elefantenelfenbein besitzt Mammutelfenbein eine braune Farbe, weil Mineralien aus der Erde in den Zahn eingedrungen sind. Tatsächlich gibt es im Wien Museum verschiedene paläontologische Objekte. Sogar einen zweiten Mammutzahn, aber Mammutzahnpflege ist und bleibt eine ungewöhnliche Aufgabe für eine Restauratorin.

Im Gegensatz zu Elefantenelfenbein besitzt Mammutelfenbein eine braune Farbe, weil Mineralien aus der Erde in den Zahn eingedrungen sind.

Der Zahn wurde an der Universität für angewandte Kunst unter der Betreuung von Institutsleiterin Gabriela Krist untersucht und restauriert. Marina Parić hat anhand von wissenschaftlichen Untersuchungen das Konzept dafür erstellt. Konkret Hand an den Zahn gelegt haben zwei Studentinnen: Maleen Schalk und Marlene Krischan. Vielleicht hätten auch sie sich zu Beginn ihres Studiums nicht vorstellen können, dass sie es dereinst mit Mammutzahnlöchern zu tun haben werden. Aber was tut man nicht alles im Namen der Wissenschaft.

Der Mammutstoßzahn, genauer gesagt ein Bruchstück davon, wurde nun über ein Jahr lang restauriert. Und zwar, das war besonders wichtig, unter Berücksichtigung der letzten großen Restaurierung, die auch schon 120 Jahre her ist. Sie erfolgte kurz nachdem man den Zahn 1903 bei Umbauarbeiten an der Hohen Brücke im ersten Wiener Gemeindebezirk in der Wipplingerstraße 19 gefunden hatte. „Man hat ihn damals aus der Erde ausgegraben und langsam trocknen lassen. Sonst wäre er zerfallen. Danach wurde er in Naturharz getränkt", berichtet Marina Parić.

Ab einem Zeitraum vor etwa 150.000 Jahren war das Mammut auch in Mittel- und Südeuropa heimisch. In Österreich starb es vor circa 12.000 Jahren aus.

Der Zahn stammt von einem Wollhaarmammut. Vor etwas mehr als 500.000 Jahren trat dieses Tier erstmals in Sibirien auf, ab einem Zeitraum vor etwa 150.000 Jahren war es auch in Mittel- und Südeuropa heimisch. In Österreich starb es vor circa 12.000 Jahren aus. In verschiedenen Regionen des Landes hat es in der Vergangenheit Mammutfunde gegeben, auch in Wien. Meistens bei Bauarbeiten. Der Geologe Eduard Suess (1831–1914), der als Gemeinderat einst den Bau der ersten Wiener Hochquellenwasserleitung anregte, schrieb in *Der Boden der Stadt Wien* 1862, dass sich in Wien Mammuts und viele weitere eiszeitliche Tiere umtrieben. Im ersten Wiener Gemeindebezirk wurden vor allem in der zweiten Hälfte des 19. Jahrhunderts eine Menge Mammutzähne und Knochen ausgegraben, was mit den vielen Bauprojekten in der Gründerzeit zu tun hat.

Schon im 15. Jahrhundert wurde der Oberschenkelknochen eines Mammuts beim Stephansdom gefunden: wahrscheinlich der früheste dokumentierte Mammutfund der Welt.

In früheren Jahrhunderten hatte man ebenfalls Mammutknochen gefunden, jedoch nicht gewusst, worum es sich dabei handelte. So wurde im 15. Jahrhundert der Oberschenkelknochen eines Mammuts beim Stephansdom gefunden: wahrscheinlich der früheste dokumentierte Mammutfund der Welt. Mitte des 19. Jahrhunderts kam er in die Naturaliensammlung des ehemaligen Instituts für Geologie der Universität Wien. Heute ist er im Center for Earth Sciences an der Universität Wien aufbewahrt. Er wurde lange nicht als Tierknochen erkannt und hing im Giebel des Hauptportals des Stephansdoms an einer Kette. Man hielt

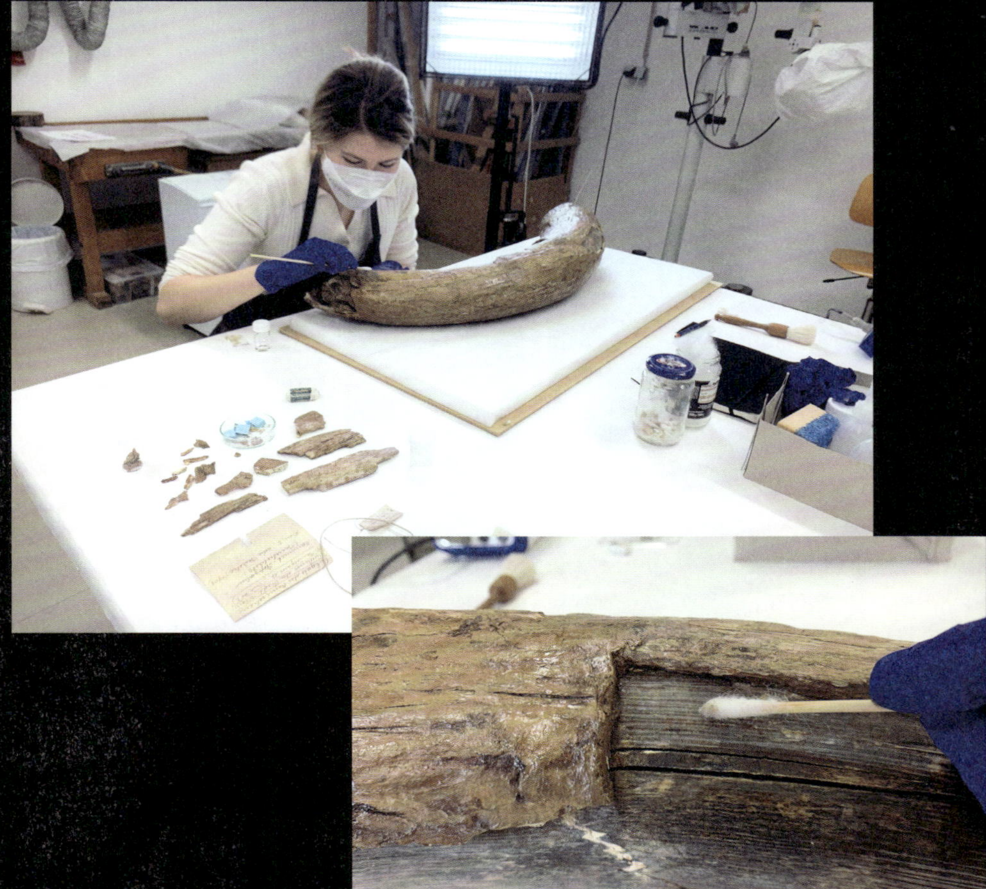

↗ Der Mammutstoßzahn wird mit Wattestäbchen und Lösemittel gereinigt.

→ Detailaufnahme der Feuchtreinigung

↓ Thermohygrographen: Sie zeichnen die Luftfeuchtigkeit und Temperatur der Umgebung auf und helfen so, Klimaschwankungen zu vermeiden.

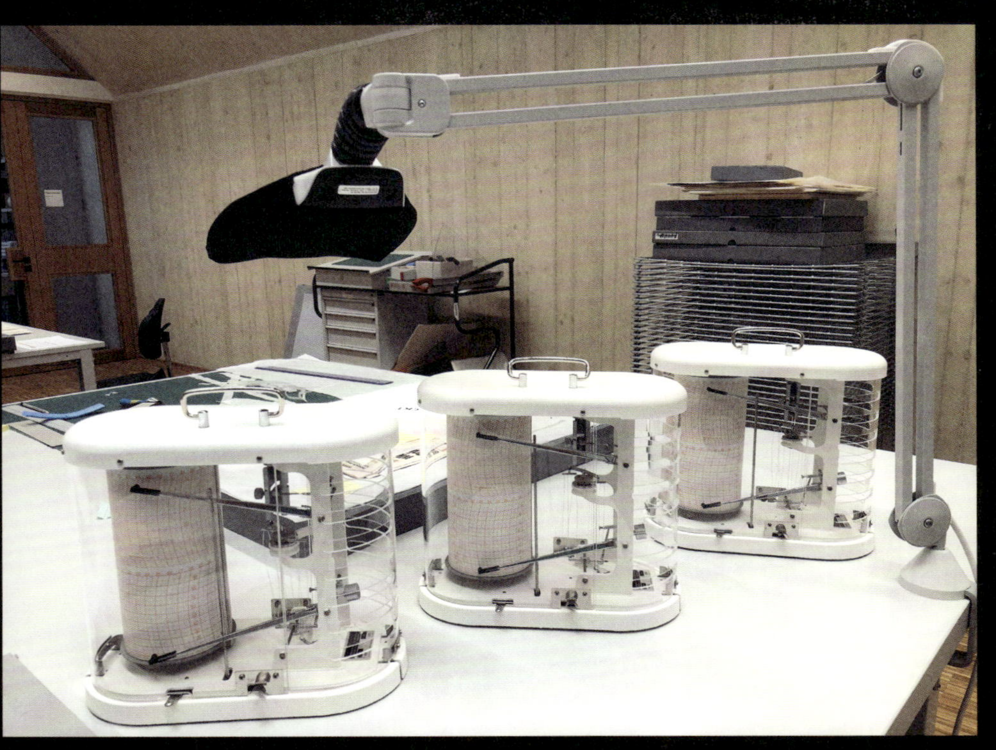

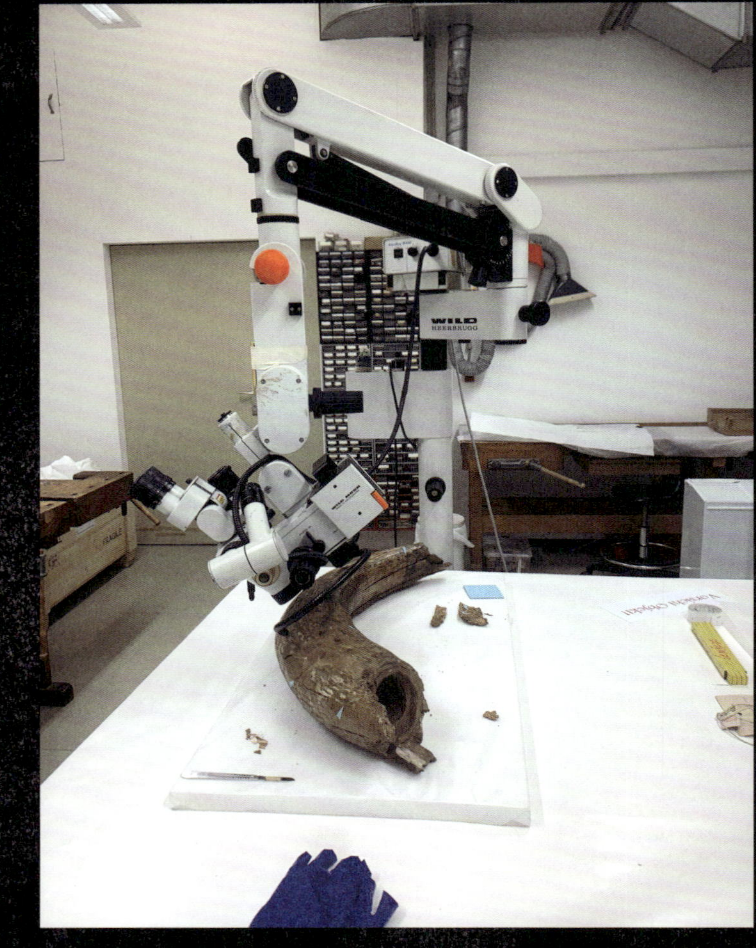

→ Untersuchung der Objektoberfläche mit dem Stereomikroskop

↘ Entfernen der weißen Kittmasse des wackeligen Bruchstücks mittels eines Mikromotors mit Handstück

↓ Risse in der Originalsubstanz sowie in den ergänzten Kittmassen bzw. Altrestaurierungen. Fragile Kittung musste mittels Skalpell abgenommen werden.

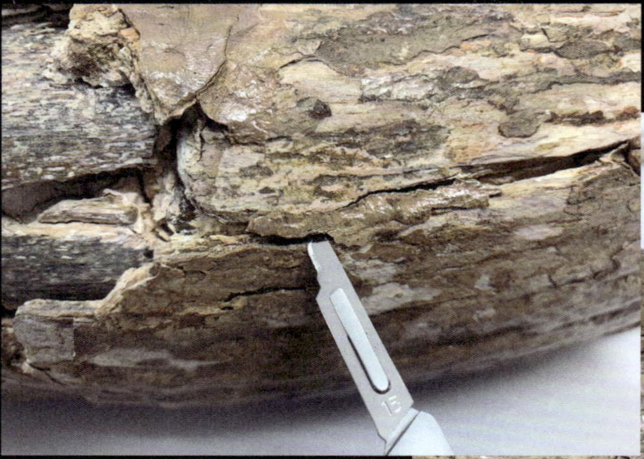

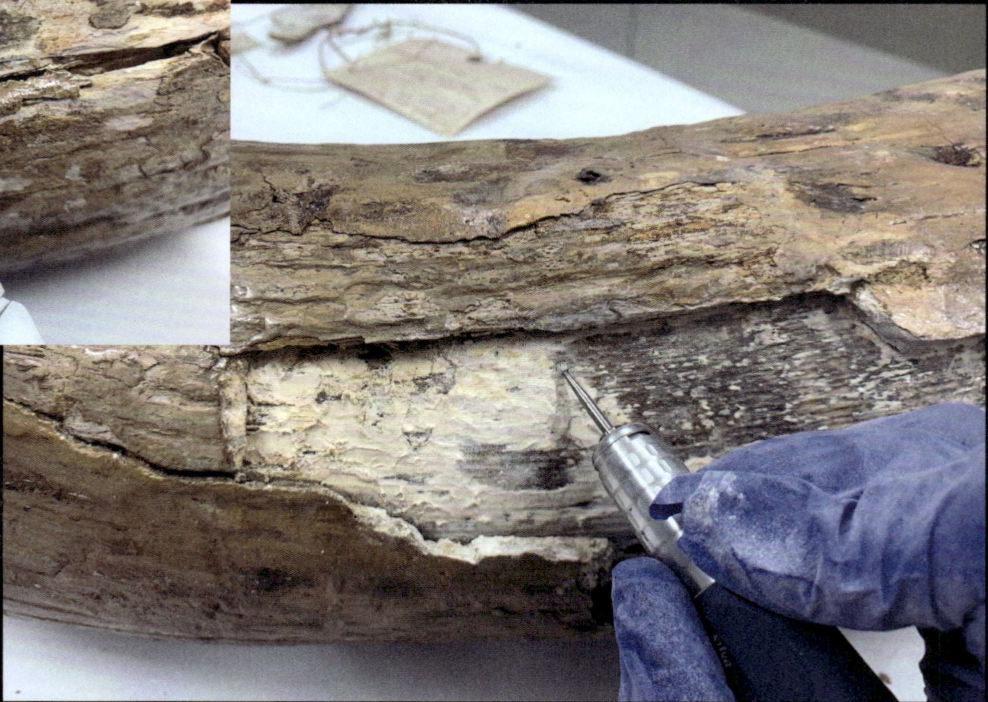

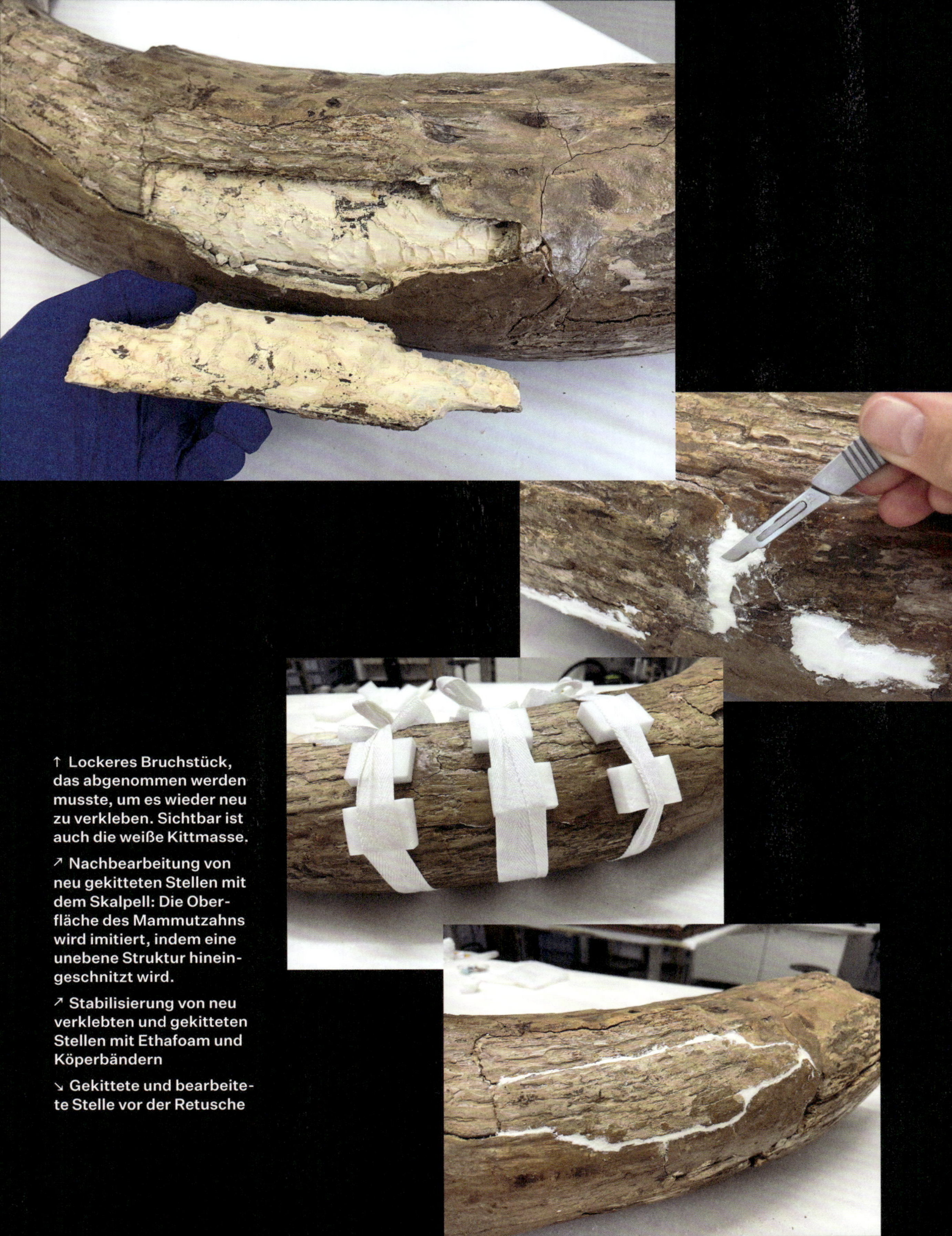

↑ Lockeres Bruchstück, das abgenommen werden musste, um es wieder neu zu verkleben. Sichtbar ist auch die weiße Kittmasse.

↗ Nachbearbeitung von neu gekitteten Stellen mit dem Skalpell: Die Oberfläche des Mammutzahns wird imitiert, indem eine unebene Struktur hineingeschnitzt wird.

↗ Stabilisierung von neu verklebten und gekitteten Stellen mit Ethafoam und Köperbändern

↘ Gekittete und bearbeitete Stelle vor der Retusche

das seltsame Ding für den Knochen eines Riesen. Und weil es beim Stephansdom ein Riesentor gibt, hielt sich lange Zeit die Vorstellung, das Riesentor sei nach diesem sogenannten Riesenknochen benannt. Inzwischen weiß man, dass das nicht so ist. Das Riesentor ist nach seiner Form benannt. Das mittelhochdeutsche Wort „risen" bedeutet so viel wie „sinken", „fallen" und betrifft die Trichterform des nach innen tief und schräg abfallenden Portals. Die Riesengeschichte ist natürlich kein Einzelfall. Man hat auch Knochen von Wollnashörnern gefunden und sie als Monsterknochen interpretiert. Immer, wenn man es mit derartigen Funden zu tun hatte, wurden daraus Legenden um Riesen oder Monster. Diese starben erst ab dem 19. Jahrhundert endgültig aus, als es immer mehr einschlägige Funde gab und man in der paläontologischen Forschung begann, sich ernsthaft damit auseinanderzusetzen.

Immer, wenn man es mit derartigen Funden zu tun hatte, wurden daraus Legenden um Riesen oder Monster.

Einer Notiz aus den Fundakten des Wien Museums, verfasst von dem Stadtarchäologen Josef H. Nowalski de Lilia, ist zu entnehmen, dass er als Inspektor der städtischen Ausgrabungen Bauarbeitern Prämien ausbezahlte, wenn sie ihm Funde brachte. „14. Aug. 1906. 1. Bez. bei Hohe-Brücke u. Tiefer Graben/ a) Für Mammutzahn dem Teichgreber Polier 11./ dem Bau Polier für Transport für Museum 90 K."

Der Mammutstoßzahn ist einer von dreien in der Sammlung des Wien Museums. „Der größte davon würde nicht in die Vitrine passen", sagt Marina Parić. Aber immerhin 81 Zentimeter ist das nun präsentierte gebogene Zähnchen lang, wobei es sich zweifellos um ein Fragment handelt: Denn Stoßzähne von Mammuts waren bis zu drei Meter lang! Der Durchmesser reicht von 10 bis 14 Zentimetern, an einem Ende des Zahns befindet sich ein Loch, 7 Zentimeter breit, 8 Zentimeter hoch.

Es handelt sich zweifellos um ein Fragment: Denn Stoßzähne von Mammuts waren bis zu drei Meter lang.

Im Lauf der Zeit wurde er immer wieder Konservierungs- und Sicherungsmaßnahmen unterzogen. Dabei wurden unterschiedliche Materialien aufgebracht, um den Zahn in einen sichereren Zustand zu bringen und optisch ansprechender zu machen. Denn viele der bisherigen restauratorischen Maßnahmen waren mit dem freien Auge erkennbar. Klebungen, Kittmassen, Übermalungen, Retuschen und Überzüge. Die Altrestaurierungen waren ästhetisch beeinträchtigend und störten die „Lesbarkeit" des Stoßzahns. Und sie schadeten der Originalsubstanz. Doch weil auch die Maßnahmen der Konservierungen historisch sind, hat man bei der jüngsten Restaurierung die Spuren der Zeit erhalten. „Es ging auch darum, zu zeigen, wie man um die Jahrhundertwende Mammutzähne restauriert hat. Die historische Restaurierung ist Teil der Objektgeschichte und für uns ebenso wichtig wie der Zahn an sich", so Marina Parić.

Dass der Zahn fast nur mit organischen Mitteln konserviert wurde, war ein eindeutiges Zeichen dafür, dass die Konservierung sehr lange her sein musste. „Es wurden keine synthetischen Materialien an dem Mammutzahn gefunden. Das spricht dafür, dass er gleich nach der Ausgrabung zum ersten Mal restauriert wurde. Und später wahrscheinlich immer wieder gekittet. Mit hundertprozentiger Sicherheit lässt sich das aber nicht nachvollziehen, weil wir keine Dokumentation gefunden haben. Das zu untersuchen ist schwierig, weil alle Materialien in Öl gebunden sind. Vieles, was von der ersten Restaurierung übrig war, ist instabil geworden und sogar schadhaft für den Stoßzahn selbst", erzählt Restauratorin Parić. Ziemlich sicher ist, dass der Zahn unmittelbar, nachdem er gefunden wurde, im Naturhistorischen Museum konserviert worden sein muss. Nach der ersten, umfangreichen Maßnahme gab es später einen oder mehrere kleinere konservatorische Eingriffe.

Es wurden keine synthetischen Materialen an dem Mammutzahn gefunden. Das spricht dafür, dass er gleich nach der Ausgrabung zum ersten Mal restauriert wurde. Und im Lauf der Jahre wahrscheinlich immer wieder gekittet.

Und wie ist man jetzt vorgegangen? Erfasst wurde zunächst der Bestand, und zwar durch makroskopische und mikroskopische Begutachtungen sowie Beobachtungen unter UV-Licht, die zur Unterscheidung zwischen Originalsubstanz und Altrestaurierung dienen. Außerdem wurden naturwissenschaftliche und strahlendiagnostische Analysen vorgenommen. Für die Bestimmung der Bindemittel, Klebstoffe und Überzüge wurden mikrochemische Tests gemacht. Außerdem kamen Lichtmikroskop und Röntgen zum Einsatz.

Die Ergebnisse der naturwissenschaftlichen Untersuchungen hat man mit Rezepturen und Konservierungsmethoden aus historischen Quellen um 1900 verglichen, um die Altrestaurierungen zeitlich eingrenzen zu können. Altrestaurierungen von der Originalsubstanz zu unterscheiden, war oft gar nicht so einfach.

Sicher ist: Der Zahn war schadhaft. Genauer gesagt die historischen Ergänzungen. Sie haben an Klebekraft verloren und sich vom Zahn getrennt.

Sicher ist: Der Zahn war schadhaft. Genauer gesagt die historischen Ergänzungen. Sie haben an Klebekraft verloren und sich vom Zahn getrennt. Deswegen musste man sie neu verkleben und festigen. Außerdem waren die historischen Ergänzungen stark retuschiert. Vermutlich hat sich die Farbe nach und nach verändert. Die retuschierte Oberfläche passte farblich nicht mehr zu der Farbe des Zahns. Nach einer vorsichtigen Reinigung (Elfenbein ist wasserempfindlich, man musste mit organischen Lösungsmitteln arbeiten) kam als Festigungsmittel ein Acrylharz zum Einsatz. Fehlstellen wurden mit Kittmasse ausgefüllt – welche, ist auch eine eigene Wissenschaft. Jedenfalls unterscheidet sich die neue Kittmasse stark von der historischen. Einerseits, weil man heute andere Materialien und Möglichkeiten hat, diese zu testen. Andererseits wählte man bewusst auch andere Materialien, um die künftige wissenschaftliche Arbeit zu erleichtern. Der nächste Restaurator, der das Objekt bearbeitet, soll somit einfacher einschätzen können, welche Ergänzung aus welcher Zeit stammt. Die gekitteten Fehlstellen wurden später retuschiert. Die Totalretusche – man erkennt die farbliche Ergänzung mit dem bloßen Auge nicht – wurde zuerst mit Gouachefarben durchgeführt, um die darunterliegende weiße Kittung zu überdecken, anschließend wurden Aquarellfarben aufgetragen.

Restauriert und stabil ist der Mammutzahn heute in der Dauerausstellung in einer maßgefertigten und klimastabilen Vitrine zu bewundern. Für den Transport aus dem Depot in Himberg hat man für das delikate Objekt übrigens extra eine Klimakiste anfertigen lassen. Denn Knochen sind, wie alle alten organischen Materialien, sehr sensibel, was plötzliche Schwankungen von Temperatur und Luftfeuchtigkeit betrifft. Sicher ist sicher.

Mammutstoßzahn (Fragment)

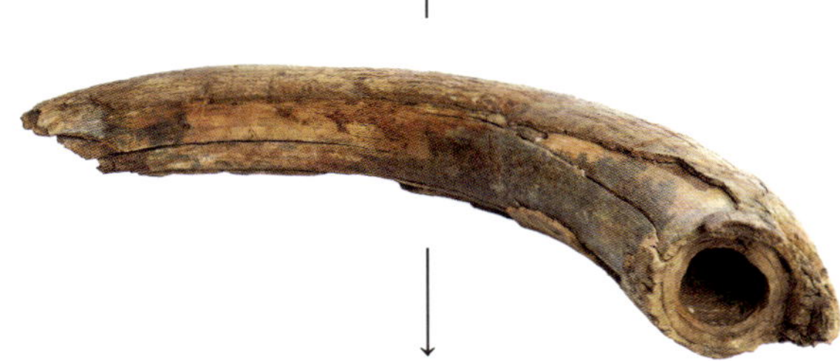

um 33.000–11.000 v. Chr.
Länge 82 cm, max. ø 14,5 cm
Gefunden: 1., Wipplingerstraße/ Hohe Brücke

Im Fokus Klimatisierung

Kälte konserviert – also ist sie für Objekte perfekt. Noch wichtiger ist aber die Luftfeuchtigkeit. Ist es zu feucht, quellen Materialien, und es bildet sich Schimmel. Ist es zu trocken, schwinden Objekte, und es bilden sich Risse. Eine konstante relative Luftfeuchte im Bereich zwischen 40 und 60 Prozent ist für die meisten Objekte ideal. Für empfindlichere Objekte braucht es bisweilen einen stabileren Wert – zu erreichen etwa mithilfe einer speziell klimatisierten Vitrine.

Je wärmer, desto feuchter, je kälter, desto trockener ist die Luft. Im Sommer werden daher Museumsräume entfeuchtet, im Winter befeuchtet. Wenn das Museum gut besucht ist, werden die Werte allerdings durcheinandergebracht, denn Menschen bringen zusätzliche Feuchtigkeit und Wärme mit. Dann müssen die Klimaanlagen gegensteuern. Womit wir generell beim Klimathema im Bereich Restaurierung wären. Um nachhaltiger zu agieren, setzen Museen neuerdings auf den sogenannten Klimakorridor. Im Unterschied zu früher geht es nicht darum, mit großem Energieaufwand einen einzelnen konstanten Sollwert zu erreichen. Denn ein „Korridor“ von 40 bis 60 Prozent relativer Luftfeuchte reicht aus, um den Objekten die Bedingungen zu bieten, die sie brauchen: Und dieser Wert ist mit weniger Energie zu erreichen.

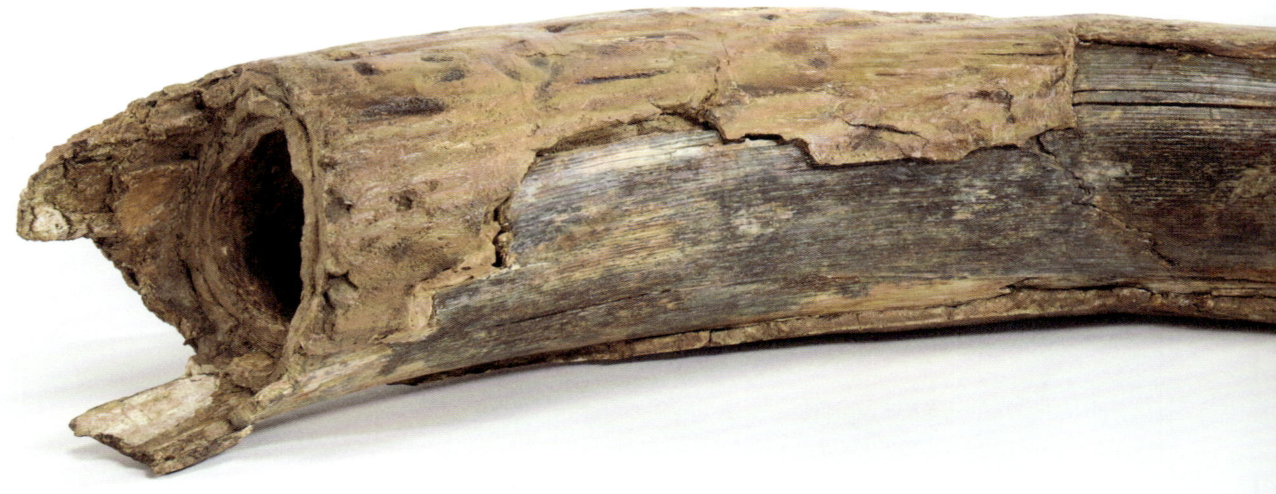

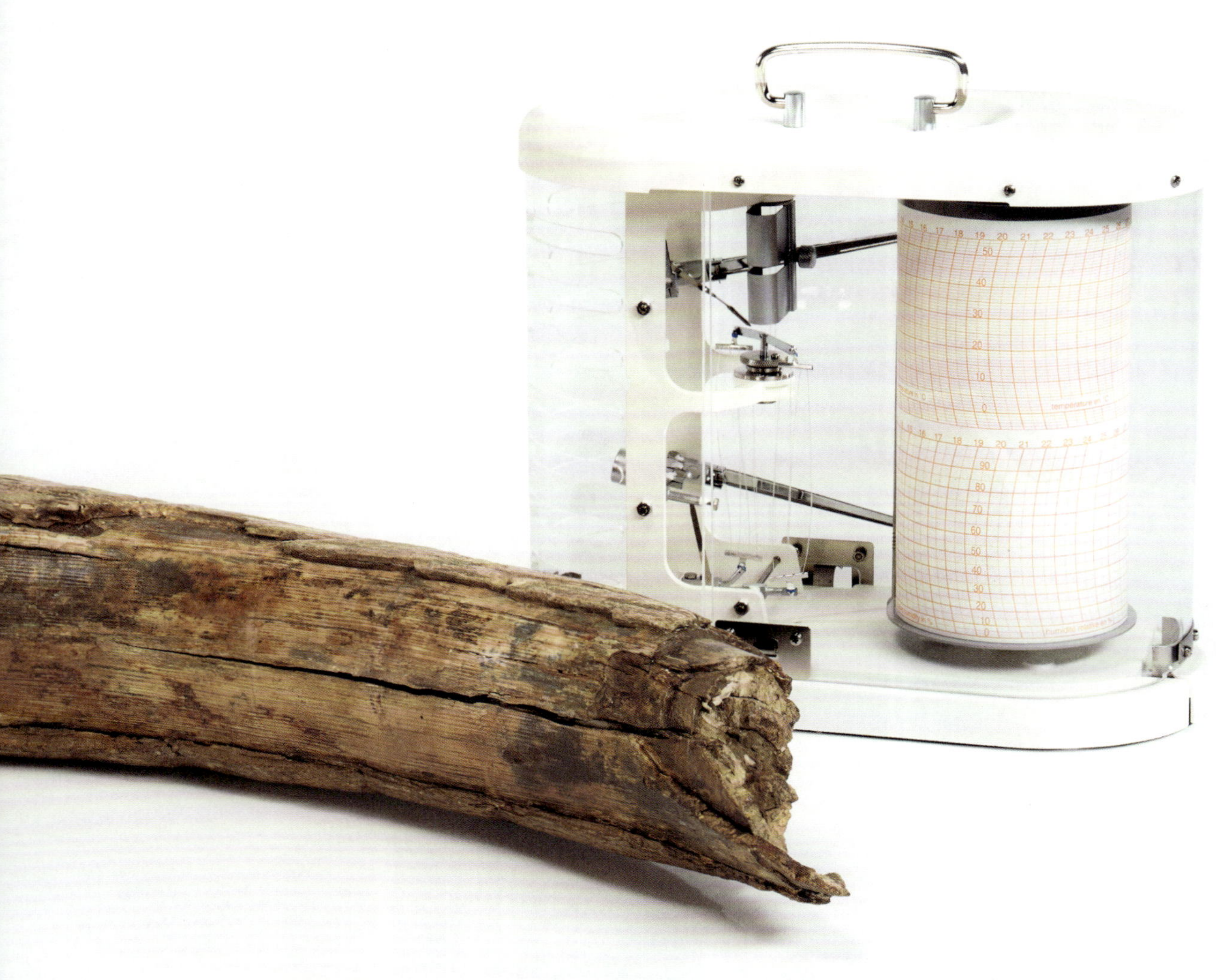

Nur bedingt wetterfest

Über den Umgang mit den rätselhaften Fürstenfiguren von St. Stephan

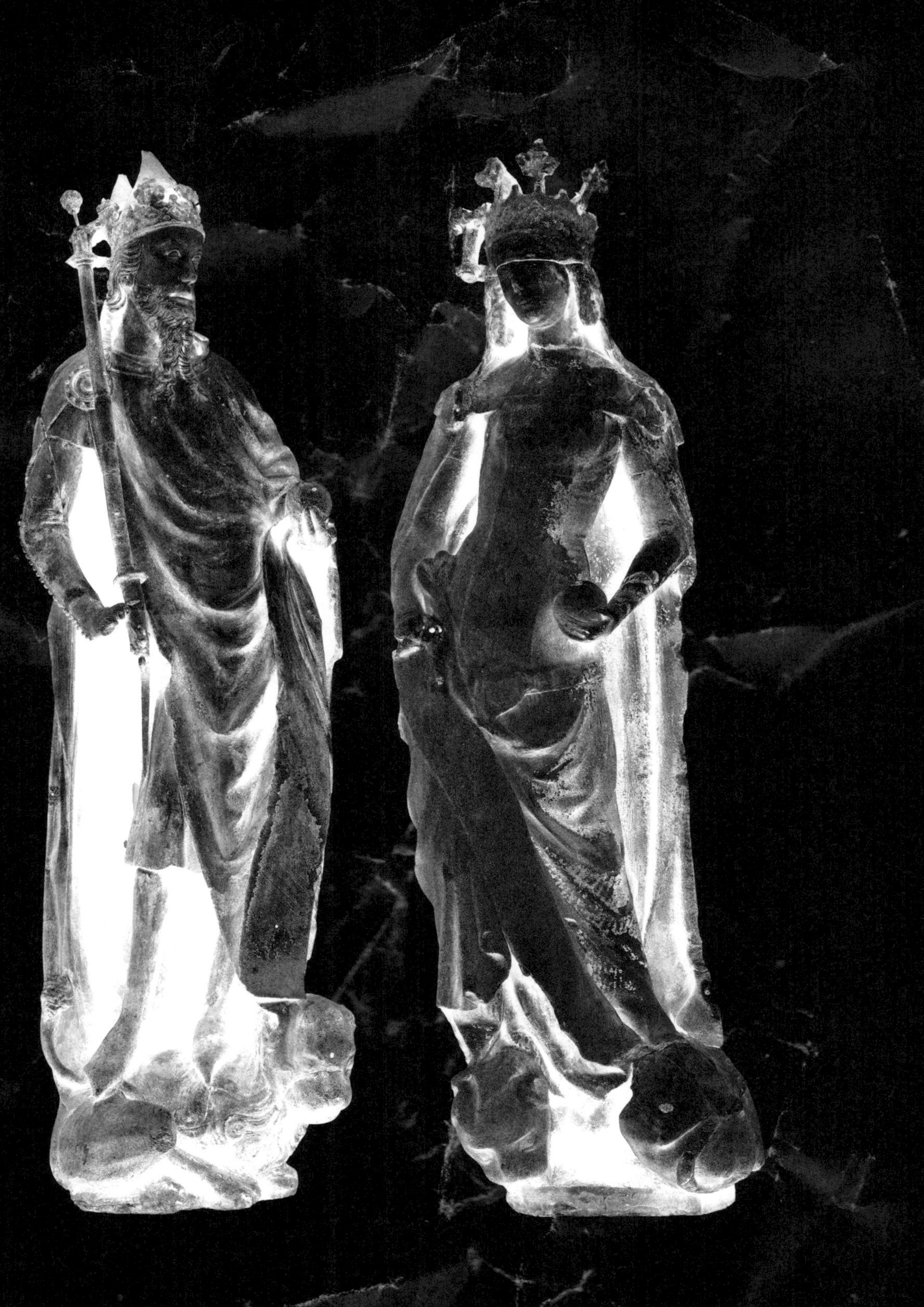

Das stehen sie nun wieder beieinander: Herzog Rudolf IV., seine Gattin Katharina von Böhmen, die Eltern und die Schwiegereltern. Sechs monumentale gotische Skulpturen. Mehr als 650 Jahre alt. Der ehrgeizige junge Herzog Rudolf IV. wusste wie kein österreichischer Landesfürst vor ihm, Bildkünste zur Selbstdarstellung zu nutzen.

Die Wiener Fürstenfiguren sind gotische Meisterwerke und zählen kulturhistorisch und künstlerisch zu den bedeutendsten Werken, die in Österreich aus dem 14. Jahrhundert erhalten sind. 1359–1365 hat man sie aus feinkörnigem, porösem Leithakalksandstein gefertigt. 16 Millionen Jahre alt sind diese Kalksteine. Meeressedimente aus dem Alpenvorland, in denen man die Rotalgen noch erahnen kann.

Wie so oft im Mittelalter ist der Urheber der Fürstenfiguren nicht bekannt. Künstler haben ja erst seit dem 15. Jahrhundert begonnen, ihre Werke systematisch zu signieren. „Es muss aber ein Künstler gewesen sein, der viele Informationen über die internationale Entwicklung auf dem Gebiet der Skulptur hatte und sie in diesen Figuren verarbeitet hat", erklärt Kurator Andreas Nierhaus.

Im Zuge der ersten großen Restaurierung des Doms ab 1858 hat man sie durch Kopien ersetzt, 1888 kamen sie als Schenkung des fürsterzbischöflichen Consistoriums in die Städtischen Sammlungen.

Bis Mitte des 19. Jahrhunderts standen die mittelalterlichen Steinmetzkunstwerke an der Westfassade und am Südturm des Stephansdoms. Als Rudolf IV. 1365 nach siebenjähriger Regierung mit 25 Jahren starb, steckte der Ausbau des Langhauses und des Südturms der Stephanskirche noch in den Anfängen. Es ist also ungewiss, ob die Figuren tatsächlich für die Standorte geschaffen wurden, an denen sie über Jahrhunderte standen. Im Zuge der ersten großen Restaurierung des Doms ab 1858 ersetzte man sie durch Kopien, 1888 kamen sie als Schenkung des fürsterzbischöflichen Consistoriums in die Städtischen Sammlungen. Das ist wohl auch der Grund, warum sie überhaupt noch erhalten sind. Besonders die Statuen des Herrscherpaars Rudolf IV. und seiner Frau Katharina von Böhmen, die an der Westfassade Wind und Wetter ausgesetzt waren, tragen deutliche Verwitterungsspuren. Die Elternpaare Herzog Albrecht II. und Johanna von Pfirt sowie Kaiser Karl IV. und Blanche von Valois, die südlich am hohen Turm aufgestellt waren, sind deutlich besser erhalten.

Heute zählen die Figuren zu den zentralen Werken des Wien Museums. Während des Umbaus wurden sie zunächst als Leihgaben im Belvedere präsentiert, bevor sie von einem Restauratorinnenteam um Anna Boomgaarden in den Werkstätten des Bundesdenkmalamts restauriert wurden. Die räumlichen Gegebenheiten dort machten es möglich, die Figuren nebeneinanderzustellen, was wichtig war, um ein einheitliches Bild zu bekommen.

Wiederherstellen lässt sich die Vergangenheit nicht. Aber Restaurierung kann ihre Geschichte ergründen.

Extrem präsent wirken diese Steinfiguren, trotz ihres Alters. Man kann ihnen nun im Museum sehr nahe kommen. Wie sie ursprünglich ausgesehen haben, darüber kann man nur mutmaßen. „Wiederherstellen lässt sich die Vergangenheit nicht. Aber Restaurierung kann ihre Geschichte ergründen", sagt Anna Boomgaarden. Dabei ging es um ein authentisches Erscheinungsbild unter Berücksichtigung des Alterswerts: also um einen gepflegten Zustand, der möglichst wenig von Weißschleier, Flecken und Krusten beeinträchtigt ist. Insbesondere bei Rudolf und seiner Gattin. Bei sämtlichen Figuren waren die Oberflächen und die Steinsubstanz stark verbräunt. Dies zu beheben, war ebenfalls Ziel der Restaurierung. Allein die Reinigung erwies sich als komplexe Sache. „Ein Konzept zur Reinigung solcher Figuren zu erarbeiten, ist keine Kleinigkeit. Da gibt es unterschiedliche Methoden, von vorsichtiger mechanischer Reinigung bis Laserbehandlung. In diesem Fall haben wir trocken gereinigt, unter anderem mit Ziegenhaar und mit Pasten mit Lösemitteln", sagt Anna Boomgaarden. Ein zur Reinigung eingesetztes Gel bestand aus Agar-Agar – einem Mehrfachzucker aus japanischen Algen, der nicht nur in der Restaurierung, sondern auch in der Lebensmittelindustrie bekannt ist. Dort wird Agar-Agar auch „Japanische Gelatine" genannt und als Alternative zum klassischen Geliermittel gebraucht.

„Es ging uns aber nicht darum, die Figuren wieder schön zu machen. Sondern darum, die Spuren der Geschichte zu zeigen." Nicht zuletzt galt es daher, die Objekt- und die Restaurierungsgeschichte zu erkunden. Schon in den 1960er-Jahren hatten maßgebliche Restaurierungen stattgefunden. Die Datenbanken des Museums lieferten viele weitere Hinweise. Unter anderem fand man Fotos aus dem 19. Jahrhundert, als die Figuren am Stephansdom durch Kopien ersetzt wurden.

Und natürlich hatte die Restaurierung auch rein konservatorische Ziele, um gefährdete Bereiche zu bearbeiten. „Solche Dinge sieht man nicht wirklich, da geht es rein um Erhaltung. So etwas muss natür-

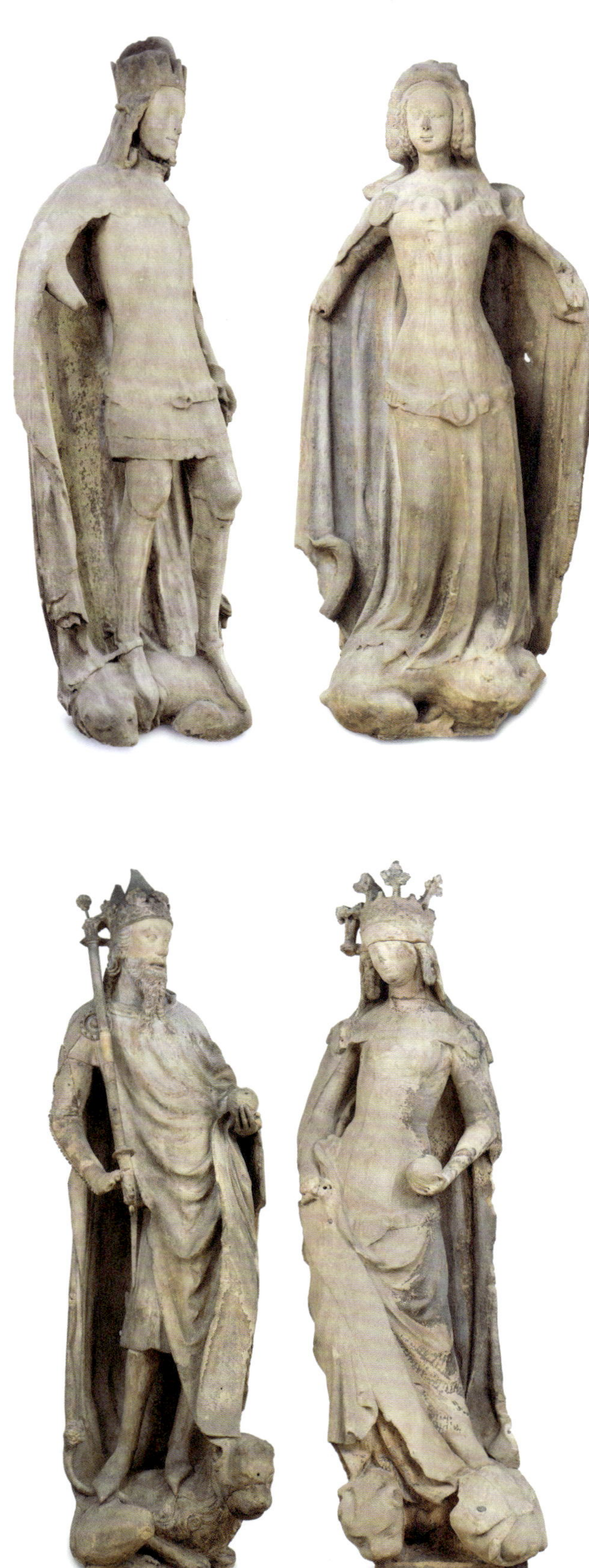

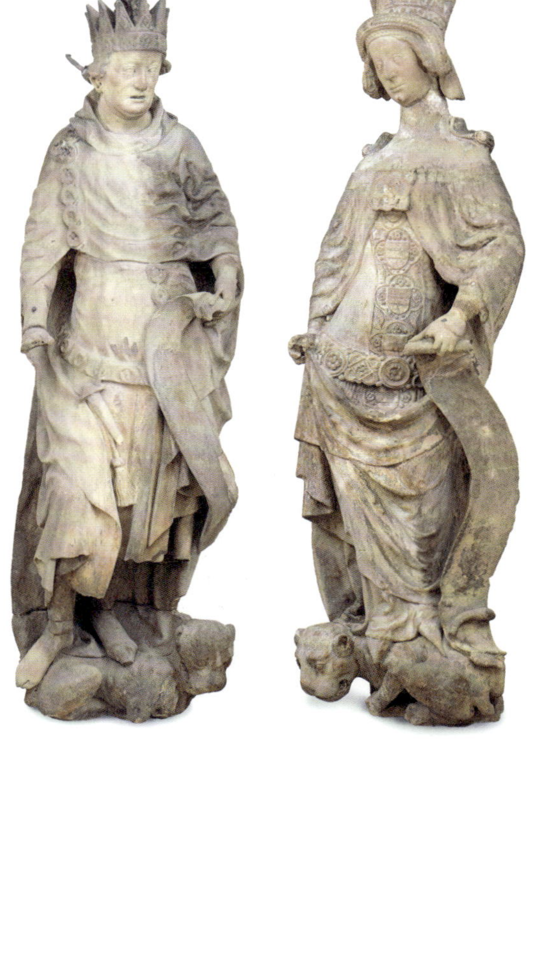

Ehepaare vor der Restaurierung. Herzog Rudolf IV. und Katharina von Böhmen (oben), Kaiser Karl IV. und Blanche von Valois (unten), Herzog Albrecht II. und Johanna von Pfirt (rechts)

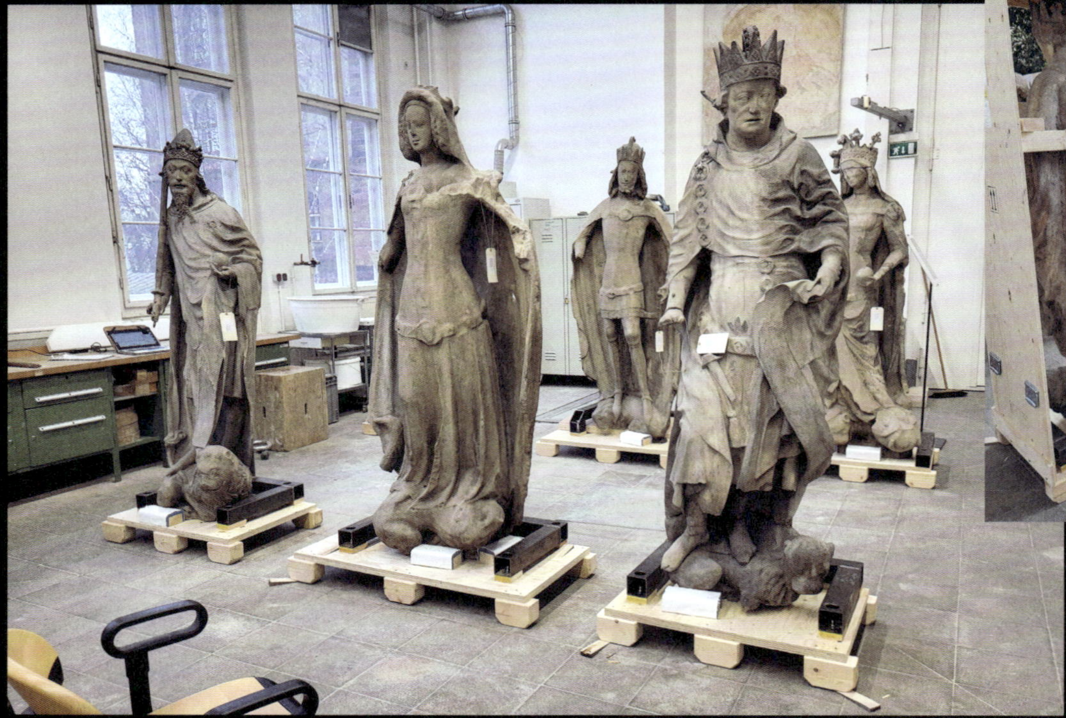

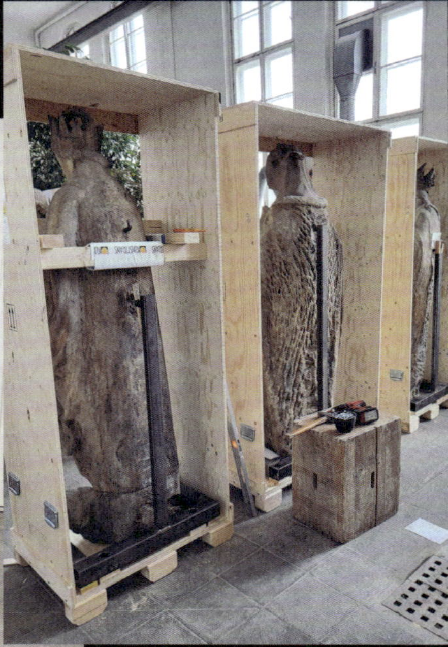

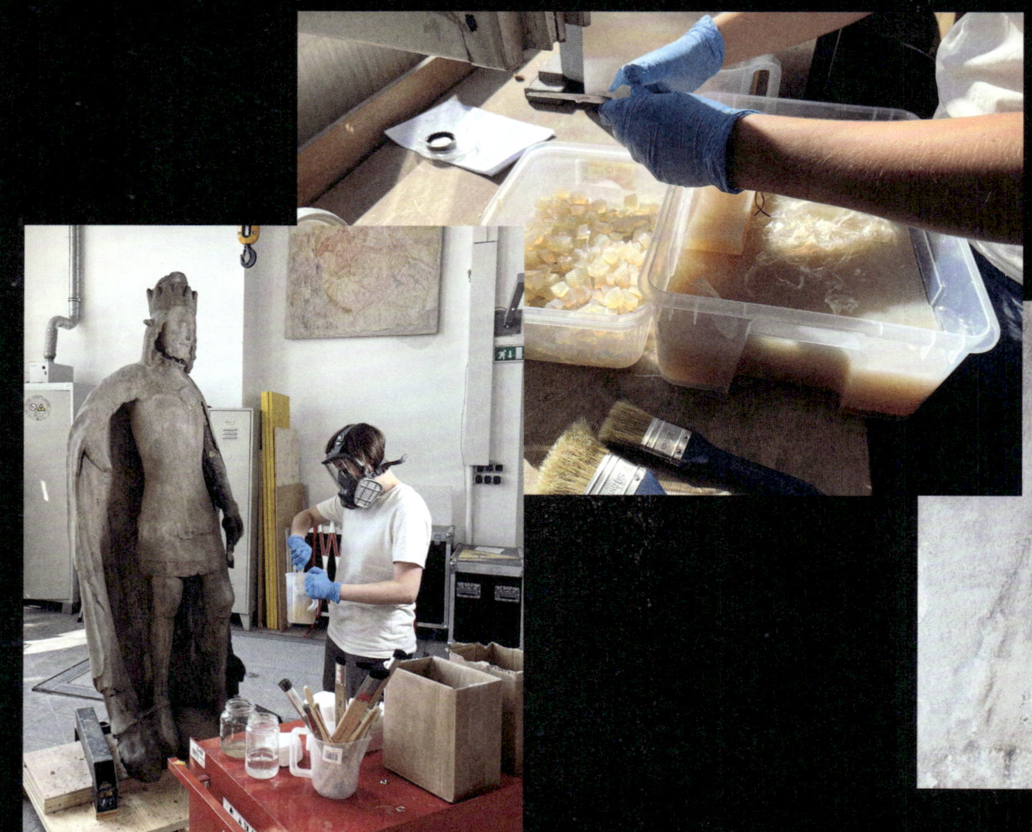

↗ Die Fürstenfiguren in der Werkstatt des Bundesdenkmalamts

→ Herstellung eines Agar-Agar-Reinigungsgels

↘ Restauratorin Anna-Maria Tupy beim Auftragen des Reinigungsgels mit Lösemitteln

↓ Reinigung der Krone Kaiser Karls IV. mittels Agar-Agar-Reinigungsgels

↓ Ergebnis des getrockneten Agar-Agar-Reinigungsgels: Die Verbräunungen wurden deutlich reduziert.

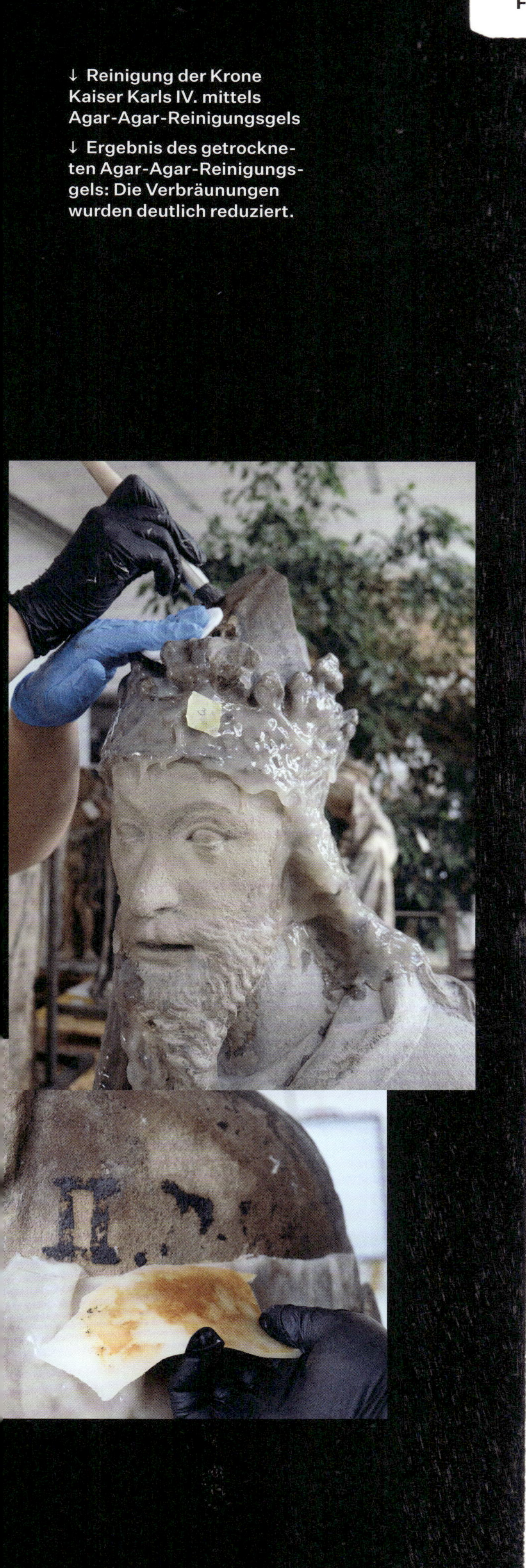

lich auch technisch einwandfrei sein." Vor allem wurden dysfunktionale Steinverbindungen überarbeitet. Formen wurden meist nur dann ergänzt, wenn sie zur Erhaltung der Substanz notwendig waren oder wesentlich zur Lesbarkeit der Form beitrugen.

> Ein Konzept zur Reinigung solcher Figuren zu erarbeiten, ist keine Kleinigkeit. Da gibt es unterschiedliche Methoden, von vorsichtiger mechanischer Reinigung bis Laser-Behandlung.

Herzog Rudolf IV., genannt der Stifter, war eine der wichtigsten, aber auch eine der schillerndsten historischen Gestalten des mittelalterlichen Wien. Er versuchte, seine Stellung innerhalb des Reichs durch Fälschungen von Privilegien zu verbessern. „So hat er etwa das sogenannte Privilegium maius fälschen lassen: eine Urkunde, die den Herzögen von Österreich besondere Rechte zugesteht, zum Beispiel das Tragen des Erzherzogtitels. Diese Fälschung haben bereits die Zeitgenossen erkannt, aber Rudolf hat dennoch daran festgehalten, denn er wollte das Haus Habsburg den anderen Herrschergeschlechtern gleichstellen", so Kurator Andreas Nierhaus. „Mit der gotischen Erweiterung von St. Stephan hat Rudolf das auch architektonisch manifestiert. Indem er das kirchliche Gebäude zusätzlich mit einer weltlichen Machtsphäre umfing – also mit der Darstellung noch lebender Herrscherpersönlichkeiten anstatt, wie üblich, Heiligenfiguren –, baute er den Dom zu einem Monument der Dynastie aus."

> Die Darstellung des Herzogspaares ist außergewöhnlich. Die extrem dünnen Körperformen kann man auf das Körperideal der Zeit zurückführen.

Die Entstehung der Fürstenfiguren ist also in Zusammenhang mit den politischen Ambitionen Herzog Rudolfs zu sehen.

Die Darstellung des Herzogspaars ist außergewöhnlich. Die extrem dünnen Körperformen kann man auf das Körperideal der Zeit zurückführen. Auch auf eine höfische Mode, die diese schlanken Körper betont hat. Ursprünglich waren die Figuren sehr detailliert ausgearbeitet. Sie sind heute durch die Witterung na-

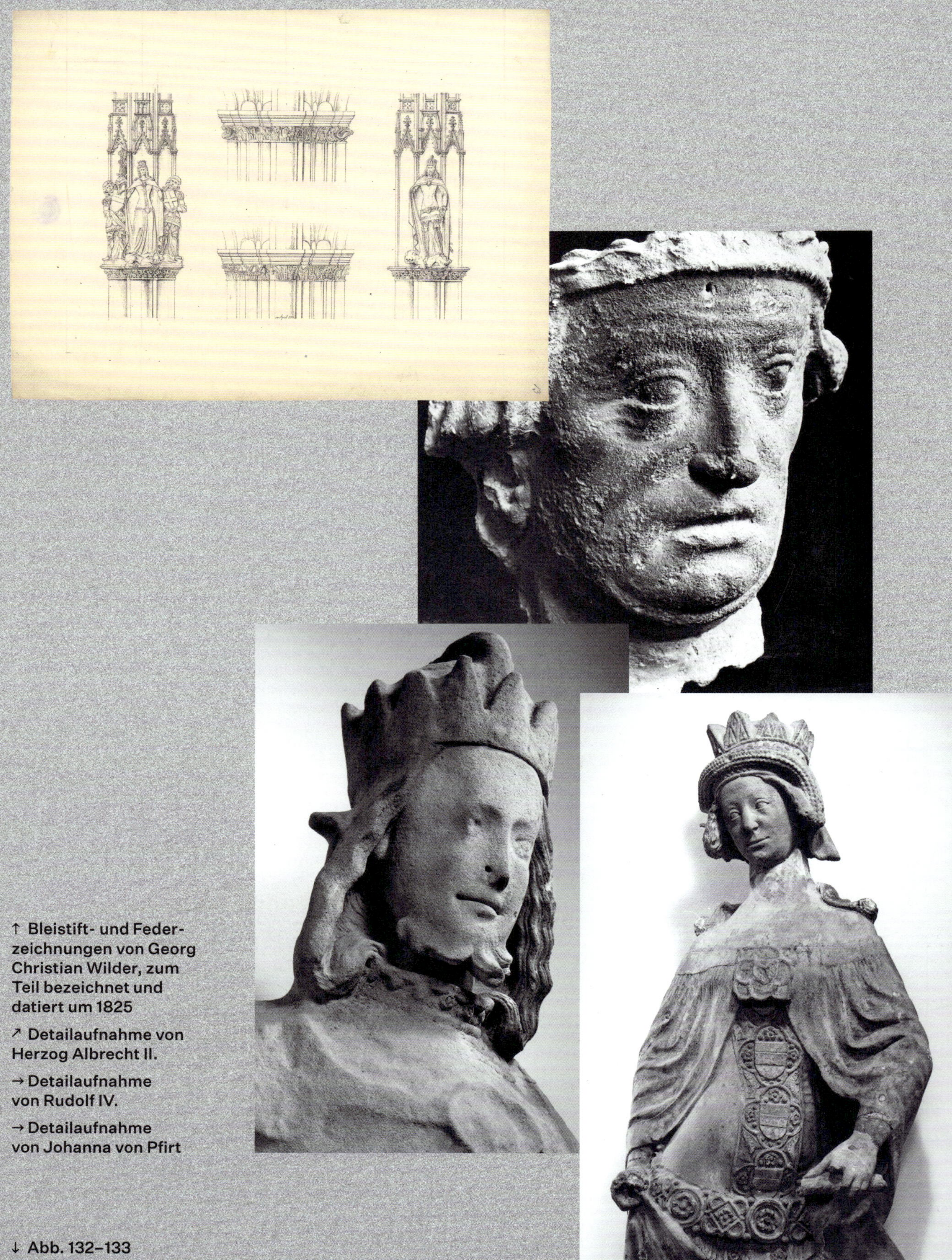

↑ Bleistift- und Federzeichnungen von Georg Christian Wilder, zum Teil bezeichnet und datiert um 1825

↗ Detailaufnahme von Herzog Albrecht II.

→ Detailaufnahme von Rudolf IV.

→ Detailaufnahme von Johanna von Pfirt

↓ Abb. 132–133 Detailaufnahme von Blanche von Valois

türlich reduziert. An einigen Teilstücken erkennt man noch, wie aufwendig Details an der Kleidung ausgeführt waren. „Aber Rudolf hat im Lauf der Jahrhunderte viel von der plastischen Ausarbeitung verloren", sagt Anna Boomgaarden.

> Ursprünglich waren die Figuren sehr detailliert ausgearbeitet. Sie sind heute durch die Witterung natürlich reduziert.

Schönheitsoperationen hat man den Fürsten im Zuge der Restaurierung erspart. Formen wurden so gut wie keine ergänzt, weder Nasenspitzen, Kronen noch fehlende Finger. „Die Zeiten, in denen man alles neu machte, sind vorbei. Es geht bei Restaurierung heute darum, die Objekte einerseits für den Betrachter ansprechend zu machen, andererseits möglichst wenig in die Substanz einzugreifen. Einfach abwaschen ist keine Option, das könnte mehr schaden als nutzen. Restaurierungsziele bei Figuren wie diesen zu formulieren, ist herausfordernd. Und für den Laien im ersten Moment nicht immer leicht nachvollziehbar."

> Das sind erstaunlich realistische Porträts, die in der damaligen Skulptur eigentlich keine Parallelen haben.

Die Identifizierung der Figuren war lange strittig. Lange Zeit wusste man nicht, wer da eigentlich dargestellt ist. Rudolf und Katharina waren durch Vergleiche mit den Darstellungen auf ihrem Grabmal, das im Stephansdom erhalten ist, erkennbar. Während die beiden nicht sehr porträthafte, sondern idealisierte Züge tragen, ist das bei den Schwiegereltern und vor allem bei den Eltern Rudolfs anders. „Das sind erstaunlich realistische Porträts, die in der damaligen Skulptur eigentlich keine Parallelen haben", sagt Andreas Nierhaus. „Diese Figuren werfen bis heute Fragen auf. Wir wissen etwa nicht mit Sicherheit, für welchen Platz am Dom die Statuen der Eltern und Schwiegereltern gedacht waren. Das wird weiterhin Gegenstand von Diskussionen sein."

Rätselhaft bleiben sie also, diese uralten, verwitterten Figuren. In ihrer Mitte Rudolf, als Mittzwanziger eingefroren, vor mehr als 650 Jahren.

Herzogswerkstatt
Herzog Rudolf IV. der Stifter

↑

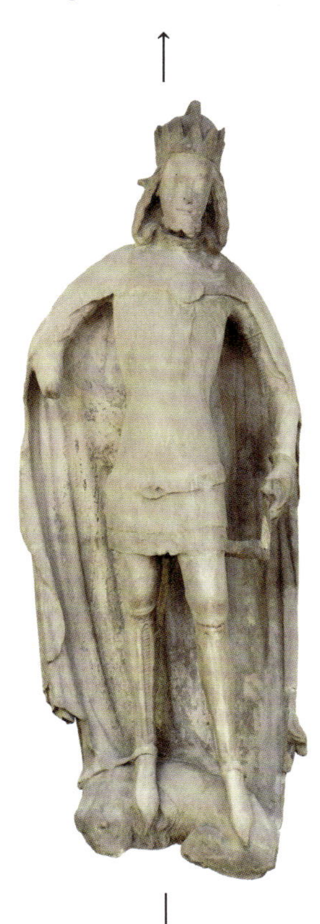

↓

um 1359–1365
Kalksandstein
ca. 210 × 70 × 50 cm
ca. 350 kg

Im Fokus

Alterswert

Was macht den Wert von Museumsobjekten aus? Das ist nicht nur eine kuratorische Frage (oder eine Frage des Kunstmarkts). Aus restauratorischer Sicht kommt dem „Alterswert“ eine zentrale Rolle zu. Objekte gelangen meist dann in eine Sammlung, wenn sie bereits eine Geschichte haben. Sie wurden also benutzt, gepflegt, repariert oder ergänzt.

Welchen Wert diese Spuren haben und welche davon erhaltenswert sind, muss daher genau überlegt werden.

Denn Restaurieren heißt: die Objektgeschichte würdigen, nicht auslöschen. Waren Steinskulpturen über lange Zeit an einer Fassade angebracht und der Witterung ausgesetzt, dann zeugt die Erosion von ihrer Geschichte – und ist demnach zu erhalten. Wurden die Skulpturen in früheren Zeiten auch restauriert und die dabei verwendeten Materialien sind mittlerweile vergilbt, können sie eventuell durch neue ersetzt werden.

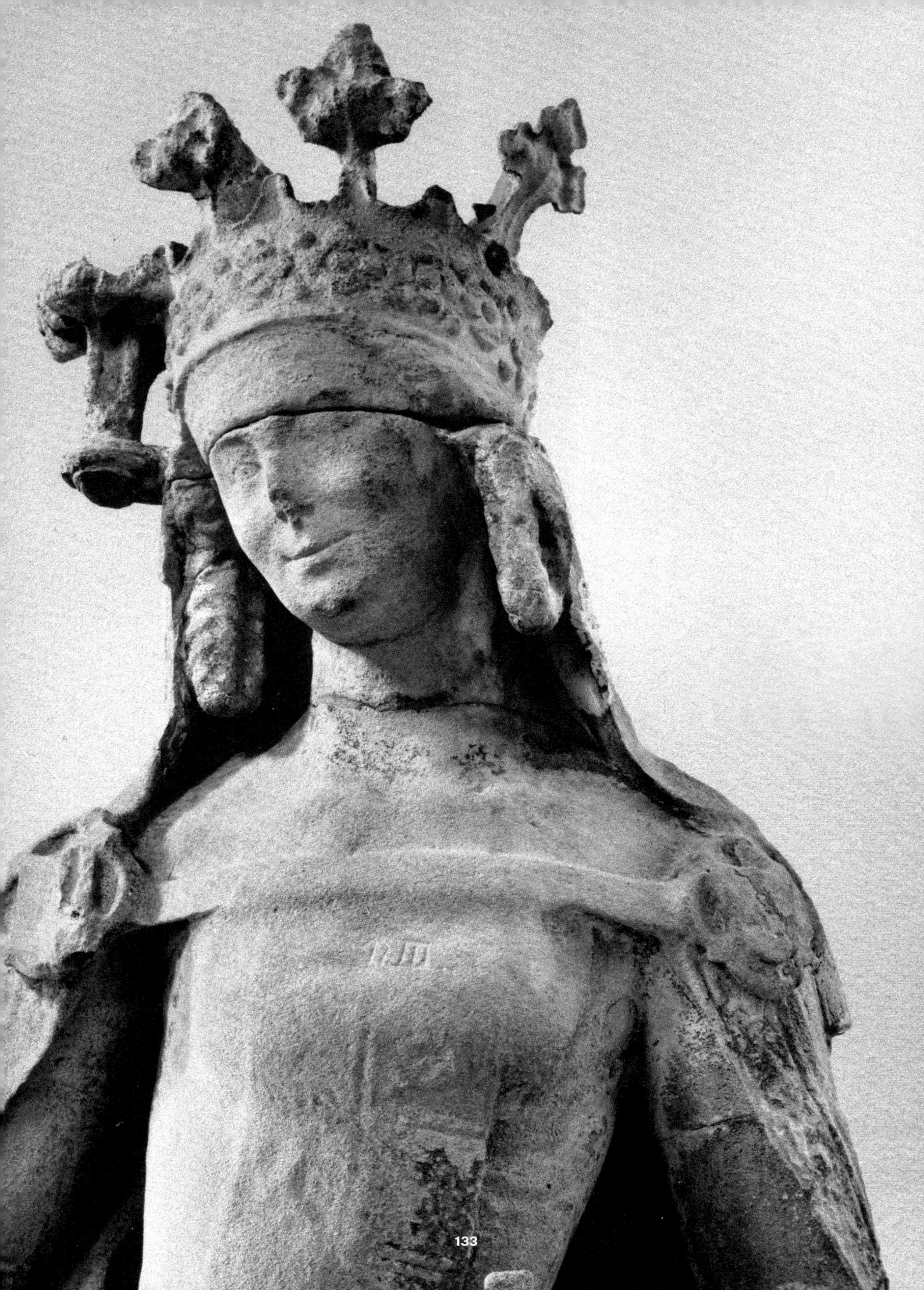

Ein Strahlen durch Jahrhunderte

Die mittelalterlichen Glasfenster von St. Stephan haben ihre Farbenpracht zurückerhalten

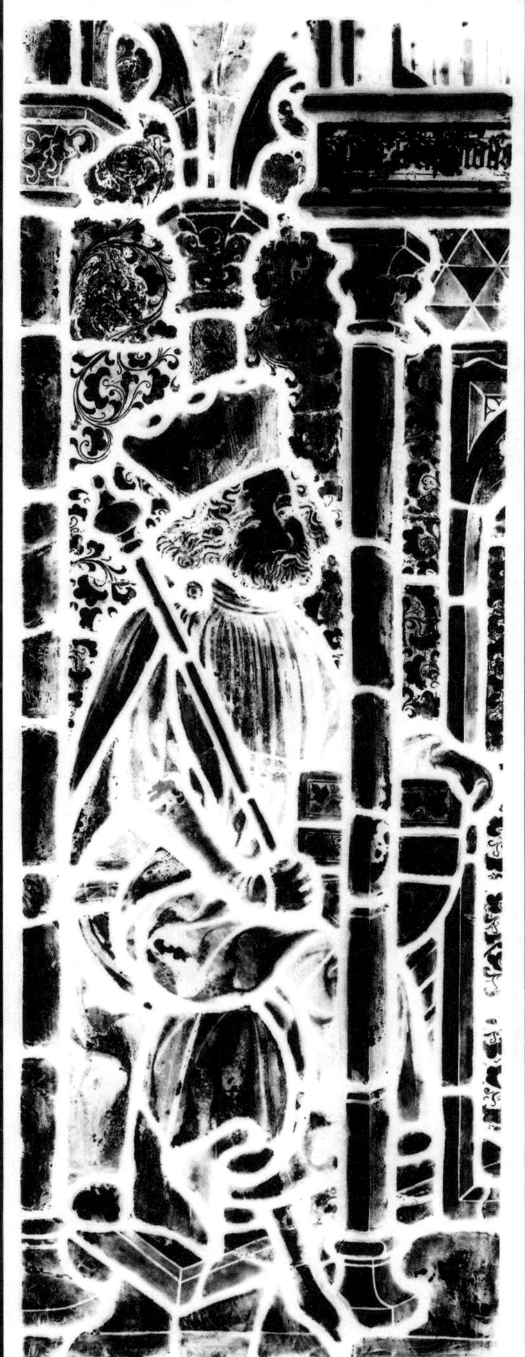

Dieses Leuchten. Fast 650 Jahre alt sind diese Glasfenster, und doch geht ihr Strahlen durch und durch. Es berührt auch Kathrin Schmidt.

Kathrin Schmidt ist Objektrestauratorin. Unter ihrer Obhut wurden jene Glasfenster restauriert, die sich einst in der sogenannten Bartholomäuskapelle des Stephansdoms befunden haben und nun in der Dauerausstellung des Wien Museums zu sehen sind. Darunter ein Porträt von Rudolf IV., dem Stifter. Er trug einen wesentlichen Teil des Reliquienschatzes zusammen, der in der Kapelle verwahrt war. Die bedeutenden Glasmalereien sind ein Hauptwerk der „Herzogswerkstatt".

Die Fenster sind eine absolute Rarität, denn die meisten gemalten mittelalterlichen Glasfenster von St. Stephan sind dem neuzeitlichen Bedürfnis nach mehr Licht zum Opfer gefallen. Da die Bartholomäuskapelle in der Südwestecke des Doms davon jedoch bis ins späte 18. Jahrhundert verschont blieb, können nun wir diese Kostbarkeiten bestaunen. Sie wurden im 19. Jahrhundert ausgebaut und dem Wien Museum sowie dem Museum für angewandte Kunst übergeben.

> Die Fenster sind eine absolute Rarität, denn die meisten gemalten mittelalterlichen Glasfenster von St. Stephan sind dem neuzeitlichen Bedürfnis nach mehr Licht zum Opfer gefallen.

Im Frühjahr 2023 wurden die Fenster, die für die Dauerausstellung vorgesehen waren, im Depot des Wien Museums in Himberg restauriert. Dafür erstellte Objektrestauratorin Kathrin Schmidt ein Konzept und beauftragte eine externe Restauratorin, die sich auf mittelalterliche Glasmalerei spezialisiert hat: Angela Vorhofers Aufgabe war es, die Oberflächen von losem Staub und Schmutz zu reinigen, alle Glasscheiben auf ihre Stabilität zu überprüfen und Sicherungsmaßnahmen wie das Kleben von Sprüngen oder das Festigen von Korrosionserscheinungen durchzuführen. Weil Glas ein sehr heikles Material ist und Schäden kaum reversibel sind, wurden etwa Kittrückstände und andere Verschmutzungen nur vorsichtig reduziert und nicht zur Gänze weggenommen.

Im Vorfeld waren die Fenster vom Bundesdenkmalamt begutachtet worden. Auf dieser Expertise fußte das Restaurierungskonzept. Der Zustand der Fenster war stabil, sagt Schmidt, weil sie schon 1890 ins Museum kamen. „Sie haben sich somit als historische Scheiben erhalten und haben überhaupt keine Kriegsschäden wie andere Fenster, die im Dom verblieben sind."

Das Interessanteste dabei sei, dass die Glasfenster im Wien Museum eine Objektgeschichte erzählen. „Nicht nur darüber, wie sie im Mittelalter hergestellt wurden, sondern auch davon, was im Lauf der Jahrhunderte alles an Reparatur- und Restaurierungsmaßnahmen unternommen wurde. Wir haben uns mit Kuratorin Eva-Maria Orosz darauf geeinigt, dass wir diese Geschichte zugänglich machen wollen, und haben keine der historischen Restaurierungsmaßnahmen wieder zurückgearbeitet."

> Bemalte Glasfenster reagieren stark auf Klimaschwankungen, auf Sonneneinstrahlung, Regen und Luftfeuchtigkeit.

Dutzende Male sind die Glasfenster über die Jahrhunderte hinweg restauriert worden. 1380 von Herzog Albrecht III. in Auftrag gegeben, wurden sie bereits 1426 das erste Mal ausgebessert: Sie waren im Außenbereich angebracht und immer der Witterung ausgesetzt.

„Bemalte Glasfenster reagieren stark auf Klimaschwankungen, auf Sonneneinstrahlung, Regen und Luftfeuchtigkeit. Dadurch kann es zu Schäden unterschiedlicher Art kommen, unter anderem auch zu Sprüngen. Wenn sich diese weiterziehen, können Teile der Glasscheiben ausbrechen, und es entstehen Fehlstellen. Dazu kommt noch ein Schadensbild, das über die Jahrhunderte hinweg entstanden ist, nämlich die Glaskorrosion: Aufgrund von saurem Regen und Luftschadstoffen werden Materialien, die Teil des Glases sind, ausgeschwemmt, und es kommt zu Verwitterung und Eintrübungen auf der Oberfläche."

> Wenn man Sprünge festgestellt hat, wurde das Original vorn und hinten wie in einem Sandwich-Paket gesichert.

War Glaskorrosion wohl erst später Thema, manifestierten sich mechanische Schäden schon früh. „Sprünge mussten immer wieder gesichert werden. Man führte zu diesem Zweck zunächst sogenanntes Sprungblei ein. Im vorigen Jahrhundert ist man dann dazu übergegangen, Deckgläser anzubringen. Wenn man festgestellt hat, dass es in der Scheibe Sprünge gab, hat man bei dem jeweiligen Feld vorn und hinten ein passgenaues Glas angebracht, um den Bruch zu sichern, damit das Glas nicht weiter brechen konnte und nicht verloren ging. Das Original wurde wie in einem Sandwich-Paket gesichert."

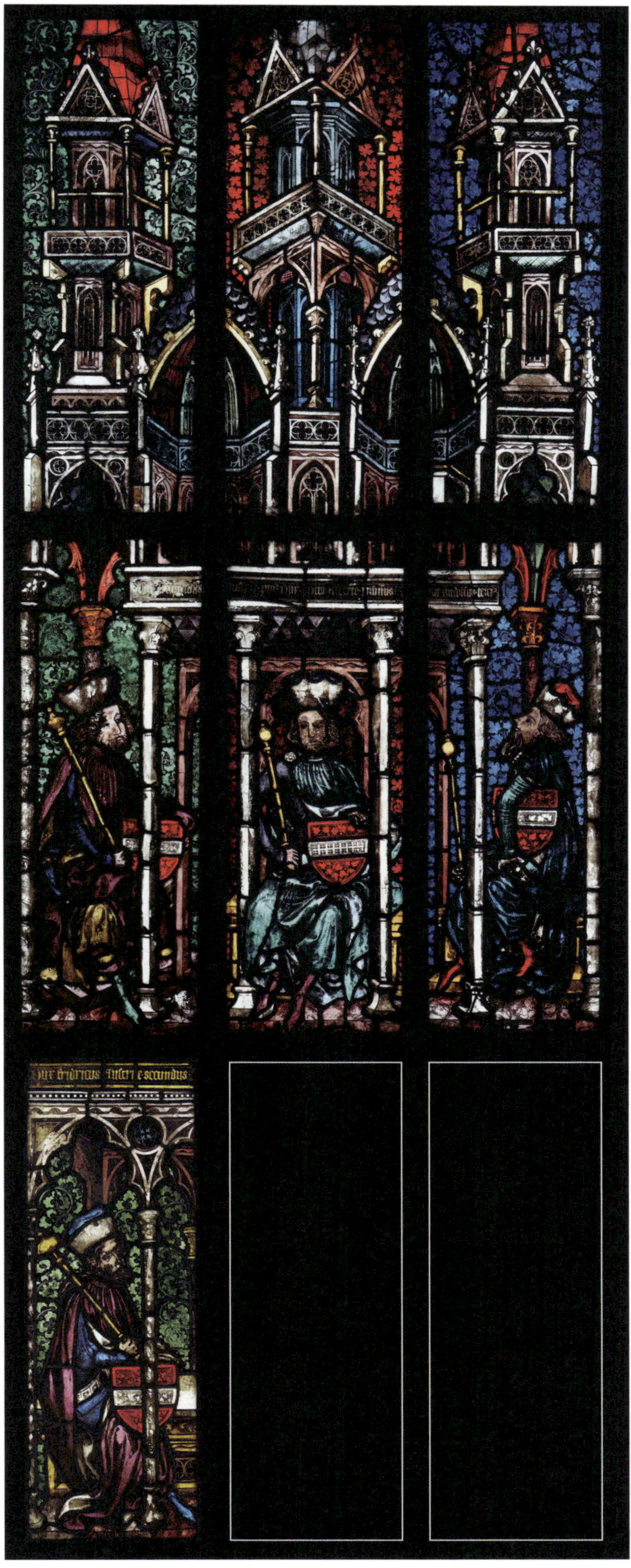

Sog. Habsburgerfenster aus der Bartholomäuskapelle von St. Stephan. Zwei der neun Glasfenster sind nicht erhalten.

↘ Detailaufnahme eines Sprungs in der Glasscheibe

↓ In der Seitenaufnahme wird das Deckglas über der Originalscheibe deutlich sichtbar.

↘ Bräunliche Kittrückstände auf der Glasmalerei

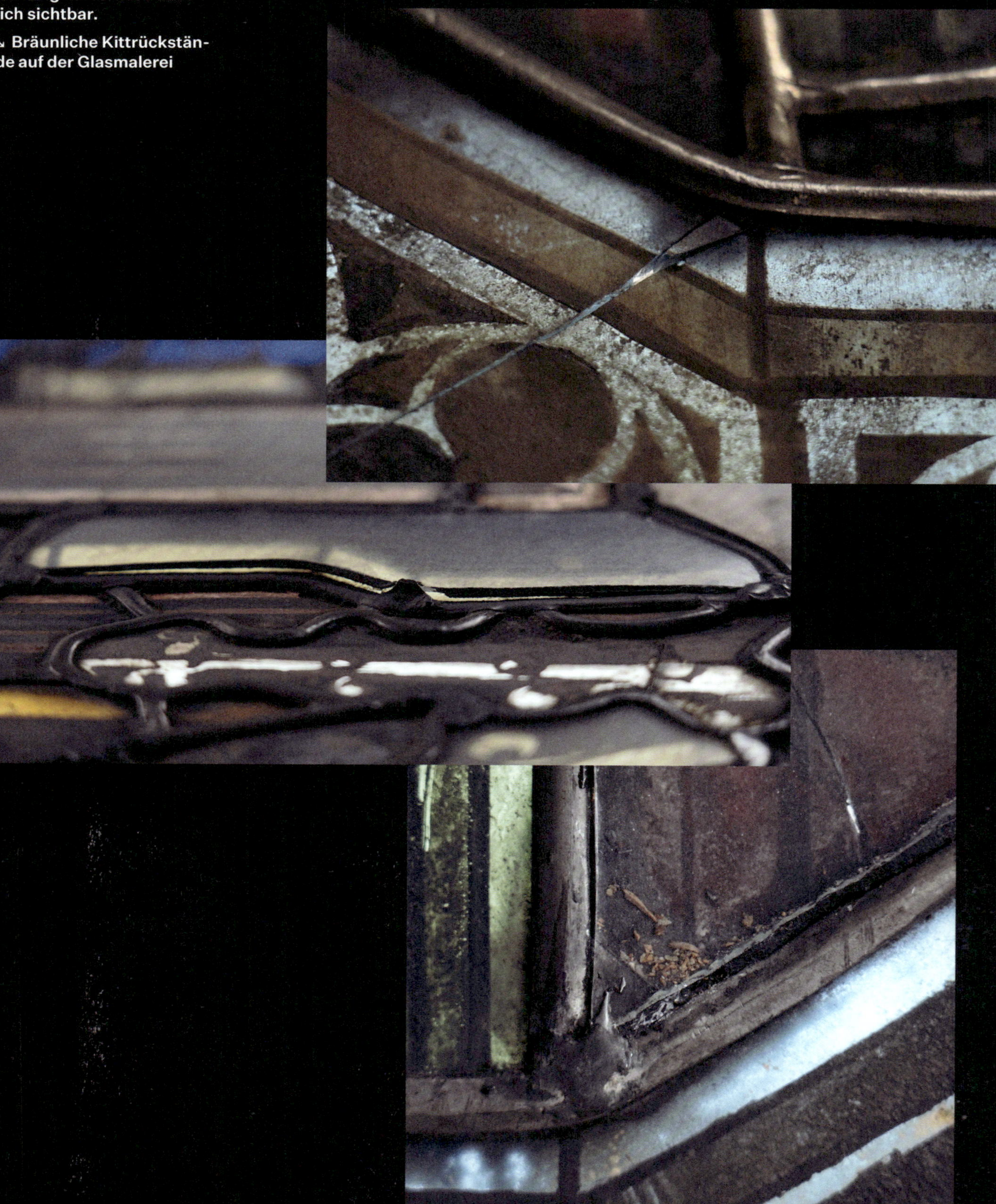

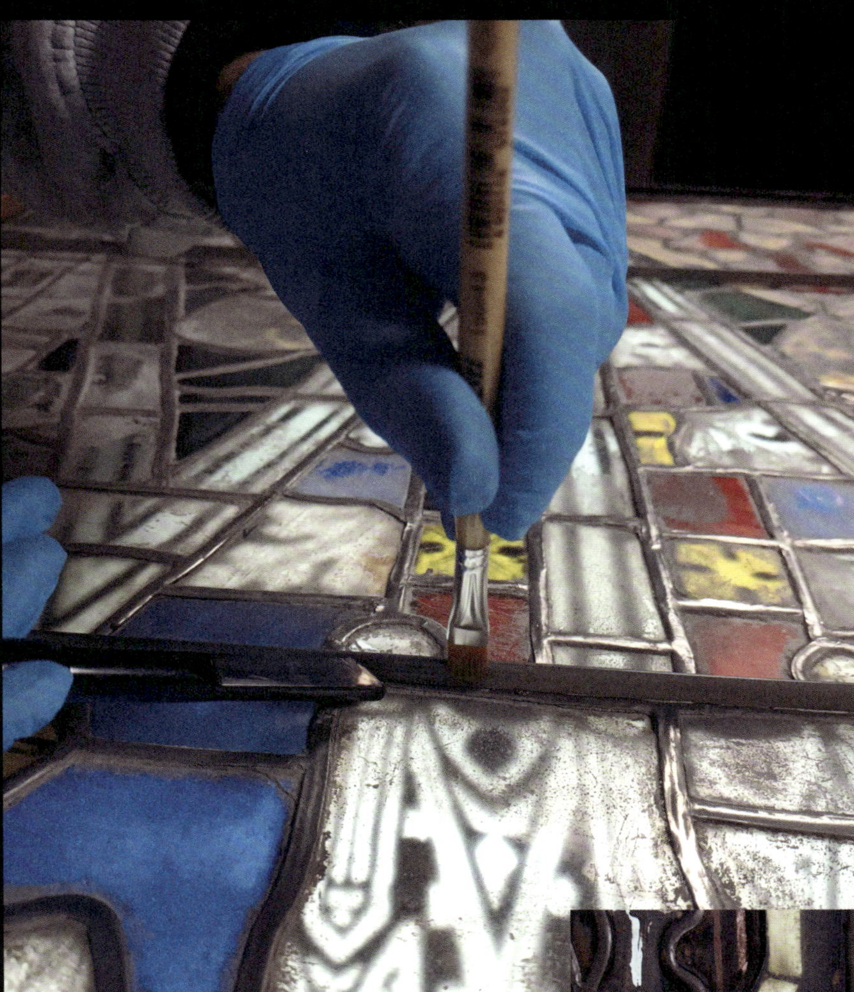

↑ Trockenreinigung mit Pinsel

→ Detailaufnahme von Architekturelementen

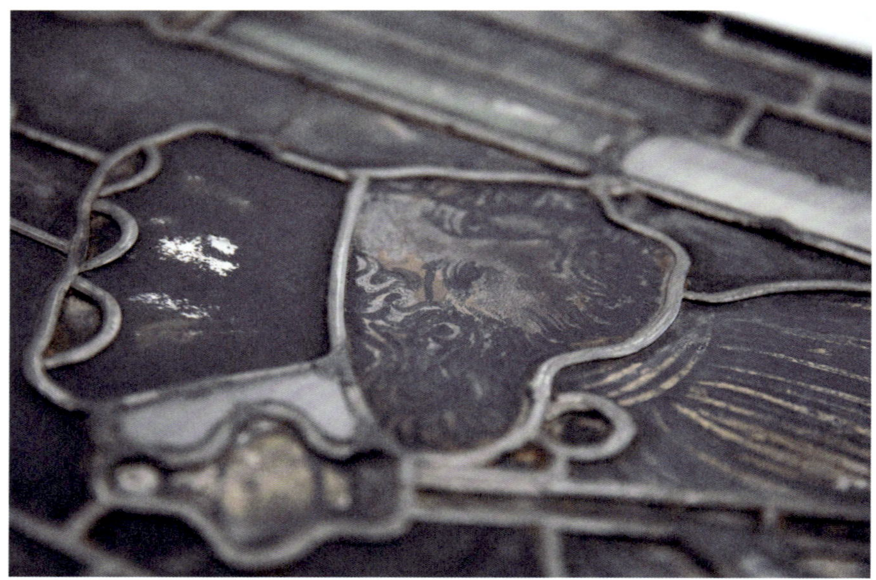

Detailaufnahme eines Habsburgerfensters

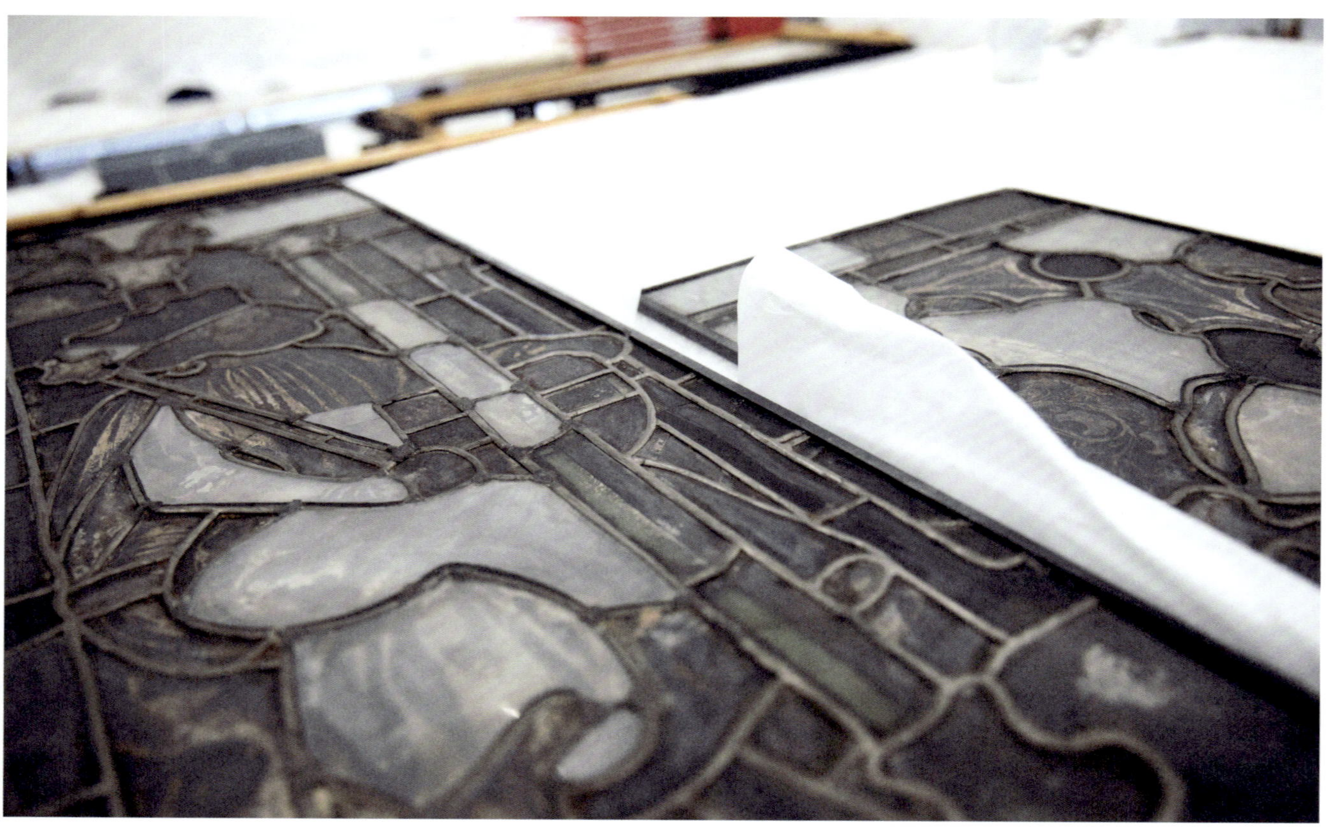

Zwei Glasscheiben zur Begutachtung in der Restaurierungswerkstatt: Durchsichtige Deckgläser sind hinter Originalgläsern, die Sprünge aufweisen, angebracht, um ein Herausfallen der Originale zu verhindern.

Die Scheiben, die in der neuen Dauerausstellung zu sehen sind, sind zu einem Großteil original. „Wenn man davorsteht, kann man mit geschultem Auge die Reparaturmaßnahmen genau erkennen. Wo wurde was gemacht? Wo befinden sich die Deckgläser? Aber auch: Wo sind Fehlstellen ergänzt worden, wo wurde retuschiert? Man sieht einen deutlichen Unterschied zwischen nicht erhaltener Originalsubstanz und den Restaurierungsmaßnahmen der vergangenen Jahrhunderte. Und man erkennt auch deutlich, wo Deckgläser eingesetzt wurden, allein schon durch die andere Lichtbrechung."

Wie gut sind die Restaurierungsmaßnahmen der Vergangenheit für das Bewahren der Fenster heute?

Im 15. Jahrhundert wurden die Fenster mehrmals gesichert. Gesichert ist auch, dass man sie 1888 in Teilen restauriert und 1951 einer größeren Restaurierung unterzogen hat: Es gibt sogar noch Rechnungen und Vermerke von „reparaturbedürftiger Glasmalerei" von damals.

Die Restaurierungsgeschichte ist wichtig, natürlich. Und dennoch: „Die jetzige Restaurierung war ein Abwägen von Prioritäten. Einerseits ging es um die Erhaltung der Restaurierungsgeschichte und zugleich war unser oberstes Restaurierungsziel natürlich, die Scheiben zu stabilisieren. So mussten wir lockere Deckgläser herunternehmen, um darunterliegende Sprünge im Glas kleben zu können, um weiterem Verlust vorzubeugen. Wir fragten uns ständig: Wie gut sind die Restaurierungsmaßnahmen der Vergangenheit für das Bewahren der Fenster heute?"

Im Lauf der Geschichte wurde manches verändert, aber nie so, dass die gesamte Scheibe ersetzt worden wäre. Wer mit solchen Objekten arbeitet, hat gewiss einen anderen Bezug zum Zeitgeschehen. „Die Arbeit mit jahrhundertealten Kunstwerken stellt vieles in Relation", sagt Kathrin Schmidt.

Es war unglaublich schön zu sehen, wie auch durch minimale restauratorische Eingriffe eine große Verbesserung sichtbar wurde.

Präsentiert werden die Fenster im neuen Museum mit Licht von hinten, sodass alle Motive und Farben gut zu sehen sind. Beleuchtet werden sie über LED-Paneele in der Wand, die besonders wenig Wärme abgeben. „Für mich war es unglaublich schön, zu sehen, wie auch durch minimale restauratorische Eingriffe eine große Verbesserung sichtbar wurde. Allein durch das Reinigen sind die Farben kräftiger geworden. Sie dann im Leuchtkasten zu sehen war sehr beeindruckend, und ich dachte mir: Oh ja, die haben eine ziemliche Strahlkraft. So eine Farbexplosion hat man bei keinem anderen Kunstwerk."

Niemand bleibt angesichts des Leuchtens dieser mystisch wandelnden Lichtbilder unberührt. Man kann sich gut vorstellen, dass manche einst im Farbenspiel und der Strahlkraft jener Glasmalereien das Göttliche erkennen wollten.

Architekturmotiv des zweiten Habsburgerfensters aus der Bartholomäuskapelle in St. Stephan

↑

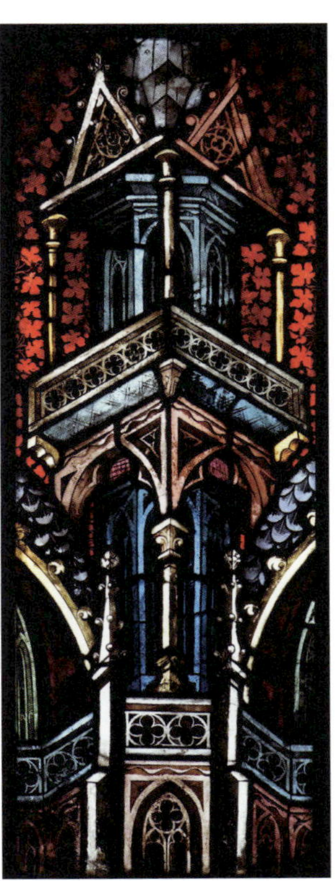

↓

um 1830
Hüttenglas
Schwarzlotmalerei
101,5 × 35 cm

Dank an die Domkirche zu St. Stephan

Im Fokus

Patina

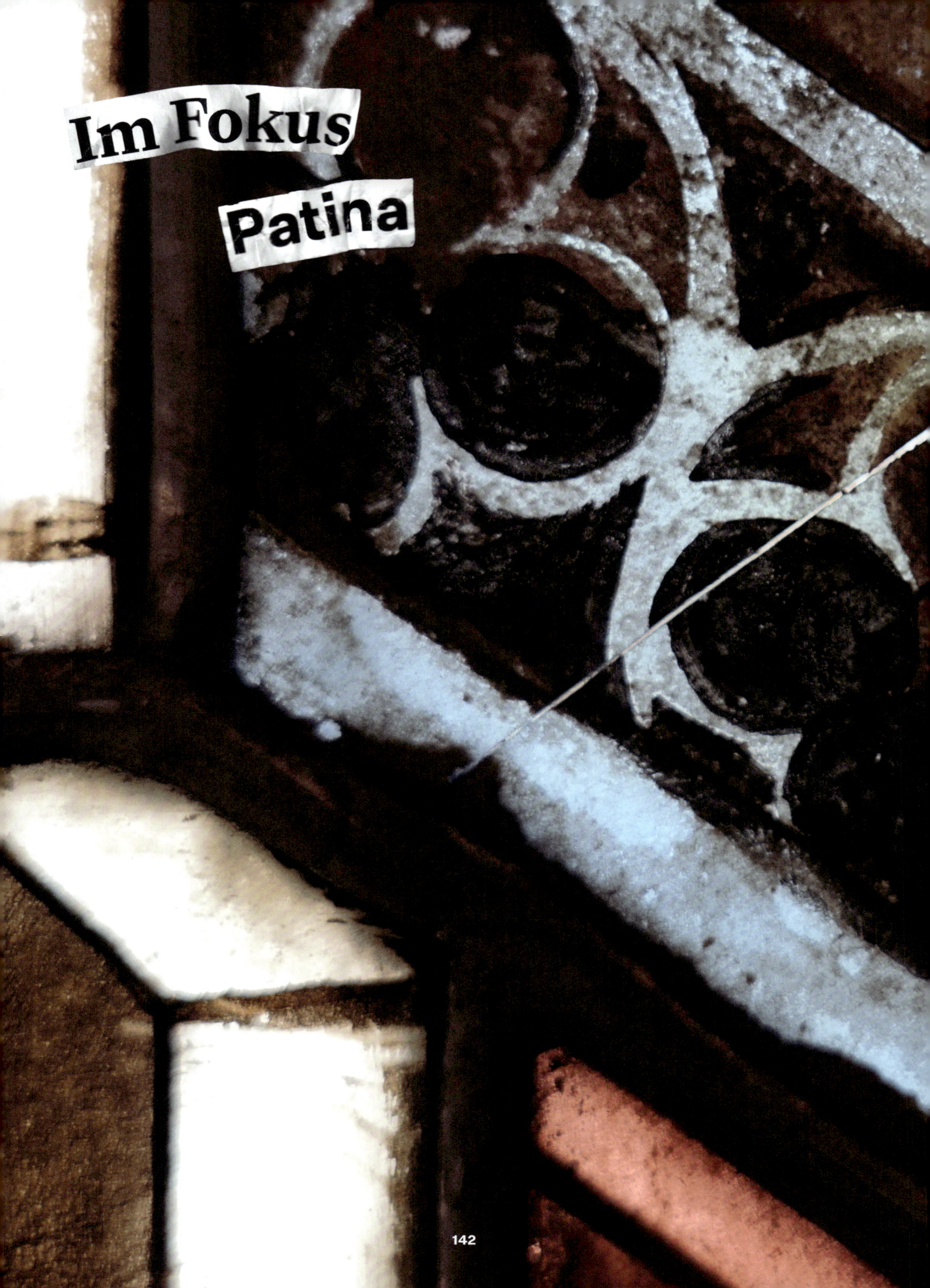

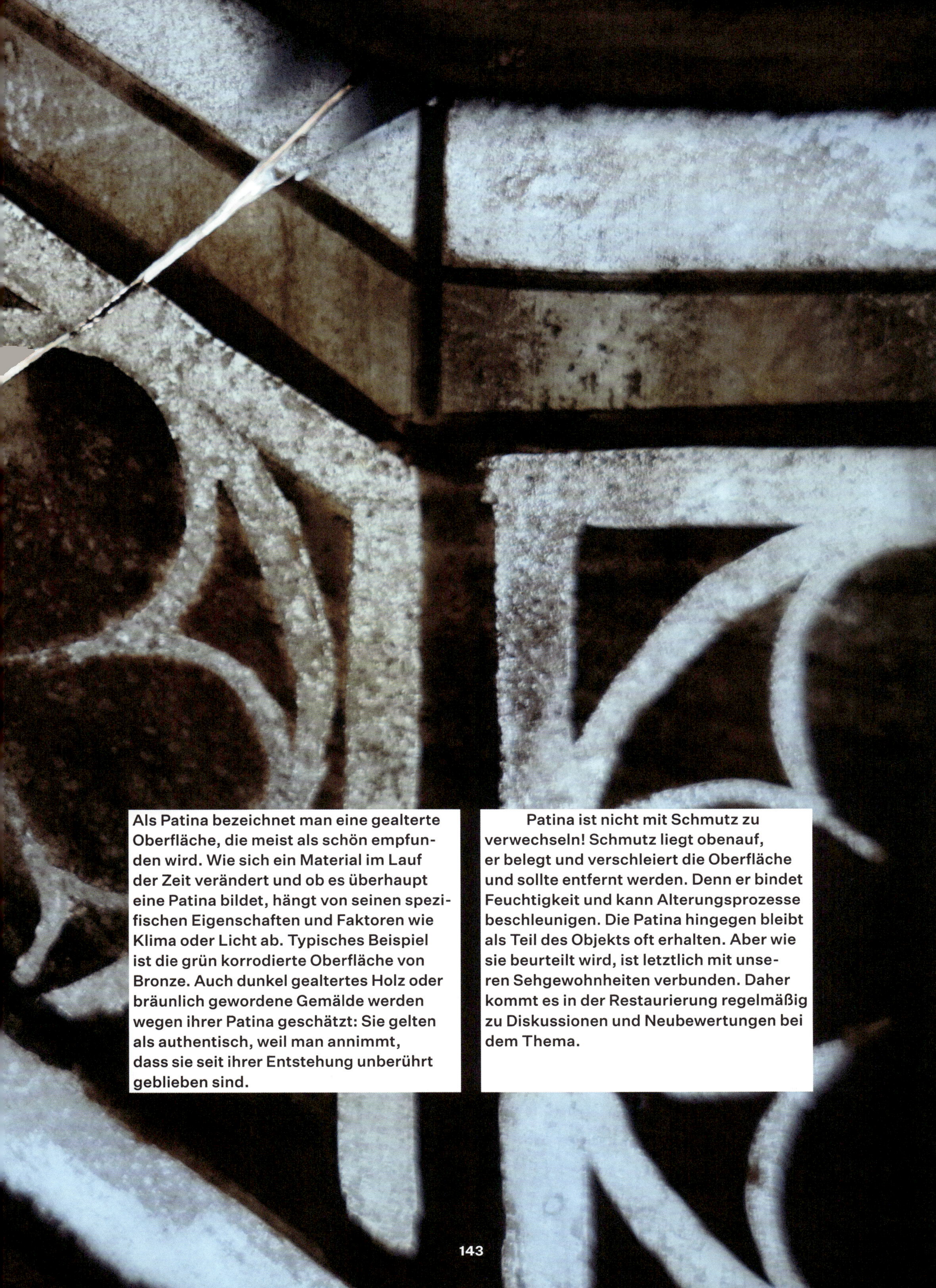

Als Patina bezeichnet man eine gealterte Oberfläche, die meist als schön empfunden wird. Wie sich ein Material im Lauf der Zeit verändert und ob es überhaupt eine Patina bildet, hängt von seinen spezifischen Eigenschaften und Faktoren wie Klima oder Licht ab. Typisches Beispiel ist die grün korrodierte Oberfläche von Bronze. Auch dunkel gealtertes Holz oder bräunlich gewordene Gemälde werden wegen ihrer Patina geschätzt: Sie gelten als authentisch, weil man annimmt, dass sie seit ihrer Entstehung unberührt geblieben sind.

Patina ist nicht mit Schmutz zu verwechseln! Schmutz liegt obenauf, er belegt und verschleiert die Oberfläche und sollte entfernt werden. Denn er bindet Feuchtigkeit und kann Alterungsprozesse beschleunigen. Die Patina hingegen bleibt als Teil des Objekts oft erhalten. Aber wie sie beurteilt wird, ist letztlich mit unseren Sehgewohnheiten verbunden. Daher kommt es in der Restaurierung regelmäßig zu Diskussionen und Neubewertungen bei dem Thema.

Der Ton im Hause Grillparzer

Nahe am Originalzustand: Franz Grillparzers Bösendorfer-Klavier

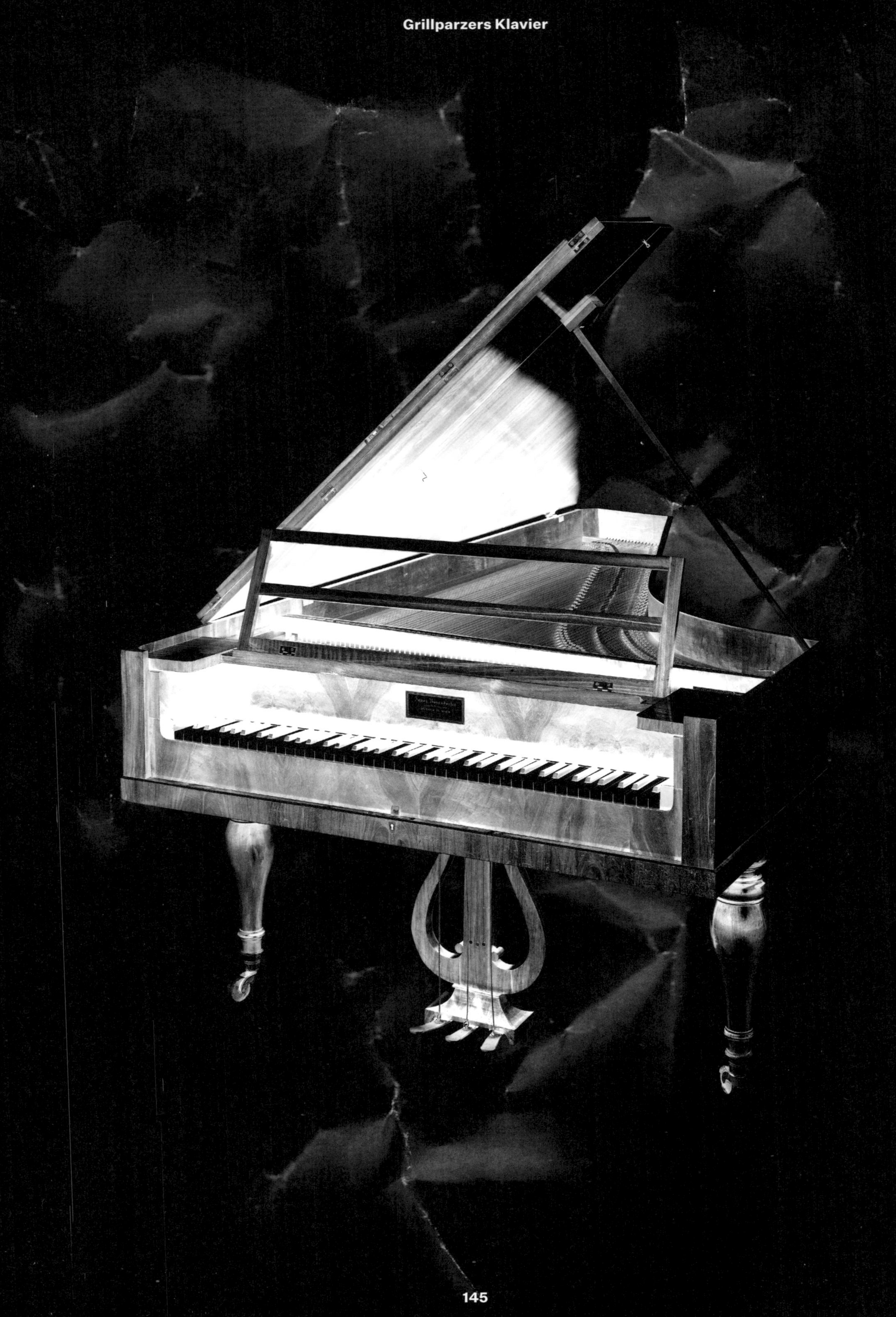

Das „Grillparzer-Zimmer" gehört zur Gründungsgeschichte des Wien Museums. Der Nachlass des Dichters wurde der Stadt Wien von Grillparzers Universalerbin Katharina Fröhlich als Schenkung überlassen – und das Mobiliar seines Wohn-, Arbeits- und Schlafzimmers zählt auch nach der Wiedereröffnung des Museums zu den Highlights der Dauerausstellung. In diesem Zimmer steht das Klavier von Franz Grillparzer (1791–1872). Es ist lange her, dass jemand auf diesem Instrument gespielt hat. Der Letzte könnte der Schriftsteller selbst gewesen sein.

Grillparzer und sein Klavier, das ist eine Geschichte, die man auch aus seinem schriftstellerischen Werk kennt. *Als Sie, zuhörend, am Klavier saß* heißt ein berühmtes Gedicht. Seit seiner frühesten Jugend war Grillparzer mit Musik vertraut. Er war ein guter Pianist, hatte eine solide Musikausbildung und liebte das Improvisieren.

> *Ich ergötzte mich an dem Zusammenklang der Töne, die Akkorde lösten sich in Bewegung auf und diese bildeten sich zu einfachen Melodien. Ich gab den Noten den Abschied und spielte aus dem Kopfe. Nach und nach erlangte ich eine solche Fertigkeit, dass ich stundenlang phantasieren konnte.*
>
> *Franz Grillparzer: Selbstbiographie*

Der Librettist und Theatermacher Joseph Sonnleithner war Grillparzers Onkel, und die Familie Sonnleithner hatte eine wichtige Rolle im Wiener Kulturleben inne. Auch die Schwestern Anna, Barbara, Katharina und Josefine Fröhlich waren Teil dieses Kreises und mit Grillparzer eng befreundet. Man spielte vierhändig Klavier und sang viel. Öffentliche Auftritte jedoch waren Grillparzer verhasst. *„Ich war von jeher ein Feind der Öffentlichkeit"*, schreibt er in seiner *Selbstbiographie*.

Im Frühjahr 1849 zog Grillparzer zur Untermiete bei den Schwestern in der Spiegelgasse ein. Die biedermeierlichen Wohnverhältnisse waren sehr beengt. Die Fröhlich-Schwestern müssen sich ein Schlafzimmer miteinander geteilt haben, da ihnen nur mehr zwei Zimmer übrig blieben. Grillparzer hatte Katharina Fröhlich schon Jahrzehnte zuvor einen Heiratsantrag gemacht, aus der Hochzeit wurde allerdings nie etwas. Sie blieb, wie man sie später nannte, seine „ewige Braut". Er vererbte ihr seinen gesamten Besitz, darunter auch sein Klavier. Einige Jahre danach gelangte das Hammerklavier in den Besitz der Stadt und ist wahrscheinlich auch deshalb so gut erhalten bzw. im Originalzustand geblieben, weil es hier nicht in Gebrauch stand. Übrigens befindet sich auch das Klavier der Fröhlich-Schwestern in der Sammlung des Wien Museums, ein Flügel von Felix Gross, einem Schüler Conrad Grafs, gebaut 1842 und in einem ähnlich guten Zustand erhalten.

Einige Jahre danach gelangte das Hammerklavier in den Besitz der Stadt und ist wahrscheinlich auch deshalb so gut erhalten bzw. im Originalzustand geblieben, weil es hier nicht in Gebrauch stand.

Michael Formánek, der als Holzrestaurator im Zuge des Restaurierungs- und Umzugsprozesses im Wien Museum für das Grillparzer-Klavier zuständig war, hat in seinem Beruf oft mit Schäden durch schwankendes Raumklima zu tun. Hervorgerufen werden sie oft durch feuchte Wände oder trockene Luft im Winter, wenn geheizt wird. Im Fall von Grillparzers Klavier war der Restaurierungsbedarf aber überschaubar. Bei der Begutachtung durch den Instrumentenrestaurator Albrecht Czernin konnten nur minimale Schäden festgestellt werden.

Das Faszinierende an dem Instrument ist vor allem seine Authentizität. Niemand hat an der Mechanik etwas verändert. „Dieser kaum veränderte Originalzustand ist bemerkenswert", sagt Formánek. Bemerkenswert vor allem deshalb, weil es sich bei dem Klavier um ein sehr frühes Bösendorfer-Instrument handelt. Und so war die Vorstellung, man könne die Klangwelt von Grillparzers Klavier wieder zum Leben erwecken, gar nicht so abwegig. „Uns ging es darum, den authentischen Klang aus der Erbauungszeit wiederzufinden oder zu versuchen, sich diesem anzunähern."

Albrecht Czernin kennt das Bösendorfer-Instrument seit vielen Jahren. Er hat bereits viele Tasteninstrumente des Museums betreut und weiß um ihre Geschichte. „Das Grillparzer-Klavier ist ein früher Bösendorfer-Flügel. Ignaz Bösendorfer hat 1828 die Werkstatt von seinem Lehrmeister, dem Klavierbauer Joseph Brodmann, übernommen, auf dessen Klavieren etwa Ludwig van Beethoven und Carl Maria von Weber einst spielten. Das Grillparzer-Klavier gehört zu den frühesten noch erhaltenen Klavieren, die in Ignaz Bösendorfers Werkstatt hergestellt wurden. Es muss

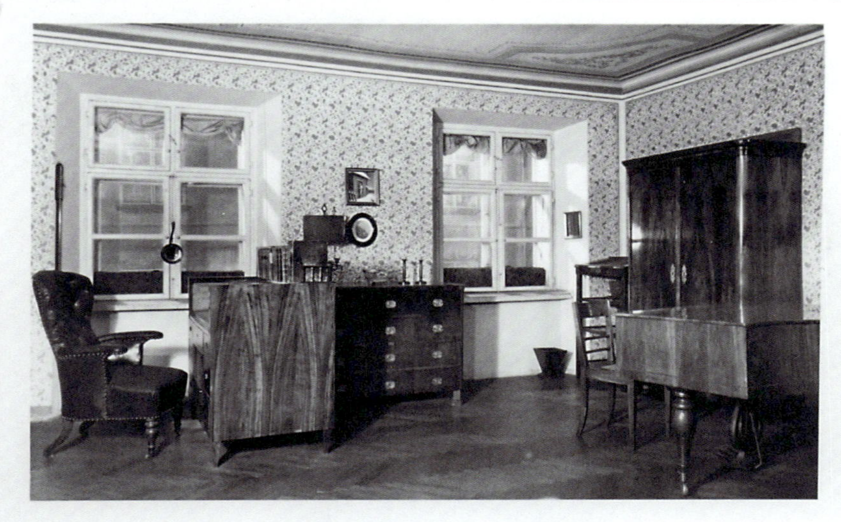

Das rekonstruierte Wohnzimmer von Franz Grillparzer im Historischen Museum der Stadt Wien, um 1957, mit dem Originalflügel rechts im Bild

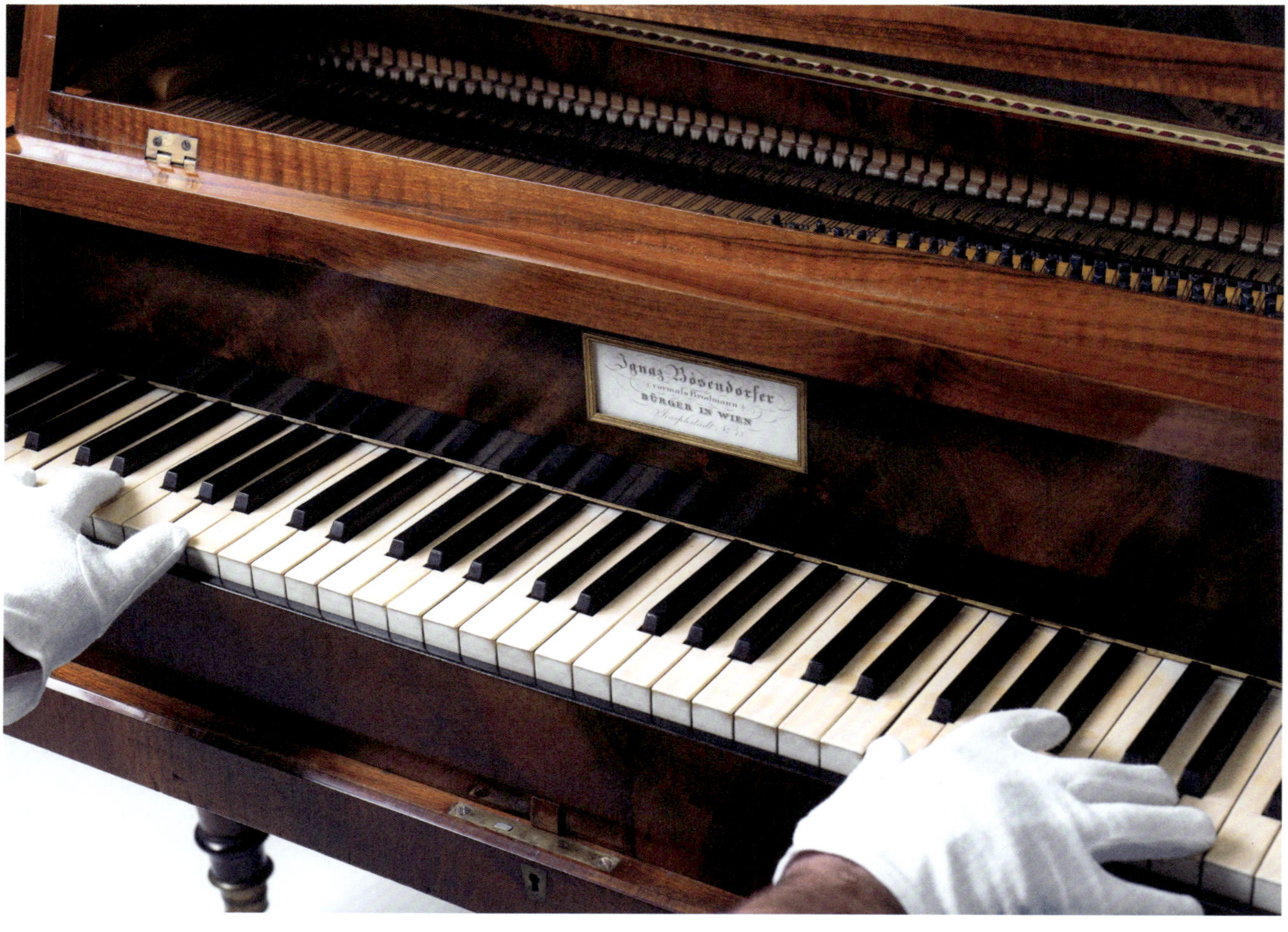

Ziel der Restaurierung war es auch, den Flügel wieder spielbar zu machen.

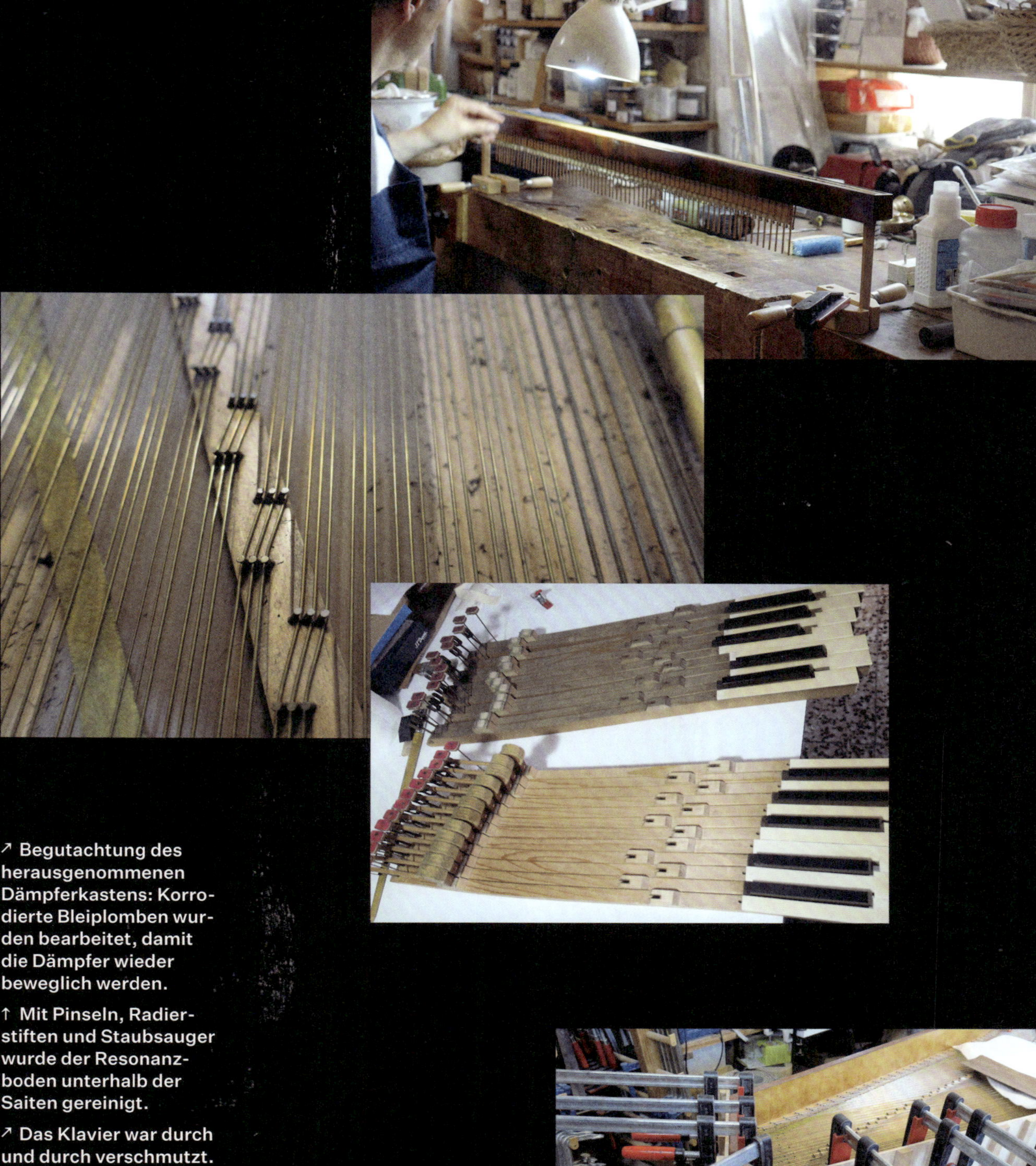

↗ Begutachtung des herausgenommenen Dämpferkastens: Korrodierte Bleiplomben wurden bearbeitet, damit die Dämpfer wieder beweglich werden.

↑ Mit Pinseln, Radierstiften und Staubsauger wurde der Resonanzboden unterhalb der Saiten gereinigt.

↗ Das Klavier war durch und durch verschmutzt. Einzelteile wie Tasten und Hämmer wurden ausgebaut, um auch sie von Ruß und Staub zu befreien.

→ Nach der Restaurierung des Gehäuses wurde das Furnier neu aufgeleimt, Zwingen halten es dabei an Ort und Stelle.

um 1835 herum entstanden sein. Es sind nicht viele Unterlagen zu diesem Klavier im Museumsarchiv zu finden und auch keine Hinweise dafür, was in der Vergangenheit daran gemacht worden ist."

Auch Czernin hat der gute, beinah originale Erhaltungszustand des Instruments, das möglicherweise ein Geschenk Bösendorfers an den Dichter war, beeindruckt. „Dieses Instrument ist besonders interessant, weil es sehr unberührt erhalten ist. Es sind immer wieder ein paar gerissene Saiten mit Saiten durch modernem Gussstahl erneuert worden, die haben wir nun wieder gegen historisch adäquateres Material zurückgetauscht, um es in den Quasi-Originalzustand zurückzuführen." Historisch authentisch sind auch die Ösen, mit denen die Saiten angehängt sind: Sind heute kurze, galgenschlingenähnliche Ösen üblich, findet man an Grillparzers Klavier noch die originalen Zopfösen. Restaurierungsarbeit ist eben Maßarbeit. Mit Blick fürs Detail.

Zudem war eine Erhöhung der Saitenspannung vonnöten. Um das Instrument wieder spielbar zu machen, musste man es, wie es im Fachjargon heißt, behutsam hochziehen, denn „wenn ein Instrument nicht regelmäßig gestimmt wird, dann sinkt die Spannung mit der Zeit ab", erklärt Czernin.

Um das Instrument wieder bespielbar zu machen, musste man es, wie es im Fachjargon heißt, behutsam hochziehen.

Außerdem war da natürlich noch die Reinigung, vor allem des Resonanzraums, der Mechanik und des Klaviaturraums. Klingt unspektakulär, aber immerhin handelte es sich um die Entfernung von rußigem Staub und Schmutz, der sich im Lauf der Jahre vor allem durch die Beheizung von Grillparzers Wohnung abgelagert hatte. Der restliche Restaurierungsaufwand war enden wollend, das Instrument pfleglich gehalten worden. Ein Bein musste restauriert, Risse am Resonanzboden mussten ausgespänt, Bleiplomben, die korrodiert waren, bearbeitet und die Mechanik reguliert werden.

Albrecht Czernin und Michael Formánek ist es gelungen, das Klavier behutsam wieder in einen spielbaren Zustand zu bringen. Heute kann man kleine Präsentationskonzerte darauf abhalten. Grillparzer selbst hätte das wohl nur in sehr intimem Rahmen getan, er mochte ja keine öffentlichen Auftritte. Der Gedanke, dass es wahrscheinlich Grillparzer war, der als Letzter auf dem Instrument gespielt hat, bewegt auch den Restaurator. „Natürlich hilft man auch immer mit, einem Objekt sein altes Leben wieder einzuhauchen", sagt Michael Formánek.

Der Gedanke, dass es wahrscheinlich Grillparzer war, der als Letzter auf dem Instrument gespielt hat, bewegt auch den Restaurator.

Das „Grillparzer-Zimmer" ist im Museum als Beispiel für die Wohnverhältnisse im Wiener Biedermeier zu sehen. Ein Teil von Grillparzers häuslichem Ambiente wird hier gezeigt. Und damit auch der Raum, in dem Grillparzer geschlafen und geschrieben hat, in dem er Klavier gespielt hat und in dem er, im Lehnstuhl sitzend, verstorben ist.

Bösendorfer Hammerklavier

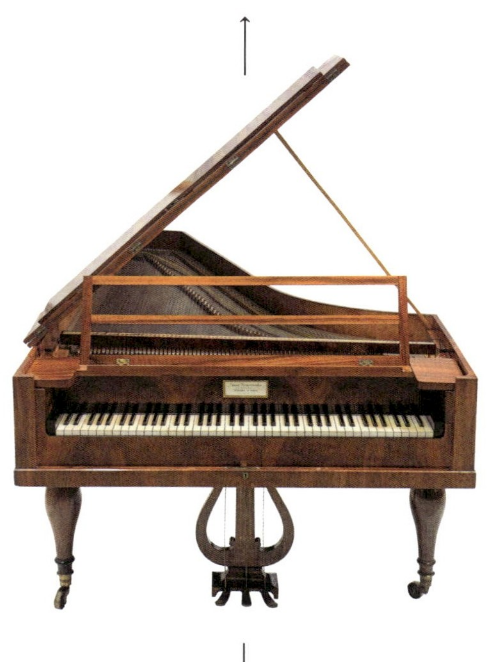

um 1835
Ehemals: 1., Spiegelgasse 21
90 × 135 × 246 cm

Im Fokus Präventive Konservierung

Damit man erst gar nicht restaurieren muss, braucht es Prävention – also das ideale Umfeld für Museumsobjekte. Allen voran ist damit das Klima gemeint. Wie bei uns Menschen gibt es bei den Materialien allerdings unterschiedliche „Vorlieben". Metall ist im Trockenen gut aufgehoben, denn feuchte Luft beschleunigt Korrosion. Holz braucht ein etwas feuchteres Klima, damit es nicht zu sehr schrumpft. Wachs wiederum mag es ganz kalt. In Museen und Depots ist es generell recht kühl, denn Wärme beschleunigt die Alterungsprozesse. Das Wichtigste jedoch ist Stabilität: Schwankungen von Temperatur oder Luftfeuchtigkeit sind tunlichst zu vermeiden.

Dann wäre da noch das Licht. Objekte haben es generell gerne dunkler, was das Publikum oft stört. Tageslicht ist sehr intensiv und hat ein sehr hohes Schadenspotenzial. Es bleicht nicht nur Farben aus, sondern begünstigt grundsätzlich den Zerfall. Daher ist im Museum Kunstlicht angesagt, wobei LED-Licht am vorteilhaftesten ist.

Auf schadstofffreie Luft ist ebenfalls zu achten. Kunststoffe mit Weichmachern dünsten häufig aus und beschleunigen die Materialalterung – in Vitrinen oder Verpackungsmaterial können sie daher problematisch werden. Zur präventiven Konservierung zählen natürlich auch Notfall- und Sicherheitskonzepte für den Fall eines Einbruchs, eines Brands oder von Katastrophen.

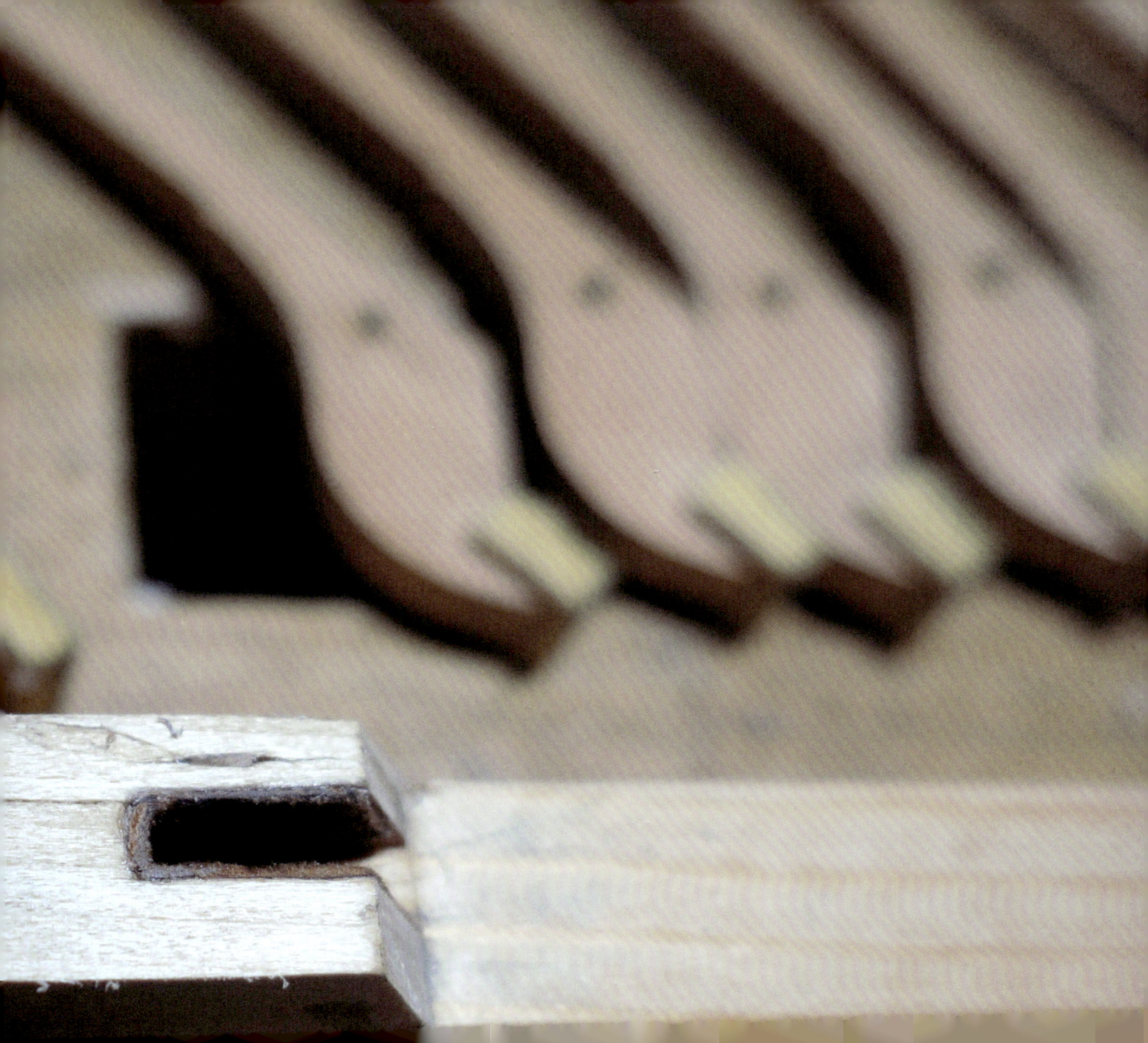

Der schlafende Riese

Bei einer monumentalen Stadtansicht von Anton Hlaváček hat sich das Warten auf besseres Wetter gelohnt

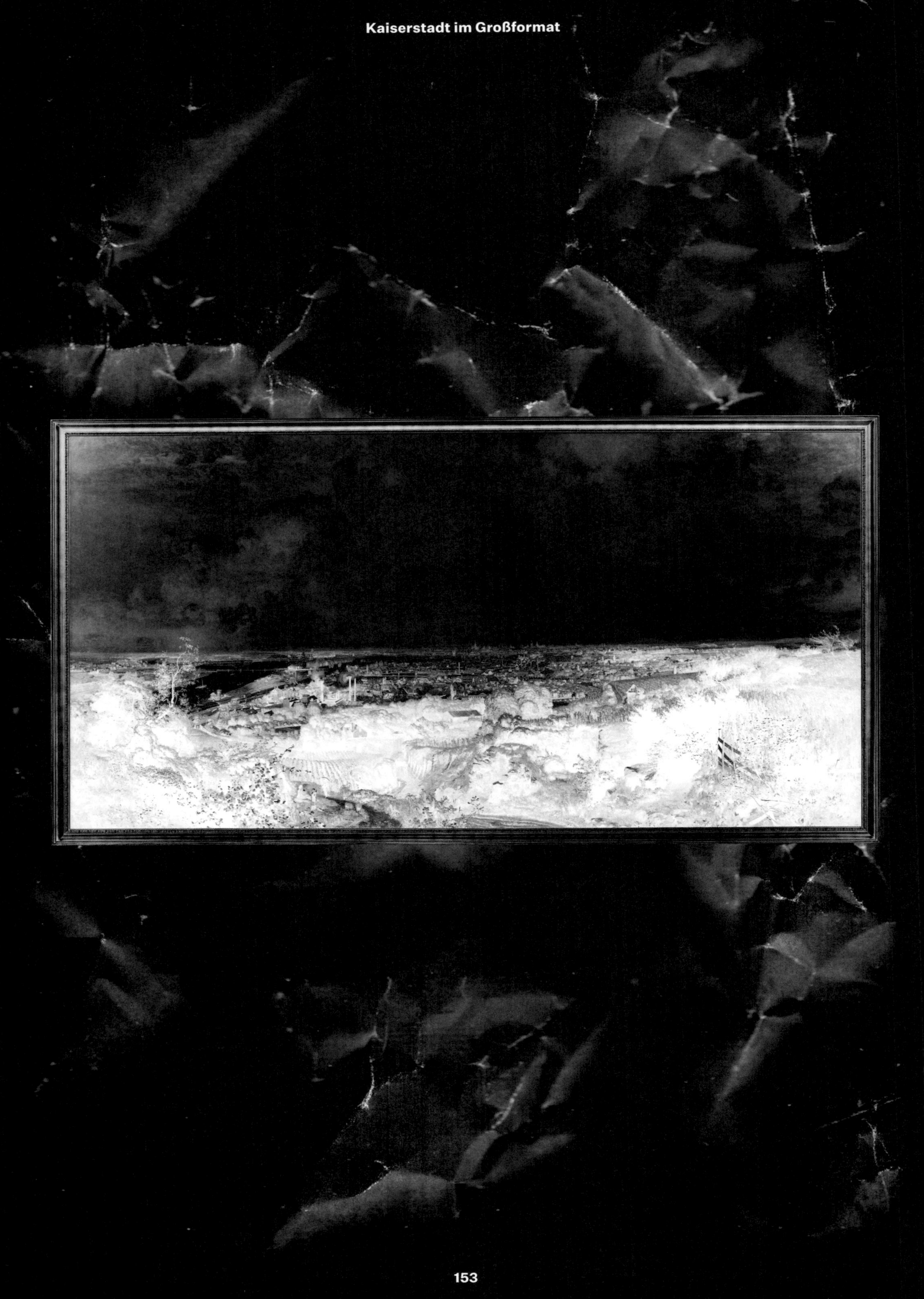

Viele Jahre ist die Gemälderestauratorin Karin Maierhofer regelmäßig an diesem Gemälde vorbeigegangen. Und jedes Mal musste sie dabei an schlechtes Wetter denken. An einen trüben Himmel, der auf den erlösenden Regenguss wartet.

Das Bild war mit dem Alter schmutzig, grau und fleckig geworden. Es musste gereinigt werden. Aber ein Bild, das so groß ist wie ein Zimmer, 21 Quadratmeter nämlich, das hängt man nicht einfach so ab und bringt es in die Restaurierungswerkstatt. Ein Bild mit diesen Dimensionen bringt man nicht einmal zur Tür hinaus. Ein Bild, das derartige Ausmaße hat, muss man aus dem Rahmen nehmen und zusammenrollen, um es von einem Ort zum anderen zu transportieren.

Ein Bild mit diesen Dimensionen bringt man nicht einmal zur Tür hinaus.

Die Rede ist vom Gemälde *Die Kaiserstadt an der Donau* von Anton Hlaváček, der ab 1878 sechs Jahre lang daran gearbeitet hat. Das Monumentalgemälde gehört zu den größten Stadtansichten Wiens. Es reicht vom Fußboden bis zur Decke des Museumsraums und zeigt die Stadt vom Nussberg aus. Das Bild ist wenige Jahre nach der Weltausstellung 1873 und der ersten großen Donauregulierung entstanden. 1902 wurde es direkt vom Künstler angekauft.

Ein bisschen wirkt dieses Gemälde wie ein Museum im Museum. Man kann sich im Bild förmlich durch die Stadt bewegen.

Die zweite Hälfte des 19. Jahrhunderts war eine Zeit des Umbruchs für die Stadt, in der erst kurz zuvor mit der Schleifung der Stadtmauern Raum für Wachstum und neue städtebauliche Projekte geschaffen worden war. Man sieht Wien auf Anton Hlaváčeks Gemälde von einem erhöhten Standpunkt im Norden der Stadt aus. Von der Donau im linken Bildbereich blickt man bis zu den Wiener Hausbergen und zum Schneeberg. In der Mitte des Bildes ist die Stephanskirche platziert, als klassisches Wahrzeichen der Stadt. Links davon die Rotunde, ein damals neues Wahrzeichen, entstanden im Zuge der Weltausstellung. Ein bisschen wirkt dieses Gemälde wie ein Museum im Museum. Man kann sich im Bild förmlich durch die Stadt bewegen.

Schon bisher gehörte es zu den außergewöhnlichen Objekten des Museums und zu den Dauerausstellungsobjekten. Wahrscheinlich ist das Gemälde das größte in der umfangreichen Sammlung. Doch die Jahre hatten ihm zugesetzt.

Bei der Spannung eines Gewebes über den Keilrahmen entstehen große Zugkräfte, die das Gewebe dehnen und im schlimmsten Fall sogar Risse verursachen.

Ein paar Eckdaten: Das 335 × 630 Zentimeter große Bild wurde mit Ölfarbe auf Leinwand gemalt. Die riesige, dicht gewebte Leinwand besteht aus einem einzigen Stück und hat keine Mittelnaht. Nur an den Rändern wurden zusätzliche 15 bis 20 Zentimeter breite Leinwandstreifen als „Randdoublierung" auf der Rückseite aufgenäht.

Das Bild wurde nach seiner Fertigstellung durch den Künstler also offensichtlich „angerändert", um es auf den Keilrahmen zu spannen. Bei der Spannung eines Gewebes über den Keilrahmen entstehen große Zugkräfte, die das Gewebe dehnen und im schlimmsten Fall sogar Risse verursachen. Die original aufgenähte Randdoublierung sollte die durch große Zugkräfte beanspruchte Leinwandspannkante beim Aufspannen also zusätzlich stützen und Schäden durch die hohe Spannung verhindern. Der Keilrahmen, auf dem man die Leinwand aufgespannt hat, ist ebenfalls massiv und mit einem Doppelkreuz zusätzlich verstärkt, um wirklich stabil zu sein.

Vor allem in der Mitte des Himmels an der Oberseite hatte sich der Schmutz derart in den Tiefen der dickeren Malschichten abgelagert, dass man dort den Eindruck eines herabprasselnden Regengusses hatte.

Im Grunde war das Gemälde in gutem Zustand, erzählt Karin Maierhofer. Die Malerei war gut erhalten, stabil und elastisch. Es gab schon wenige alte Ausbrüche und Fehlstellen, aber in der Hauptsache war es verunreinigt. „Die Oberfläche war stark verschmutzt und machte einen fleckigen Eindruck. Die Malschicht wirkte durch den Schmutz matt und vergraut, er beeinträchtigte den Glanz und die Farbwirkung der Ölmalerei. Vor

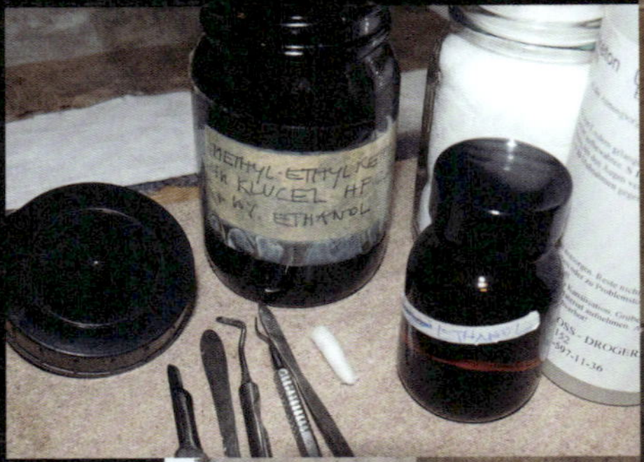

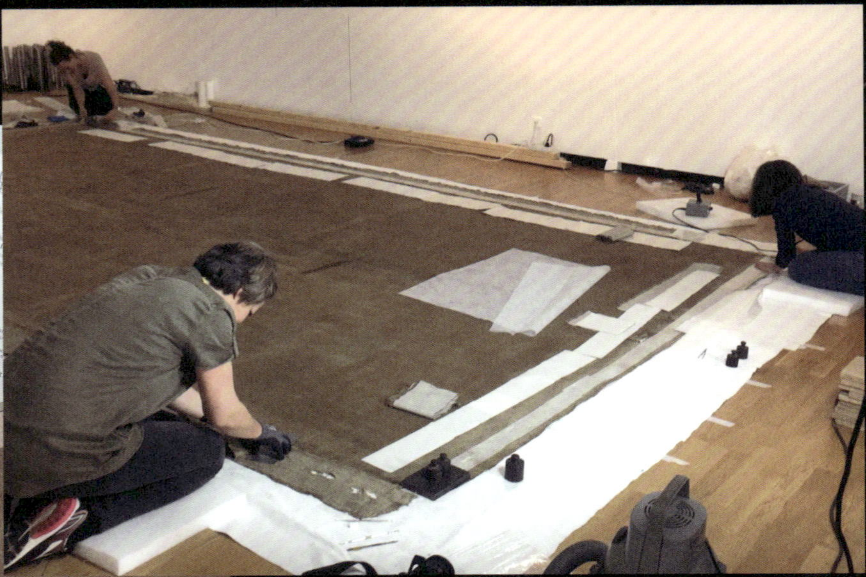

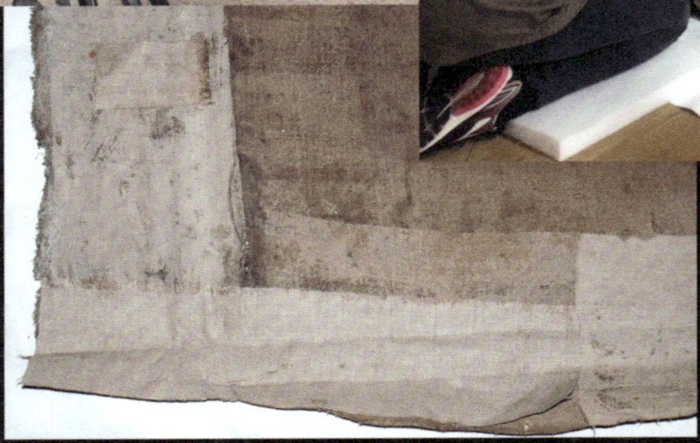

↑ Unterschiedliche Lösemittel in Gelform zum Anquellen des Acrylklebers

↗ Restauratorinnen nehmen alte Flicken an den desolaten Randzonen der Bildrückseite ab und setzen eine neue Randdoublierung an

↗ Zustand des Randbereichs der Leinwandrückseite vor der Restaurierung: Zu sehen sind alte Anränderungsstreifen und Flicken aus unterschiedlichen Textilien und Perioden.

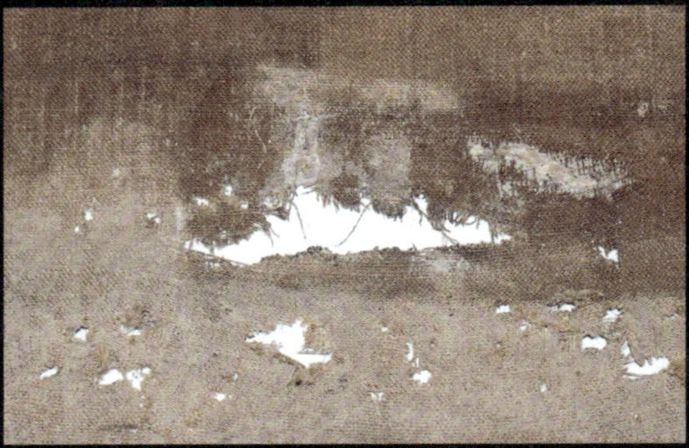

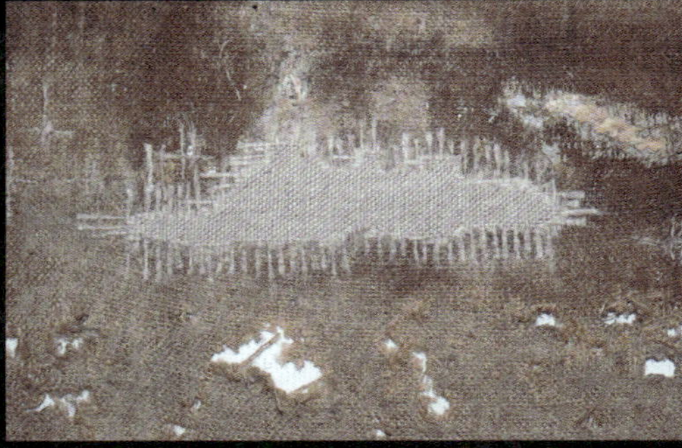

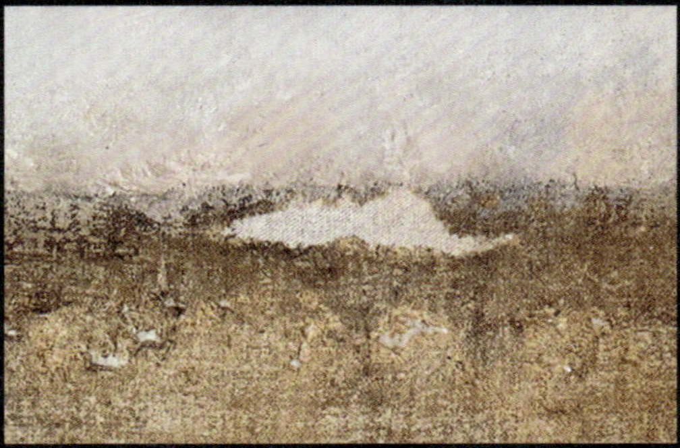

→

1 desolate Randzone mit Rissen und Fehlstellen, von der Leinwandrückseite betrachtet

2 Restaurierung der Fehlstelle: passgenau eingesetzte Gewebeintarsie nach der Verklebung

3 Ansicht der fertigen Intarsie von der Bildvorderseite

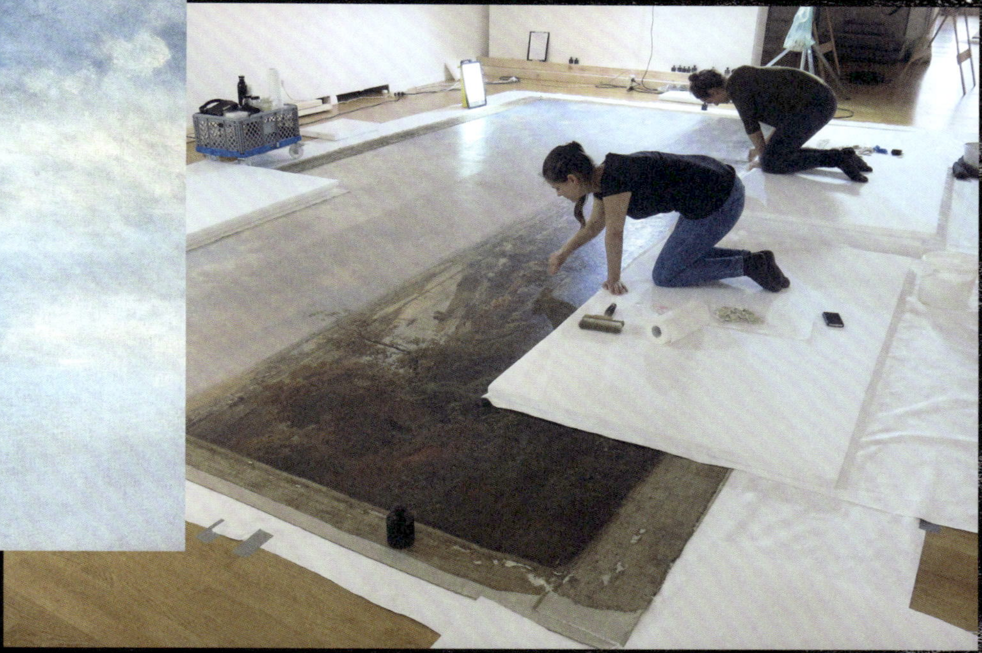

↖ Detailaufnahme des Himmels während der Oberflächenreinigung: Links ist das Bild noch verschmutzt, rechts bereits gereinigt.

↑ Die Reinigung der Bildoberfläche des Großformats erfolgt kniend auf weichen Ethafoam-Unterlagen.

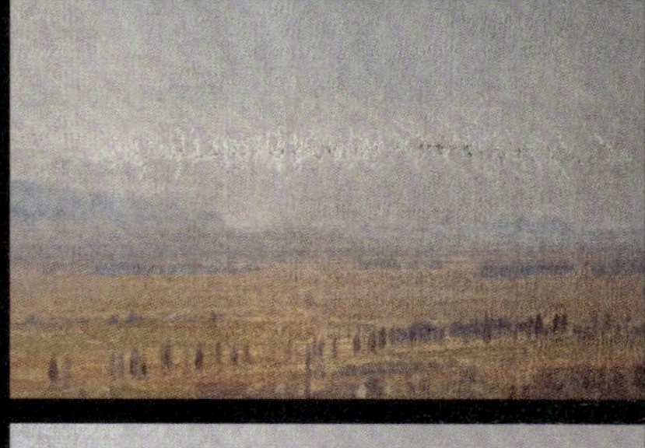

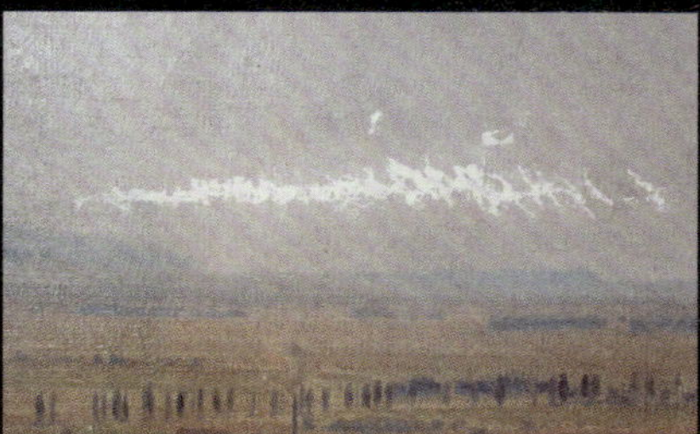

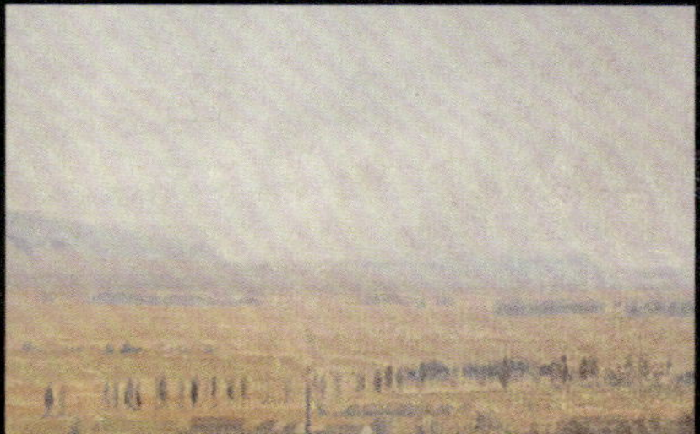

←
1 Bildausschnitt mit Fehlstellen und Knicken in der Malschicht

2 Kittung der Fehlstelle

3 Bildausschnitt nach der Retusche: Durch Struktur und Farbe wird die gekittete Stelle an die originale Umgebung angepasst.

allem in der Mitte des Himmels an der Oberseite hatte sich der Schmutz derart in den Tiefen der dickeren Malschichten abgelagert, dass man dort den Eindruck eines herabprasselnden Regengusses hatte. Ein Anblick wie schlechtes Wetter."

Zu nah durfte man sich als Restauratorin die Oberfläche des auf Weitenwirkung ausgelegten Großformats aber nicht ansehen: Denn es gab zwar nur wenige Fehlstellen, aber zahlreiche farbig veränderte und matte alte Retuschen mit unpassender Oberflächenstruktur. Zusätzlich fanden sich kleine Deformierungen durch rückseitig aufgebrachte Flicken, und an den oberen und unteren Bildrändern hatten sich leichte Wellen gebildet.

Die hatten wohl damit zu tun, dass das Bild in der Vergangenheit mehrmals auf- und abgespannt worden war, meint Maierhofer. Zuletzt wurde es 1991 bearbeitet. Im Archiv des Museums findet sich ein Bericht des damaligen Restaurators. Darin wird vom Abspannen und Aufrollen des Bildes zum Zweck des Transports berichtet. Die eingerissenen Spannränder wurden damals mit Rohleinen und Acrylkleber „unterfüttert" und das Bild anschließend wieder auf den originalen Spannrahmen aufgespannt.

Nun musste das Bild, um es transportieren zu können, erneut abgespannt und aufgerollt werden. Worauf kam es dabei an? „Wichtig ist ein großer Rollendurchmesser und vor allem, dass die Bildseite unbedingt nach außen hin gerollt wird – damit sich die Malschicht nicht staucht", erklärt Maierhofer. Mithilfe eines Art-handling-Teams konnte das unhandliche Schwergewicht von der Wand genommen und auf den Boden gelegt werden. „Dabei hat sich das Bild stark durchgebogen – das war ein mulmiges Gefühl –, der Spannrahmen musste deshalb temporär zusätzlich verstärkt werden."

> Wichtig ist, dass die Bildseite unbedingt nach außen hin gerollt wird – damit sich die Malschicht nicht staucht.

„Wir haben nach dem Abspannen ein Flickwerk von Anränderungsstreifen und Flicken aus unterschiedlichen Textilien und Perioden vorgefunden. Diese fungierten als zusätzliche Verstärkung für die bereits geschwächte Leinwand der Randbereiche und waren mit verschiedenen Klebern – wie tierischen Leimen, Kleister und Acrylkleber – aufgeklebt. Durch diese uneinheitliche Mehrlagigkeit entstand ein sehr steifes und unflexibles Randpaket, das diese Welligkeit an den Randbereichen der Bildvorderseite verursacht hat." Um das Bild nun fachgerecht neu aufspannen zu können, musste man das uneinheitliche und starre Überarbeitungspaket abnehmen. Dabei gab es böse Überraschungen, mit denen die Restauratorinnen aber auch gerechnet hatten: In der originalen Randdoublierung hatten sich wesentlich größere und massivere Fehlstellen sowie Risse versteckt – verursacht durch die Belastung infolge des oftmaligen Auf- und Abspannens.

> Um das Bild nun fachgerecht neu aufspannen zu können, musste man das uneinheitliche und starre Überarbeitungspaket abnehmen.

Als sich das Wien Museum am Karlsplatz vor der Schließzeit langsam leerte, war das gigantische Wien-Porträt eines der letzten verbleibenden Objekte – wegen seiner Größe. „Ausreichend Platz in den Räumen der nunmehr leeren Dauerausstellung im alten Museum bot eine gute Gelegenheit, das Gemälde nicht nur abzuspannen und einzurollen, sondern es auch restauratorisch zu bearbeiten", erzählt Maierhofer. Die Herausforderung lag jetzt vor allem im Terminplan. „Es gab nur einen kurzen Zeitraum für die Bearbeitung, weil das Haus für den bevorstehenden Umbau leer geräumt werden musste. Im Nachhinein betrachtet war die Restaurierung vor Ort eine gute Idee, weil man nie wieder so viel Platz zur Verfügung hat."

> Im Nachhinein betrachtet war die Restaurierung vor Ort eine gute Idee, weil man nie wieder so viel Platz zur Verfügung hat.

Die beauftragte Restauratorin Eva Kleinsasser, die viel Erfahrung mit großformatigen Gemälden hat, arbeitete im Team mit vier Restauratorinnen an dem Riesenobjekt. Auf weichen Ethafoam-Unterlagen kniend auf dem Boden – und auch auf dem Bild. Nur so war es möglich, auch an die Innenflächen des Großformats zu gelangen. Eine zusätzliche Herausforderung war es, das Bild mithilfe einer Kartonrolle auf die Bildvorderseite zu drehen. Die feuchte Reinigung der Malschicht brachte ein schönes Ergebnis: Die ursprüngliche Farbigkeit mit ihren feinen Nuancen und der seidige Oberflächenglanz der Malerei kamen wieder voll zur Geltung. „Daher war es in diesem Fall nicht notwendig, den Firnis abzunehmen", so Maierhofer.

Der anlässlich der damaligen Neuaufstellung 1961 angefertigte Zierrahmen des Bilds wurde zerlegt und restauriert, seine verschmutzte und mit weißer

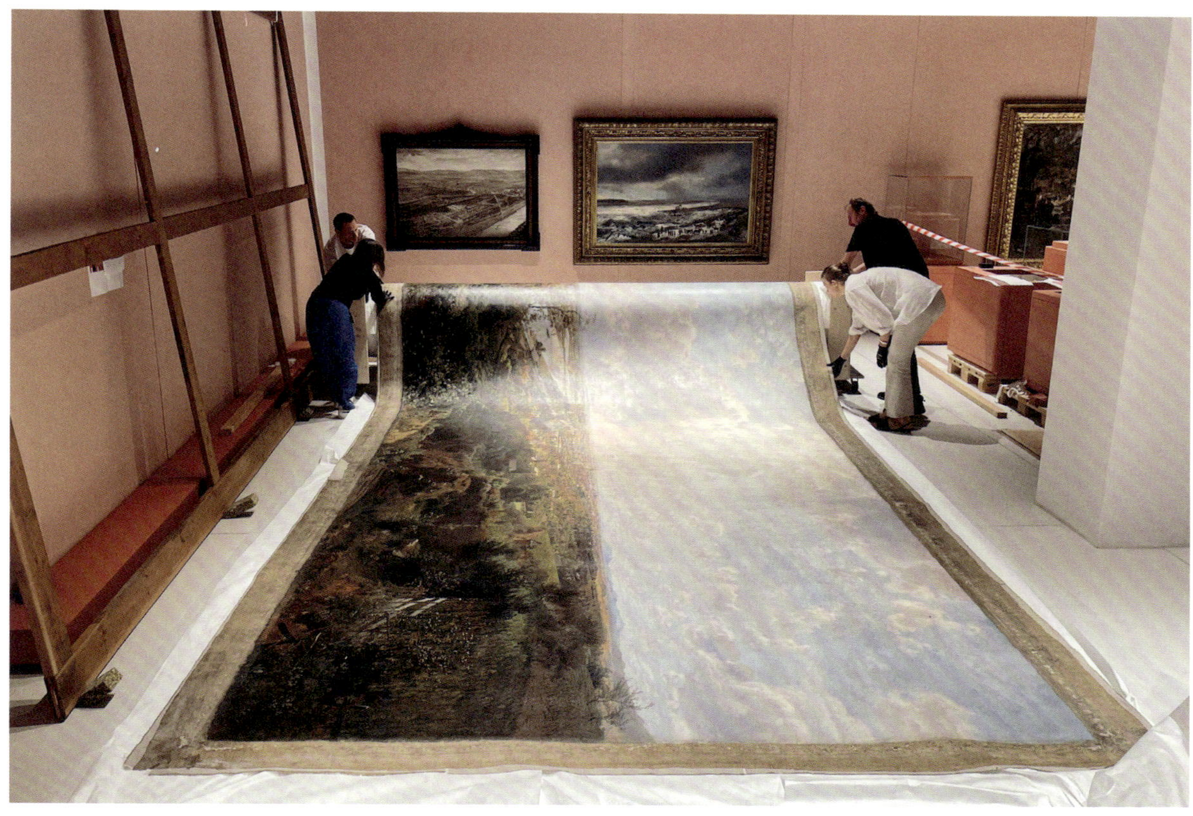

Ausrollen und Vorbereitung des Gemäldes
für das Aufspannen auf den Keilrahmen
in der neuen Dauerausstellung

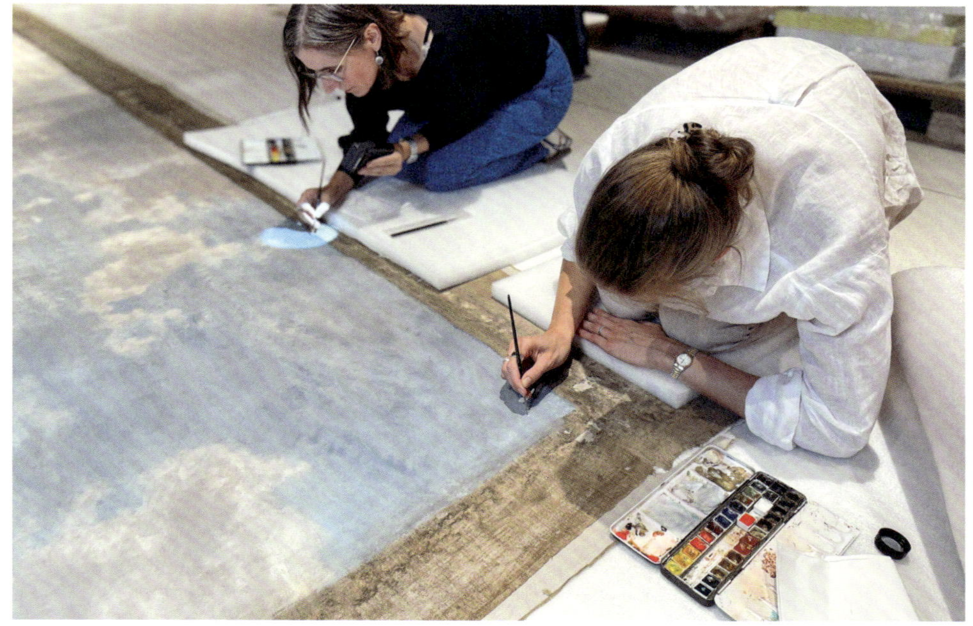

Finale Farb- und Firnisretusche
durch Restauratorinnen

Wandfarbe beschmierte Vergoldung wurde von den Vergoldermeistern Maria und Karl Kratochwill bearbeitet.

Vier Jahren wartete „der schlafende Riese“ anschließend im Depot des Wien Museums auf seinen großen Auftritt. Im Sommer 2023 wurde er im neuen Museum schließlich aufgerollt, wieder auf den Keilrahmen gespannt, in den Zierrahmen montiert und aufgehängt. Und dann gab man ihm den Letztschliff: Da und dort wurden noch Retuschen korrigiert und matte Bereiche an den Firnisglanz angepasst.

Das Bild ist jetzt, das fällt auch Laien auf, um einiges heller geworden. Es hat sein ursprüngliches Strahlen zurückbekommen. Der graue Himmel hat sich aufgeklärt.

Wenn Gemälderestauratorin Karin Maierhofer die nächsten Jahre daran vorbeigeht, wird sie nicht nur die damalige Großstadt sehen, die das Bild einzufangen versucht, eine Stadt inmitten eines Grüngürtels, an der die damals schon regulierte Donau vorbeifloss. Sie wird, wie sie das bei jedem Bild tut, an die Geschichten dahinter denken. Geschichten, die meist nur Restauratoren und Restauratorinnen kennen, die anderen verborgen bleiben. In diesem Fall: die Geschichte eines verschmutzten Riesen, dem man aufgrund seiner Größe lange Zeit nicht zu helfen wusste. Bis der richtige Moment kam.

Das Bild ist jetzt, das fällt auch Laien auf, um einiges heller geworden. Es hat sein ursprüngliches Strahlen zurückbekommen. Der graue Himmel hat sich aufgeklärt.

Anton Hlaváček

Die Kaiserstadt an der Donau – Wien vom Nußberg

↑

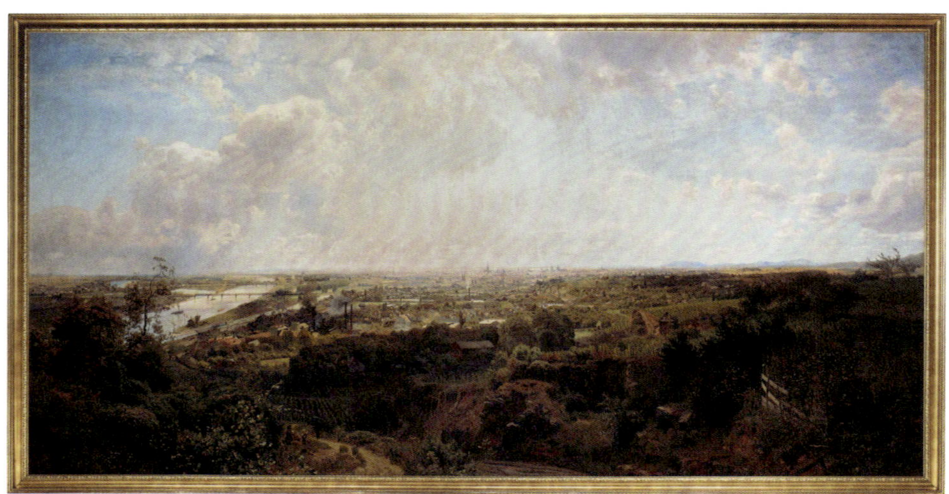

↓

1878–1884
Öl auf Leinwand
365 × 630 cm

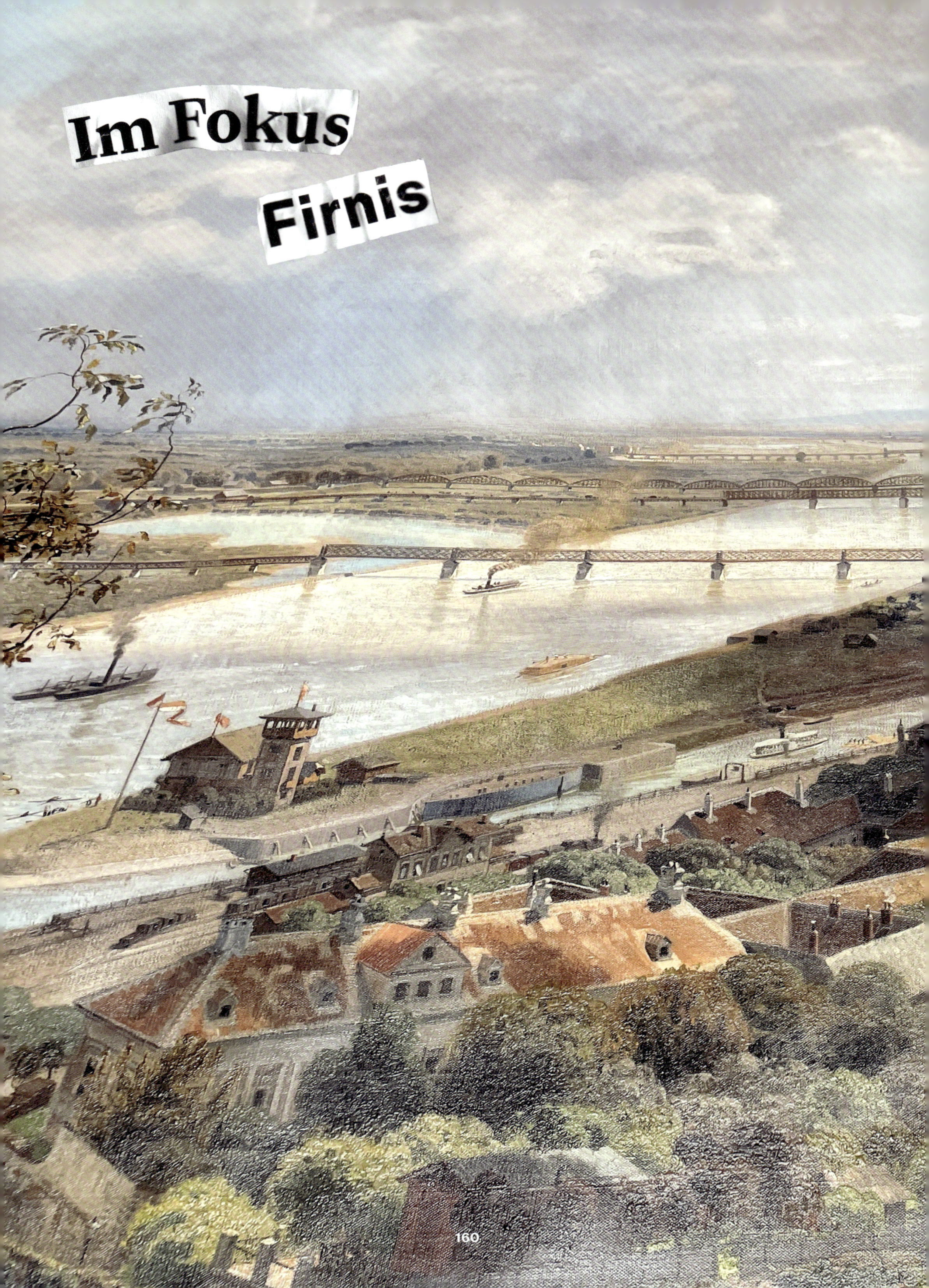
Im Fokus
Firnis

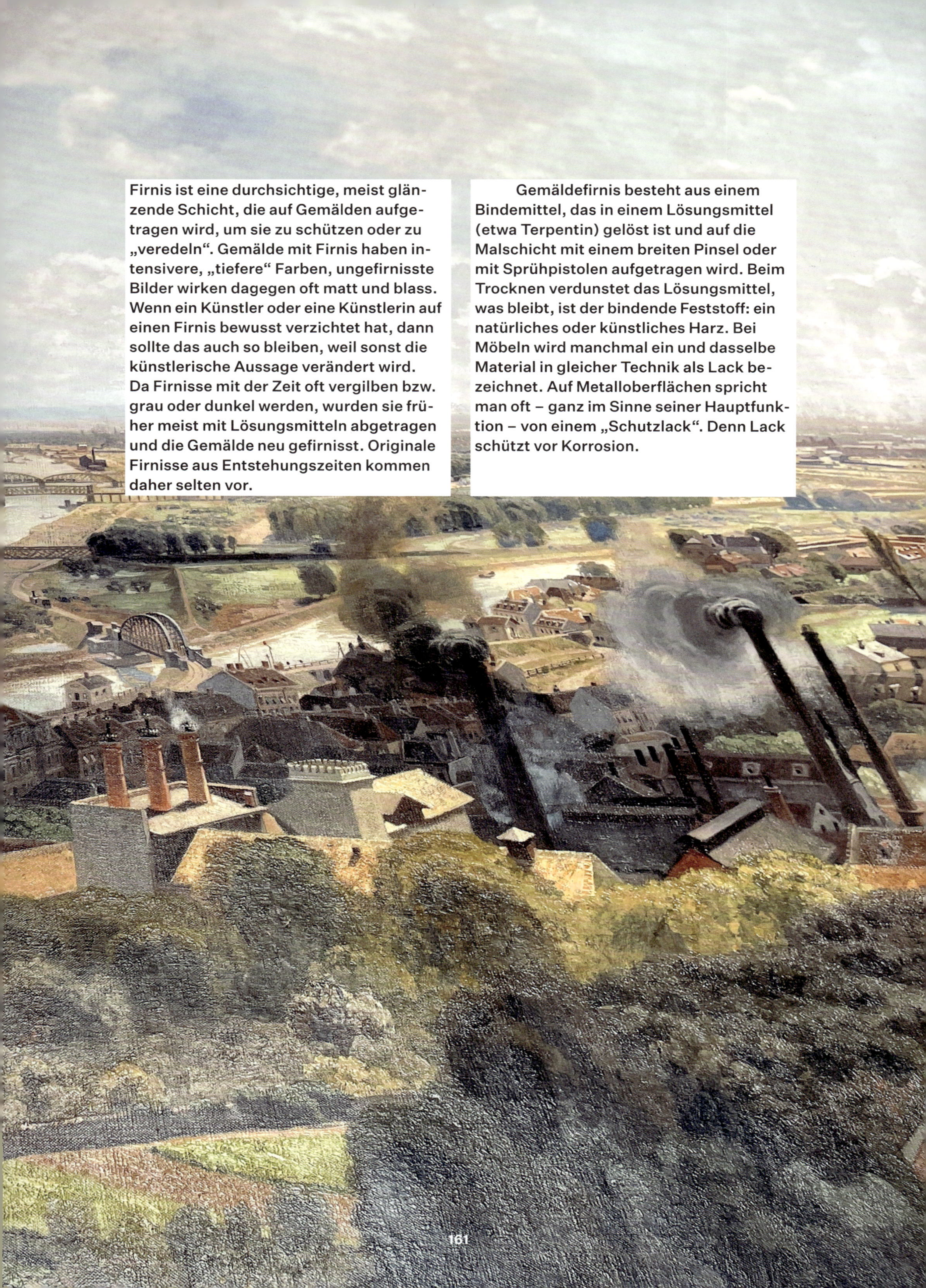

Firnis ist eine durchsichtige, meist glänzende Schicht, die auf Gemälden aufgetragen wird, um sie zu schützen oder zu „veredeln". Gemälde mit Firnis haben intensivere, „tiefere" Farben, ungefirnisste Bilder wirken dagegen oft matt und blass. Wenn ein Künstler oder eine Künstlerin auf einen Firnis bewusst verzichtet hat, dann sollte das auch so bleiben, weil sonst die künstlerische Aussage verändert wird. Da Firnisse mit der Zeit oft vergilben bzw. grau oder dunkel werden, wurden sie früher meist mit Lösungsmitteln abgetragen und die Gemälde neu gefirnisst. Originale Firnisse aus Entstehungszeiten kommen daher selten vor.

Gemäldefirnis besteht aus einem Bindemittel, das in einem Lösungsmittel (etwa Terpentin) gelöst ist und auf die Malschicht mit einem breiten Pinsel oder mit Sprühpistolen aufgetragen wird. Beim Trocknen verdunstet das Lösungsmittel, was bleibt, ist der bindende Feststoff: ein natürliches oder künstliches Harz. Bei Möbeln wird manchmal ein und dasselbe Material in gleicher Technik als Lack bezeichnet. Auf Metalloberflächen spricht man oft – ganz im Sinne seiner Hauptfunktion – von einem „Schutzlack". Denn Lack schützt vor Korrosion.

Die entstaubte Stadt

Erwin Pendls Wien-Modell: Spezialbehandlung für ein 3D-Aquarell

Die Farben sind längst nicht mehr so kräftig wie am Anfang. Und doch erkennt man jedes Detail. Das historische Wiener Stadtmodell von 1897/98 ist rundum restauriert worden. Die winzigen Laternen, die Bäumchen und die Schornsteine sind alle wieder da. Natürlich, der Stephansdom, die Hofburg, die Staatsoper, das Burgtheater, das Rathaus, das Parlament und die Hofmuseen im Kleinformat sind bezaubernd. Aber auch die unbekannten Schönheiten der Stadt haben unglaublichen Charme, die liebevoll bemalten Fassaden, die winzigen Fenster, die der Künstler Erwin Pendl einst behutsam, Pinselstrich um Pinselstrich, dem Gesamtbild der Stadt hinzugefügt hat und die nun, ebenso behutsam, von einem Team von Restauratorinnen und Restauratoren hergerichtet wurden.

Das Modell ist nicht nur aufgrund seiner Größe und seiner Detailliertheit bemerkenswert, sondern auch wegen der Aquarelltechnik, in der die Gebäude bemalt wurden. So ist es einerseits eine dokumentarische Aufnahme und dreidimensionale Darstellung der Stadt, andererseits ein außergewöhnliches Kunstwerk. Und man fragt sich heute, wie er das gemacht hat, der akademische Maler Erwin Pendl, der gerade mal Anfang zwanzig war, als er mit dem Projekt beauftragt wurde. Ein gigantisches, detailverliebtes Modell der Stadt Wien im Maßstab 1:450. Dem Mann standen zwar genaue Grundrisspläne und ein Fotoapparat zur Verfügung, aber keine modernen Hilfsmittel, wie wir sie heute kennen – kein Computer, kein Google Earth.

Man fragt sich heute, wie er das gemacht hat, der akademische Maler Erwin Pendl, der gerade mal Anfang zwanzig war, als er mit dem Projekt beauftragt wurde.

Im Jahr 1898 wird das 50-Jahr-Jubiläum der Thronbesteigung von Franz Joseph I. gefeiert – Anlass für eine große Ausstellung auf dem Rotundengelände im Prater. Man will auf die Meriten der vergangenen Jahrzehnte hinweisen – und auch zeigen, wie prächtig sich die Hauptstadt der Monarchie entwickelt hat. Wien ist im vergangenen halben Jahrhundert gewaltig gewachsen. Man hat Vorstädte eingemeindet, die Bevölkerungszahl hat sich in einem halben Jahrhundert vervierfacht – von etwa einer halben Million auf fast zwei Millionen. Ein 5.200 Meter langer Boulevard namens Ringstraße läuft nun um die Innere Stadt. Er ist 57 Meter breit und wird auf weiten Strecken beiderseits von Doppelalleen gesäumt. Wien als Metropole zu präsentieren, zumindest mit seinem glanzvollen Stadtzentrum: Das ist die Aufgabe von Pendls Modell.

Es konzentriert sich auf die Innenstadt mit der Ringstraße und den Prachtbauten. Die angrenzenden Bezirke sind am Rand nur grafisch angedeutet (die Karlskirche wurde übrigens erst in den 1980er Jahren ergänzt). Pendls Miniaturstadt ist bei der Kaiser-Jubiläumsausstellung in der Nähe eines anderen berühmten Wien-Modells zu sehen, dessen Maßstab auch Vorbild war – um beide gut vergleichen zu können. Eduard Fischers Wien-Modell stammt aus den Jahren 1852/54 und zeigt Wien noch mit der Stadtmauer rundherum: Hier spürt man förmlich die Enge der Stadt. Der Tischlermeister Fischer hatte es aus eigenem Antrieb hergestellt, um „Alt-Wien“ ein Denkmal zu setzen, bevor die Stadtmauer fiel und Wien zur Großstadt ausgebaut wurde.

Ein Team von vier Restauratoren und Restauratorinnen hat an diesem Stadtmodell insgesamt drei Jahre gearbeitet.

Doch zurück zu Pendls Modell. Ein knappes Jahr hatte der Maler Zeit für die Herstellung. Die Restaurierung hat nun deutlich länger gedauert. Ein Team von vier Restauratoren und Restauratorinnen hat an diesem Stadtmodell insgesamt drei Jahre gearbeitet. Das Modell besteht aus sechs Teilen. Jedes davon zu reinigen und zu restaurieren dauerte rund 400 Arbeitsstunden. Macht 2.400 insgesamt für das gesamte Modell.

Das Modell besteht aus sechs Teilen. Jedes davon zu reinigen und zu restaurieren dauerte rund 400 Arbeitsstunden. Macht 2.400 insgesamt für das gesamte Modell.

Restaurator Andreas Gruber wundert sich heute noch, wie präzise Pendl gearbeitet hat. Als Vorlage hatte der Künstler nicht nur Pläne, sondern auch Fotografien. Er ist mit einem Gehilfen durch die Stadt gelaufen und hat rund 2.000 Aufnahmen gemacht, anhand derer er dann sein Modell wohl mithilfe anderer Maler oder Modellbauer ausgeführt hat. „Die Fotos sind sehr interessant, weil man sieht, dass sie nicht perfekt sind, es gibt zum Beispiel viele stürzende Linien. Perfektion in dieser Hinsicht war ihm nicht wichtig, sondern nur, dass die Fassadengestaltung oder die Aufteilung der Fenster eingefangen wurde. Er hat sich fürs Fotografieren auch erhöhte Standorte – wie Dächer oder Türme – gesucht, um Wien mit seinen Dachlandschaften festzuhalten.

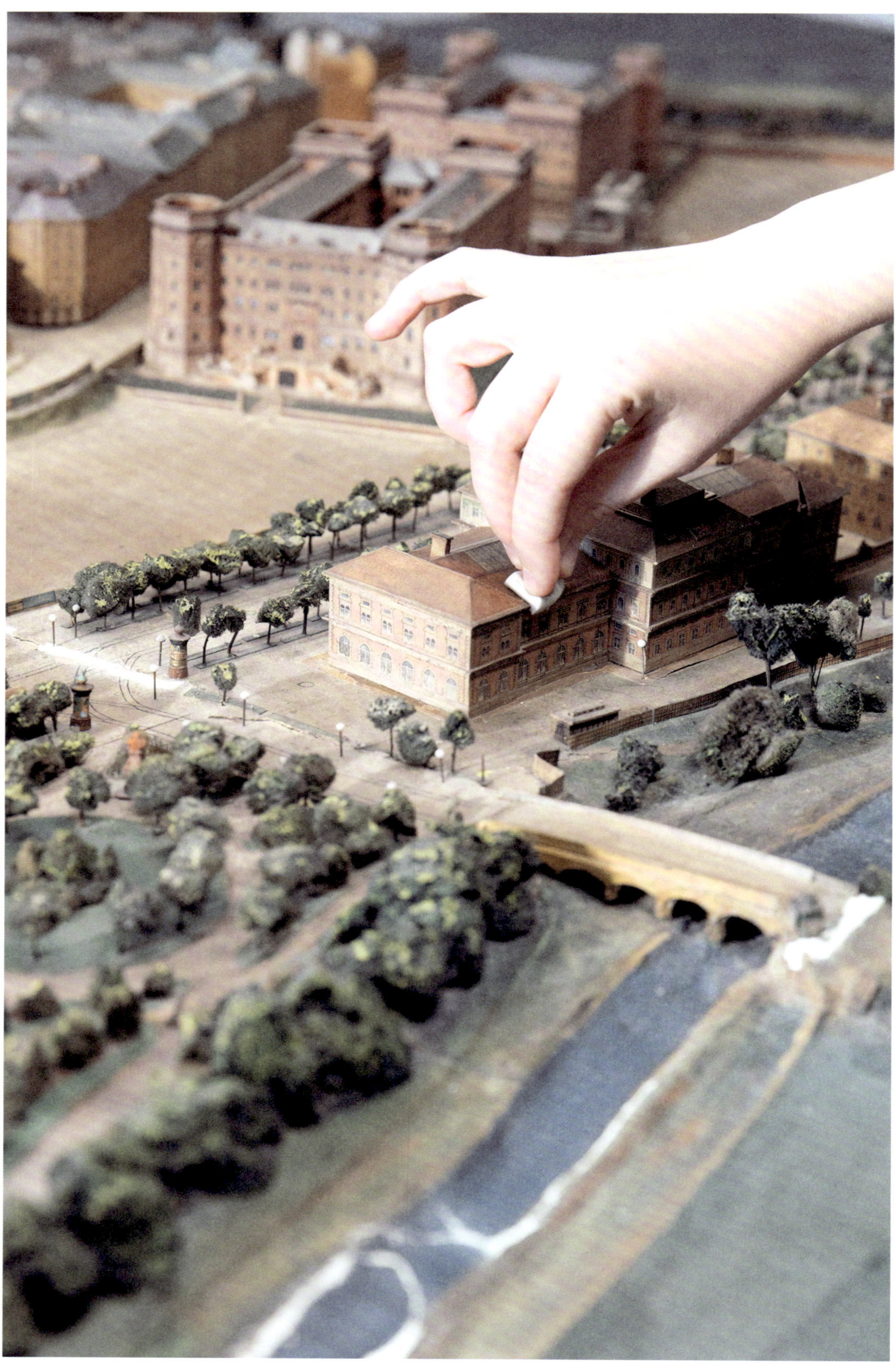

Das Museum für Kunst und Gewerbe (heute: MAK)
wird mit einem Reinigungsschwamm gesäubert.

Die Fotos der Dachlandschaften dienten meines Erachtens zum exakteren Bau der Dächer, die sieht man ja von der Straße aus nicht. Pendl war sich sicher bewusst, dass im Modell kleinste Details auf den Dächern für eine abwechslungsreiche Dachlandschaft wichtig sind, weil die Besucher und Besucherinnen zuerst einmal die Dächer sehen."

Zu den materialtechnischen Details: Das Modell besteht aus Papier und Karton und ist auf einem Lattenrost aufgebaut. Auf der vier mal fünf Meter großen Grundplatte hat Pendl einst die Proportionen und Straßenverläufe nach einem Stadtplan aufgetragen. Apropos Proportionen: Bei den Höhen einzelner Gebäude stimmen die Proportionen nicht ganz. So ist etwa der Stephansdom höher, das Burgtheater wiederum niedriger als im Original. Anders als bei Eduard Fischers Stadtmodell sind außerdem die topografischen Höhenunterschiede in der Innenstadt nicht berücksichtigt: Die Stadt ist – anders als „in echt" – im wahrsten Sinne des Wortes brettleben. „Manche Stadtteile wie die Areale des Rathauses oder der Hofburg wurden auf separaten Lattenrosten gebaut und dann wie eine Parketterie in die großen Grundplatten eingesetzt", so Andreas Gruber.

Das Modell besteht aus Papier und Karton und ist auf einem Lattenrost aufgebaut. Auf der vier mal fünf Meter großen Grundplatte hat Pendl einst die Proportionen und Straßenverläufe nach einem Stadtplan aufgetragen.

Aquarellmalerei ist lichtempfindlich: Sie ist daher bei Pendls Modell erheblich ausgebleicht. Zugleich hat das Trägermaterial typische Alterungserscheinungen entwickelt. Die Papiere sind aufgrund der jahrzehntelangen Präsentation verbräunt, weisen also Alterungsschäden auf, die nicht behoben werden können. Wichtig war bei der Restaurierung zunächst das scheinbar Unspektakuläre: Die Substanz zu sichern und die Objekte zu reinigen. Mit Feinstaubsaugern, Pinseln, Spezialschwämmen und Wattestäbchen wurde der jahrzehntealte Staub abgenommen.

Restauratorin Eva-Maria Loh erzählt: „Die Haupttätigkeit für uns bestand zwar zunächst aus Reinigung, erst trocken, dann feucht. Bei der Sicherung des Bestands ging es dann aber auch um Ergänzungen, etwa, wenn von den Gebäuden Teile abgefallen waren." Hauptverdächtige: die winzigen Rauchfänge. Auch Balkone oder Litfaßsäulen waren abhandengekommen. Was fehlte, wurde mithilfe von historischen Fotos aus dem Museumsarchiv rekonstruiert. Nicht selten kam dabei die Lupenbrille zum Einsatz.

Ein Objekt gründlich zu restaurieren, es wieder „lesbar" zu machen, hat etwas sehr Erfüllendes. Restauratorin Loh erinnert sich, wie sie, mit einer Pinzette in der behandschuhten Rechten, darin ein weißes Tuch, die Häuserschluchten entlangfuhr. Und dabei oft ins Schwärmen geriet. Wie schön es ist, wenn man die Dachstrukturen wiedererkennt. Die filigranen Zeichnungen, die liebevoll an die Fassaden gemalt wurden. Behutsam ging es die Dächer entlang, rund um die winzig zarten Schornsteine, man musste schon höllisch aufpassen, beim Reinigen nicht wieder einen mitzunehmen.

Restauratorin Loh erinnert sich, wie sie, mit einer Pinzette in der behandschuhten Rechten, darin ein weißes Tuch, die Häuserschluchten entlangfuhr. Und dabei oft ins Schwärmen geriet. Wie schön es ist, wenn man die Dachstrukturen wiedererkennt.

Wenn das doch der Fall war, dann wurde er wieder angeklebt. Fehlende Teile wurden nachgebaut, aus Karton, danach wurde geleimt und bemalt. Stecknadeln verwandelten sich in winzige Straßenlaternen. Die über die Stadt verteilten Statuen schuf man aus Gips, Teiche aus Spiegeln. Restauratorin Johanna Volke fertigte Ersatz für fehlende Bäumchen an. „Manche Parks waren regelrecht leergefegt." Hier kamen Naturmaterialien zum Einsatz. Schwämme bilden die Baumkronen, Zweige oder Dornen die Baumstämme. Später wurde alles mit Gouachefarben eingetönt.

Die Votivkirche im Modell hat, ganz wie ihr echtes Vorbild, besonders viele Menschen beschäftigt: Mehrere Streben waren abgebrochen, Schuld daran hatte ein Smartphone, das auf das ungeschützte Modell gefallen war. Die Kirche musste von der Trägerplatte auf einen Arbeitstisch umgesiedelt werden, um ihr neue Streben aus weißem Karton zu verpassen. Für den Anstrich mit grauer Aquarellfarbe hat Restaurator Gruber, um dem Original nahezukommen, Pendls Pinselduktus studiert und nachgeahmt. Er vermutet, dass Pendl den aufwendigen Auftrag seinerzeit wohl nicht alleine ausgeführt hat. Darauf deuten die unterschiedlichen künstlerischen Handschriften der Malereien auf den Fassaden hin. Ein konkreter Beweis tauchte im Zuge der Restaurierung auf: In einem Haus befand sich ein Kartonstück mit der Aufschrift „Maler, Teplitz,

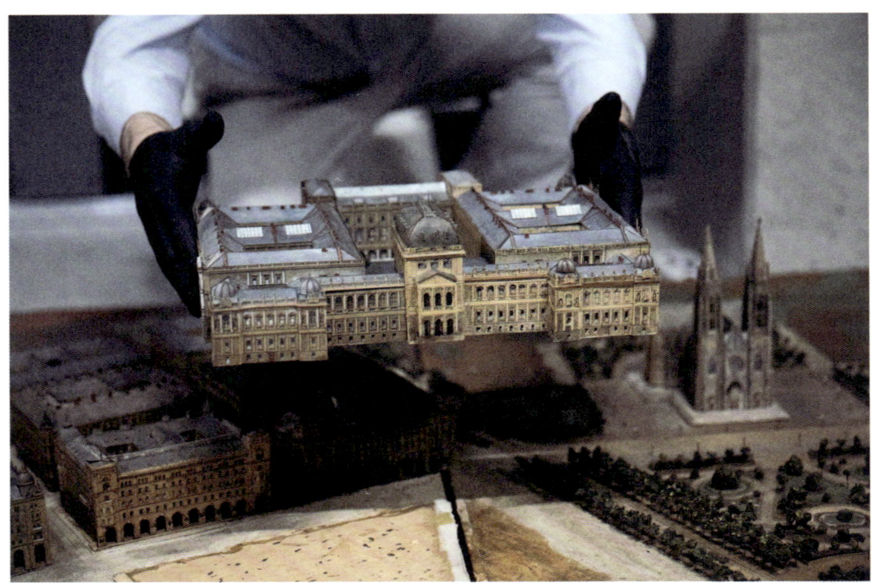

Stellprobe für die
restaurierte Universität

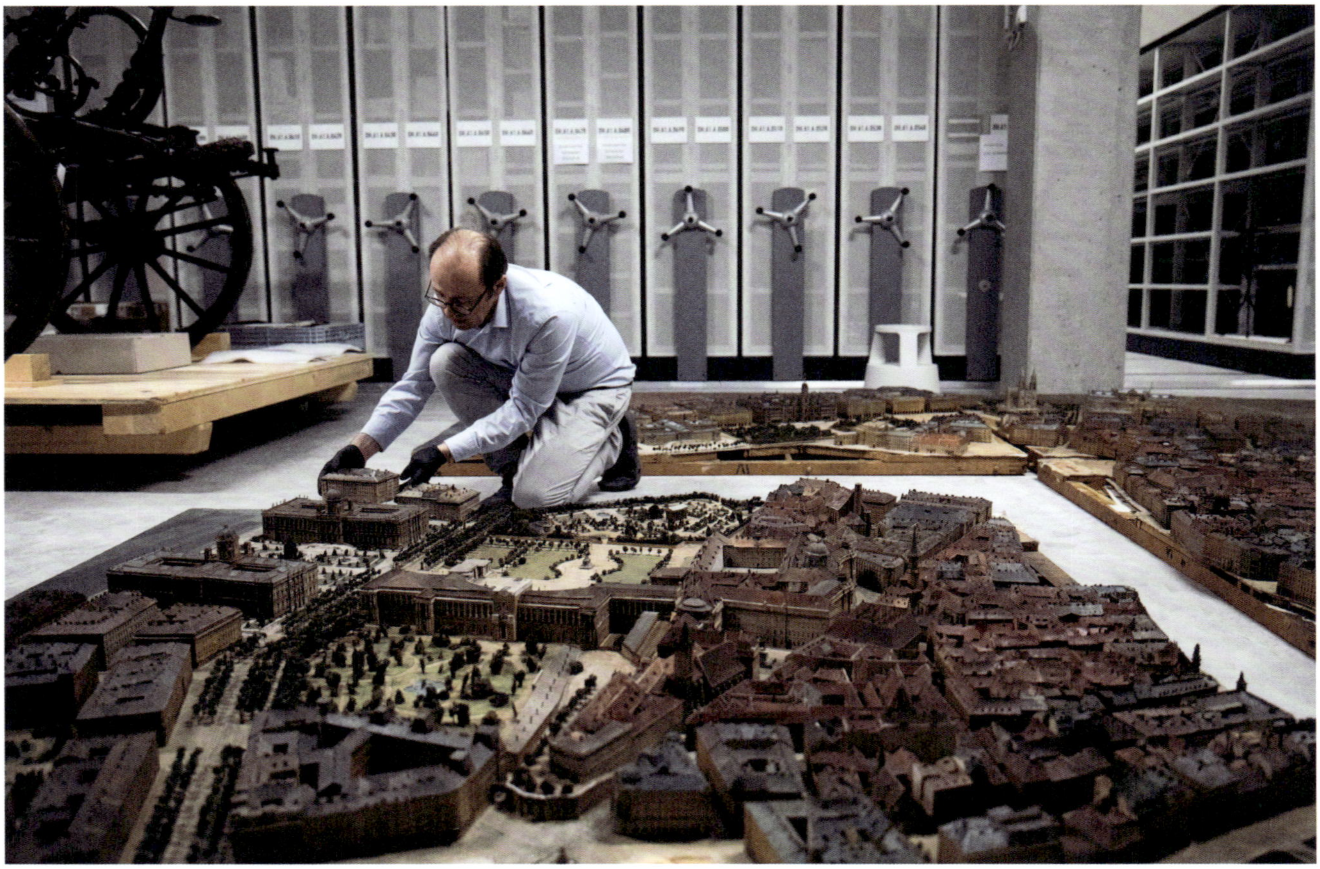

Restaurator Andreas Gruber beim Feinschliff
und den letzten Adaptierungen des Stadtmodells

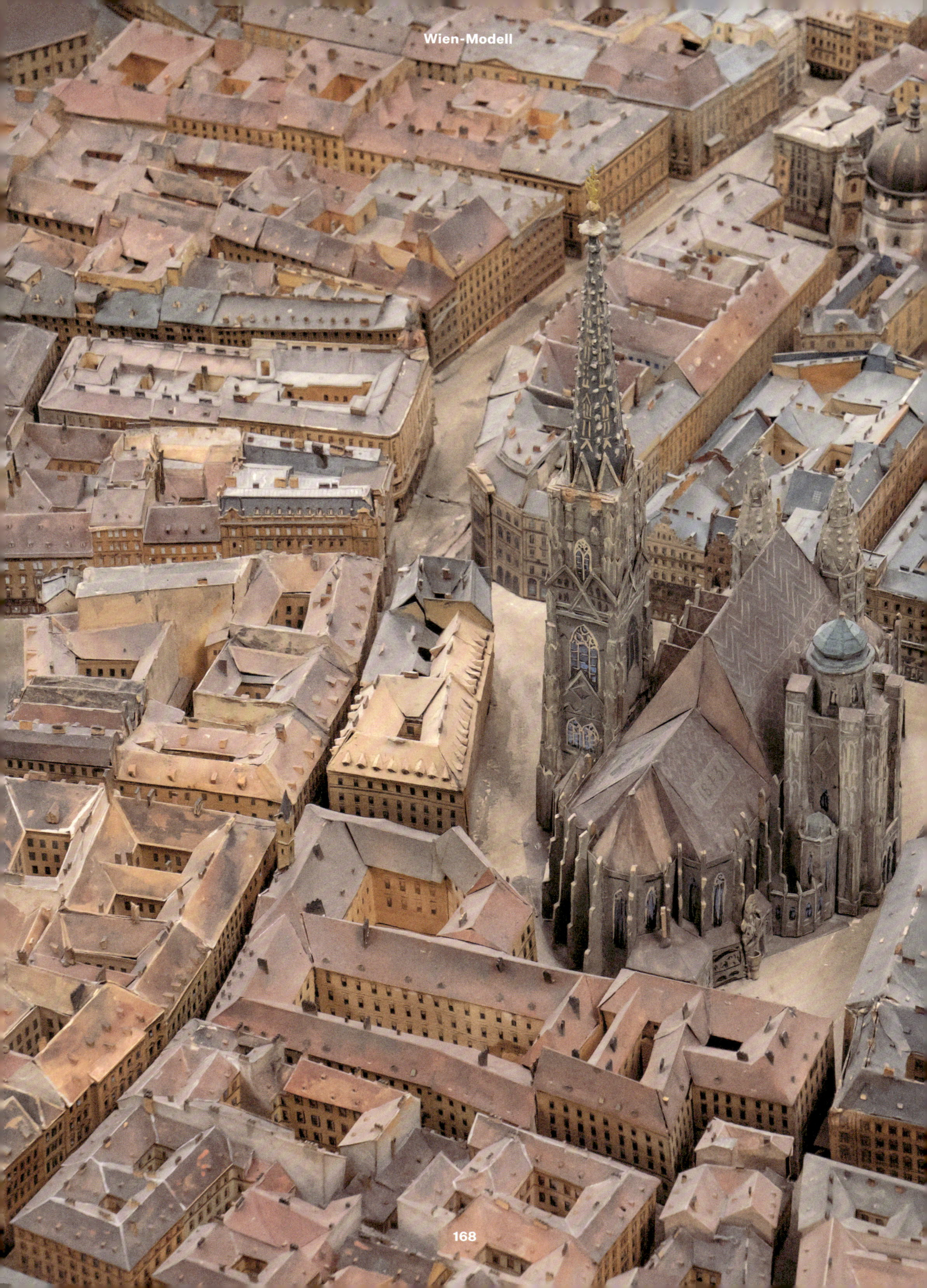

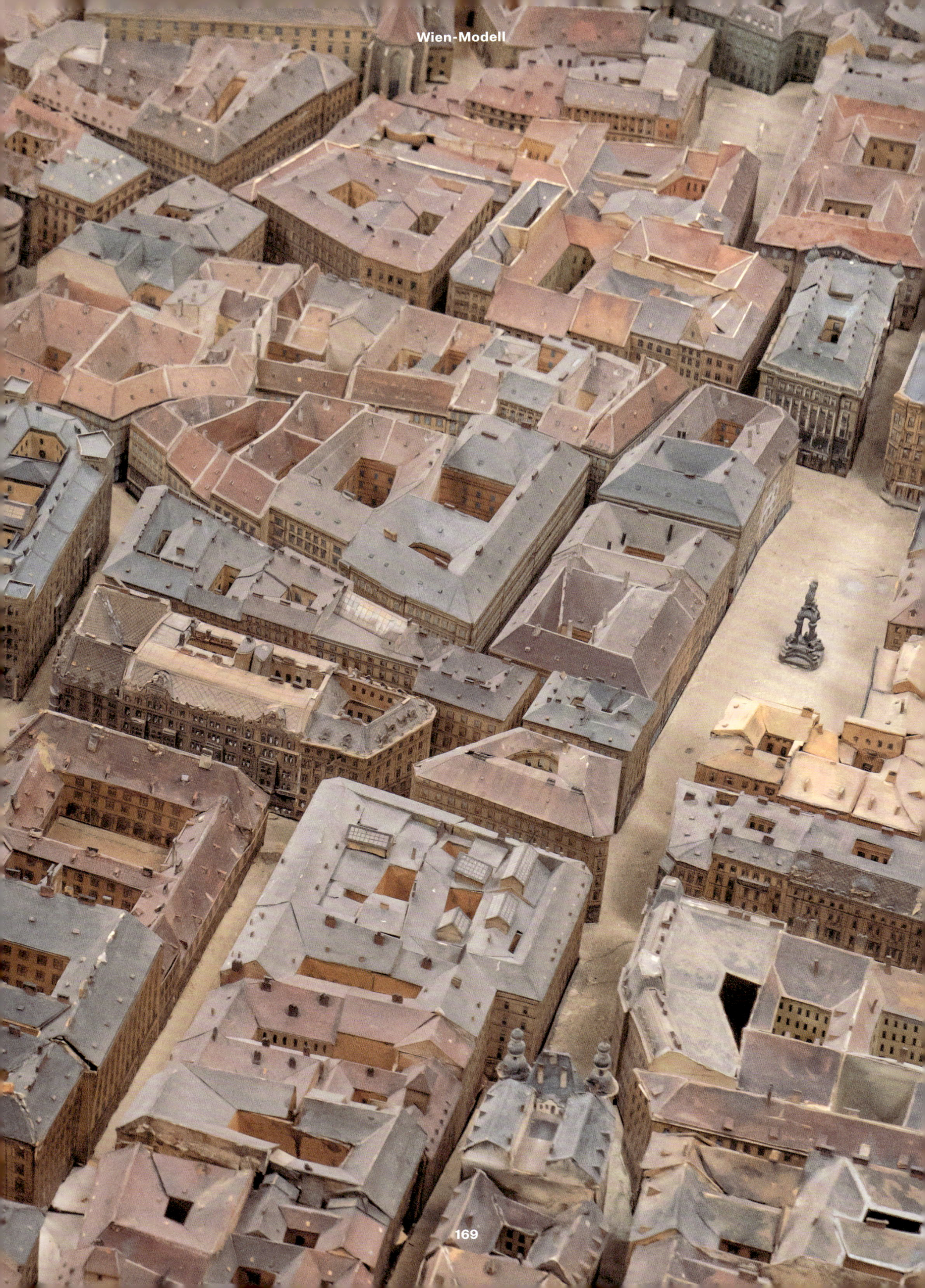

↑ S. 168–169
Das Herzstück des Modells vor der Restaurierung

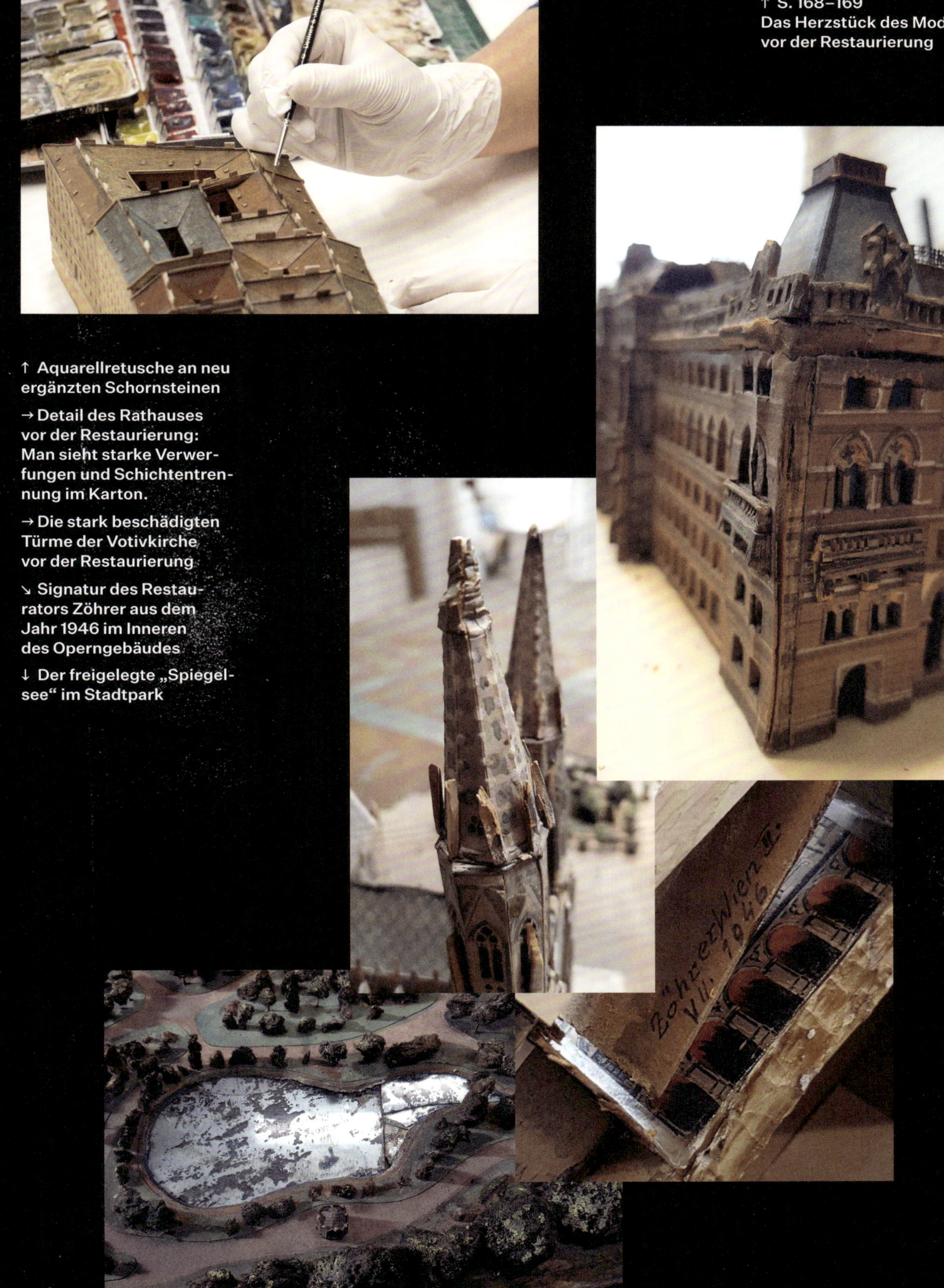

↑ Aquarellretusche an neu ergänzten Schornsteinen

→ Detail des Rathauses vor der Restaurierung: Man sieht starke Verwerfungen und Schichtentrennung im Karton.

→ Die stark beschädigten Türme der Votivkirche vor der Restaurierung

↘ Signatur des Restaurators Zöhrer aus dem Jahr 1946 im Inneren des Operngebäudes

↓ Der freigelegte „Spiegelsee" im Stadtpark

1897" und im Universitätsgebäude „F. Benna", das war ein Zeitgenosse Pendls. Knapp 50 Jahre später, im Jahr 1946, hat sich wieder jemand ins Modell „eingeschrieben": ein Restaurator namens Zöhrer mittels Signatur am Gebäude der Oper.

Die Votivkirche im Modell hat, ganz wie ihr echtes Vorbild, besonders viele Menschen beschäftigt: Mehrere Streben waren abgebrochen, Schuld daran hatte ein Smartphone, das auf das ungeschützte Modell gefallen war.

Die restauratorische Behandlung nach dem Zweiten Weltkrieg war zwar gut gemeint (und mit dem Zugang und den Mitteln der Zeit ausgeführt). Aus heutiger Sicht handelte es sich jedoch um unzulässige Eingriffe. So hat man zum Beispiel einige Parks nachträglich grün grundiert. Dabei wurden Blumenrabatten – also wichtige Details – übermalt. Sie sind nun freigelegt worden und wieder zu sehen.

Warum das Stadtmodell restauratorisch ein derart umfangreiches Projekt war, erklärt sich nicht nur aus seiner Größe, sondern auch aus der Objektgeschichte. Im Lauf der Jahrzehnte ist es durch Missgeschicke und Standortwechsel – darunter eine Evakuierung im Zweiten Weltkrieg – immer wieder in Mitleidenschaft gezogen worden. Dazu kam, dass man sich ab 1959 im neuen Museum am Karlsplatz für eine Präsentation ohne Glassturz entschieden hat – ganz anders übrigens als 1898 bei der Premiere. Über Jahrzehnte ist das Modell daher naturgemäß verstaubt und war auch gegen mechanische Beschädigungen ungeschützt. Damit es auch die zukünftigen Generationen unversehrt bestaunen können, hat es nun wieder einen Glassturz erhalten. Seiner Faszination tut dies keinen Abbruch: Man erkennt an ihm, besser als man es an einem Plan oder einer 3D-Animation jemals könnte, das Gesicht der Stadt.

Die restauratorische Behandlung nach dem Zweiten Weltkrieg war zwar gut gemeint. Aus heutiger Sicht handelte es sich jedoch um unzulässige Eingriffe.

Erwin Pendl

Rathaus, aus dem Modell der Wiener Innenstadt mit der Ringstraße

↑

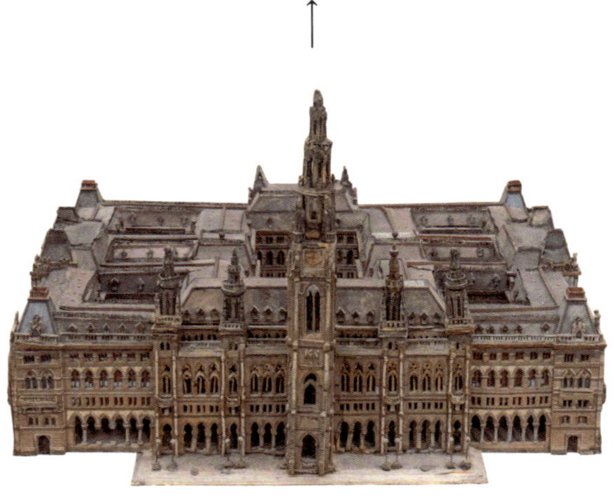

↓

1897/98
Holz, Schwamm, Gips, Karton, Papier, koloriert
46,5 × 515 × 412 cm (gesamtes Modell)

Im Fokus Retusche

Die Retusche ist sicher die bekannteste restauratorische Maßnahme. Bei der farblichen oder malerischen Behandlung einer Fehlstelle handelt es sich allerdings um ein komplexes Thema. Das beginnt schon beim Begriff Fehlstelle. Damit bezeichnet man nicht nur leere Bereiche, in denen Farbe abgeblättert ist, sondern auch Stellen, die mangelhaft sind oder von ihrer Umgebung störend abweichen. Diese können malerisch geschlossen werden.

Doch was ist, wenn die Farben ausgeblichen sind, also eine Substanzveränderung stattgefunden hat? Darf man die Farben wieder nachmalen?

Ist ein ehemals farbiges Objekt komplett verblichen, so haben wir es nicht mit einer Fehlstelle zu tun, sondern mit einem gealterten Zustand. Dieser wäre zu belassen. Ist das Ausbleichen hingegen auf kleinere Fehlstellen begrenzt, so darf retuschiert werden. So weit die Theorie. In der Praxis sind die Übergänge fließend. Im Fall des Stadtmodells finden sich beide Situationen: Es ist insgesamt verblichen und hatte zahlreiche Fehlstellen, die retuschiert wurden. Ein gealtertes und restauriertes farbiges 3D-Objekt.

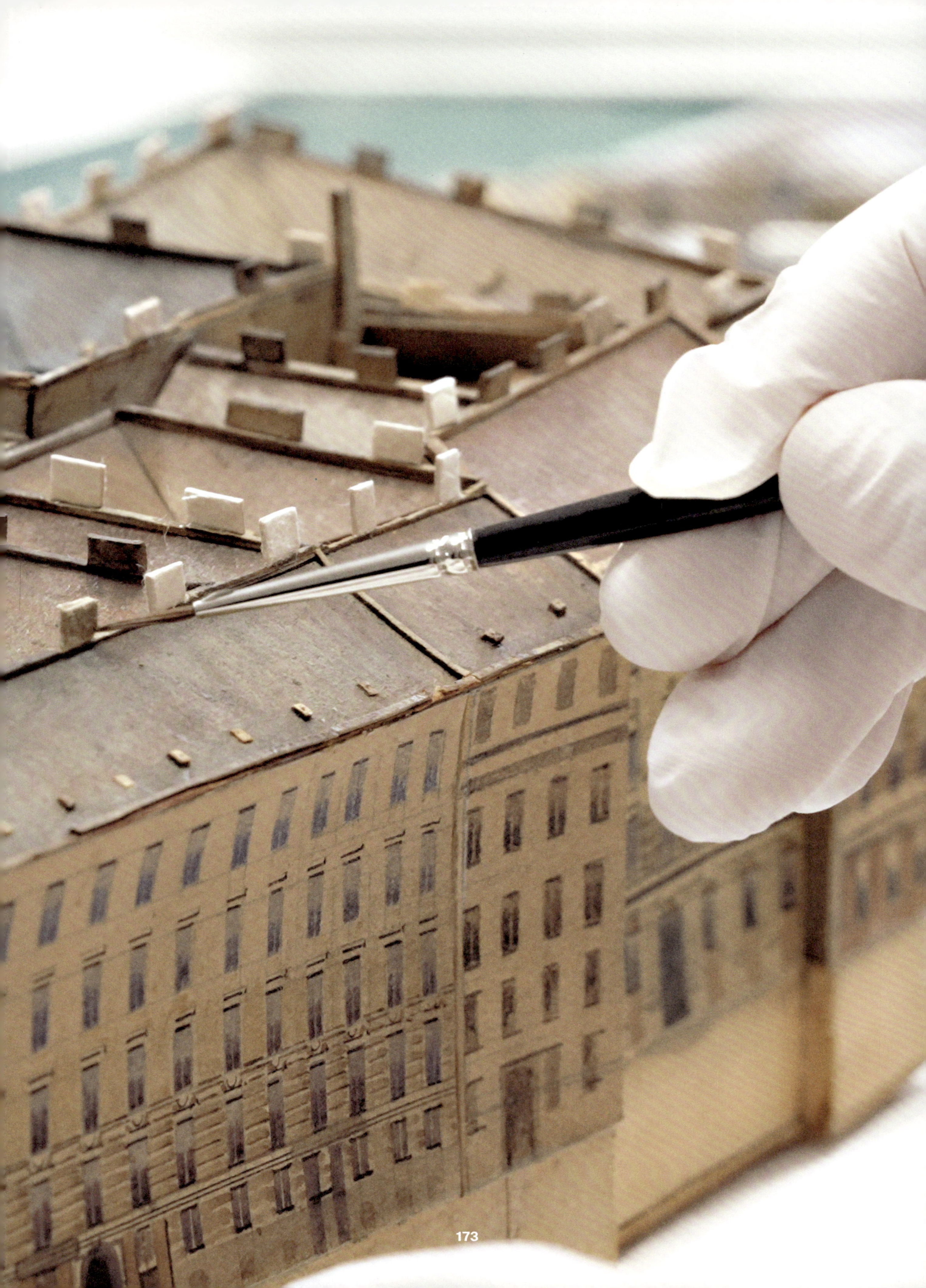

Autorinnen

Barbara Beer, geboren 1972 in Wien. Lokal- und Kulturjournalistin, Kolumnistin und Literaturkritikerin der Tageszeitung *Kurier*. Romanistin mit Hang zu Kanada, wo sie einige Jahre lebte. Veröffentlichte unter dem Namen Barbara Mader mehrere Bücher zu Wien-spezifischen Themen, unter anderem „Wien“ und „Floridsdorf“ (Metroverlag).

Alexandra Czarnecki, geboren 1980 in Neiße. Wuchs in Polen auf und übersiedelte 1989 nach Deutschland. Studierte in München Restaurierung und war seither an mehreren deutschen Museen als Restauratorin tätig (Alte Nationalgalerie in Berlin, Bayerisches Nationalmuseum und Pinakothek der Moderne in München etc.). Seit 2022 lebt sie mit ihrer Familie in Wien und Berlin und leitet im Wien Museum die Abteilung Objektbetreuung und Restaurierung.

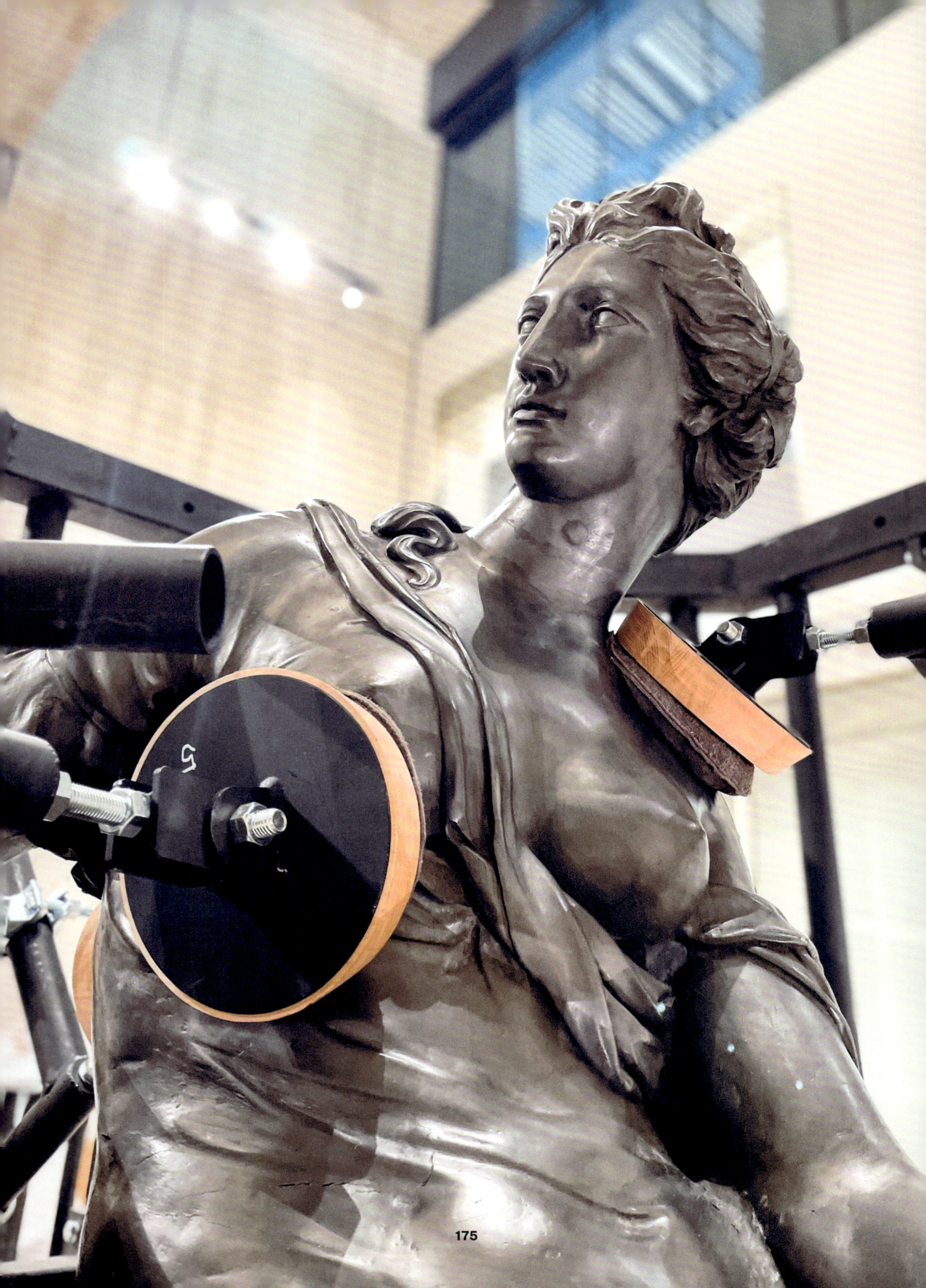

Impressum

Eine Publikation zur Dauerausstellung des Wien Museums.

Text **Barbara Beer**
Fokus-Texte **Alexandra Czarnecki**
Redaktion **Peter Stuiber**
Grafische Gestaltung **Bureau Smejkal**
Publikationsmanagement **Sonja Gruber**
Lektorat **Julia Teresa Friehs, Arnold Klaffenböck**
Bildredaktion **Andrea Ruscher, Sonja Gruber**
Bildbearbeitung **Mario Rott**
Schriften **Untitled Sans und Untitled Serif**
Papier **IQ Print Offset 300 g/m² (Umschlag), IQ Print Offset 120 g/m² (Kern)**
Druck und Gesamtherstellung **gugler GmbH, Melk**

Printed in Austria.

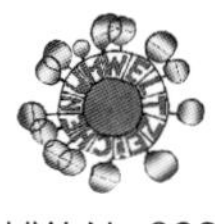
UW-Nr. 609

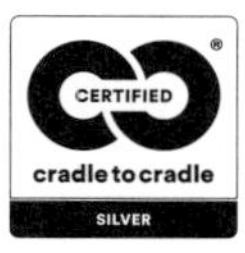

PurePrint® by gugler*
drucksinn.at

klimapositiv
gedruckt

Bibliografische Information der Deutschen Nationalbibliothek

Die Deutsche Nationalbibliothek verzeichnet diese Publikation in der Deutschen Nationalbibliografie; detaillierte bibliografische Daten sind im Internet über http://dnb.dnb.de abrufbar.

www.residenzverlag.com

ISBN 978-3-7017-3606-5

HAUPTSPONSOR DES WIEN MUSEUMS

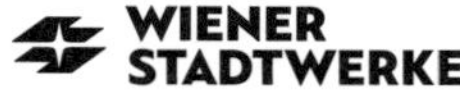

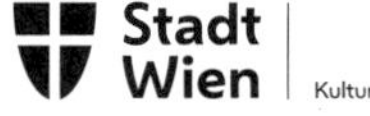

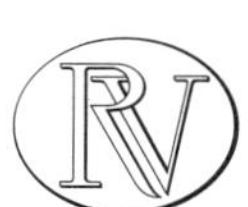

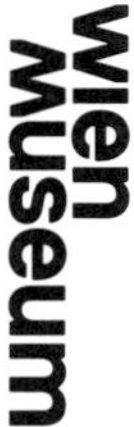

Bildnachweis

Ina Aydogan / Wien Museum S. 27 Mitte und unten, S. 28 oben, S. 60 unten, S. 64 unten, S. 66–67, S. 76 unten, S. 78–79, S. 92, S. 94–95, S. 102–103, S. 107, S. 108 oben links, S. 112–113, S. 140, S. 167 **Anna Boomgaarden / Wien Museum** S. 52, S. 128 Mitte und unten **Pavel Cuzuioc / Wien Museum** S. 6, S. 26, S. 27 oben, S. 28 unten, S. 30–31, S. 60 oben rechts und Mitte rechts, S. 62–63, S. 64 oben, S. 76 Mitte, S. 88 oben links, S. 110, S. 158, S. 160–161, S. 170 oben links, S. 172–173, S. 175 **Alexandra Czarnecki / Wien Museum** S. 88 oben rechts, Mitte und unten **Albrecht Czernin** S. 148 Mitte und unten, S. 150–151 **Michael Formánek / Wien Museum** S. 108 oben rechts und Mitte rechts, S. 148 oben **Andreas Gruber / Wien Museum** S. 163, S. 170 oben rechts, Mitte und unten, S. 171 **Stefan Horninger, Doppelgaenger Digital Production / Wien Museum** S. 168–169 **Birgit und Peter Kainz / Wien Museum** S. 9, S. 19 unten, S. 20–21, S. 33, S. 41, S. 45, S. 53, S. 57, S. 65, S. 87, S. 97, S. 99, S. 101, S. 125, S. 127, S. 130 oben, S. 131, S. 145, S. 147 unten, S. 149, S. 153 **Isabella Kaml / Wien Museum** S. 76 oben links und Mitte **Christina Kapeundl / Wien Museum** S. 77, S. 82–83 **Alois Kieslinger / Bundesdenkmalamt** S. 130 Mitte **Tom Koch / Wien Museum** S. 47, S. 48–51, S. 54–55 **Kollektiv Fischka** S. 11, S. 16–17, S. 19 oben **Karin Maierhofer / Wien Museum** S. 35 Mitte und unten, S. 36 oben und Mitte, S. 40 oben, S. 42–43, S. 73, S. 76 oben rechts, S. 155–158 **Elfriede Mejchar / Bundesdenkmalamt** S. 130 unten, S. 132–133 **Österreichische Galerie Belvedere** S. 36 unten, S. 38–39, S. 40 unten **Privatarchiv Alois R. Mucnjak** S. 12–13 **Lisa Rastl / Wien Museum** S. 25, S. 59, S. 60 oben links und Mitte links, S. 68–69, S. 165 **Bruno Reiffenstein / Wien Museum** S. 74 **Nelo Ruber** S. 18 **Maleen Schalk, Marlene Krischan / Universität für angewandte Kunst Wien** S. 117 oben und Mitte, S. 118–119 **Evi Scheller / Wien Museum** S. 14 unten **Familie Schmalvogl** S. 14 rechts **Kathrin Schmidt, Angela Vorhofer / Wien Museum** S. 138–139, S. 142–143 **Peter Stuiber / Wien Museum** S. 35 oben **TimTom / Wien Museum** S. 23, S. 29, S. 71, S. 75, S. 81, S. 85, S. 90–91, S. 93, S. 105, S. 111, S. 115, S. 117 unten, S. 121–123, S. 135, S. 137, S. 141, S. 153, S. 159 **Anna-Maria Tupy** S. 129 **Wien Museum** S. 14 oben und links, S. 100, S. 108 links und unten, S. 128 oben, S. 147 oben

Danke an die Restauratorinnen und Restauratoren sowie Kuratorinnen und Kuratoren des Wien Museums für die redaktionelle Unterstützung und die Bereitstellung von Bildmaterial.

Wir danken dem Bundesministerium für Kunst, Kultur, öffentlichen Dienst und Sport (Sektion IV, Abteilung 7) für die Unterstützung der Restaurierungsprojekte Rossharnisch, Schieles *Junge Mutter* und Pompejanischer Salon. Dem Nationalfonds der Republik Österreich für Opfer des Nationalsozialismus danken wir für die Unterstützung beim Restaurierungsprojekt Werbeschrift Grünsfeld.